AND THE COUNTERMEASURES

田曙光◎著

新租赁准则的
影响及应对

清华大学出版社

北 京

图书在版编目 (CIP) 数据

新租赁准则的影响及应对 / 田曙光著 . —北京：清华大学出版社，2020.10（2022.9重印）
ISBN 978-7-302-55819-4

Ⅰ . ①新… Ⅱ . ①田… Ⅲ . ①租赁－会计准则－研究－中国 Ⅳ . ① F233.2

中国版本图书馆 CIP 数据核字 (2020) 第 107446 号

责任编辑：刘志彬
封面设计：李伯骥
版式设计：方加青
责任校对：宋玉莲
责任印制：丛怀宇

出版发行：清华大学出版社
    网   址：http://www.tup.com.cn，http://www.wqbook.com
    地   址：北京清华大学学研大厦 A 座   邮   编：100084
    社 总 机：010-83470000   邮   购：010-62786544
    投稿与读者服务：010-62776969，c-service@tup.tsinghua.edu.cn
    质 量 反 馈：010-62772015，zhiliang@tup.tsinghua.edu.cn
印 装 者：三河市东方印刷有限公司
经   销：全国新华书店
开   本：170mm×240mm   印   张：17.75   字   数：297 千字
版   次：2020 年 10 月第 1 版   印   次：2022 年 9 月第 2 次印刷
定   价：79.00 元

产品编号：088323-01

序

　　2016 年 1 月，国际会计准则理事会发布《国际财务报告准则第 16 号——租赁》；2018 年 12 月，财政部修订并发布《企业会计准则第 21 号——租赁》，新租赁准则和国际租赁准则接轨，开启租赁会计新时代。

　　会计制度的修订给租赁行业带来深远影响。租赁公司和承租人该如何在新的制度框架和监管要求下拓展业务、增加收益，是摆在我们面前的重大课题。

　　准则的主要变化体现在以下三个方面：

　　一是重新定义租赁的概念。原租赁准则判断为租赁的业务在新租赁准则下不一定仍被认定为租赁，企业需根据合同条款仔细甄别，将不满足新租赁准则定义要求的合同排除在外。

　　二是对租赁相关的财务指标产生重大影响。新租赁准则的出台，可能会导致承租人的资产负债率、资产周转率、经营现金流量等的变化。会计报表使用者需密切关注因准则变化对财务数据的影响，并将其和经营变动区分开来。

　　三是重新定义售后租回交易。在新租赁准则下承租人首先需要判断售后租回是否属于销售，并根据不同的情形进行会计处理。

　　此外，新租赁准则还增加了对租赁分拆、合并等的规定，需要一并予以关注。会计准则不会直接改变交易，但交易中各方相互确认和计量规则的变化，终究需要我们在实操中对交易的逻辑进行校准。

　　曙光的书是学术理论和工作实践结合的成果，一定程度上为我们提供了应对上述问题的指南。在理论层面，他是拥有美国注册会计师和中国注册会计师双重资格的专业人士，曾在四大会计师事务所之一的普华永道会计师事务所耕耘多年，对会计学的本源和机理有自己的见解；在实践层面，他目前就职于大型央企租赁公司的财务部，每天都在租赁准则和租赁实务之间"切换频道"，对二者的契合点与磨合处均有较深的体会。在精心研究并结合实际工作经验的基础上，他对新租赁准则进行了深入浅出的解读，理论分析透彻，案例讲解详尽，对于新旧准则过渡可能遇到的问题进行预判，并提出可行的过渡方案，应时应景又难能可贵。

　　"变化是大自然永恒的真理"，经济社会亦然。会计准则对租赁行业的影响是整体性的，我们只有顺应变化，积极对经营理念、决策方向、作业流程进行及时和必要的调整，才能推动交易各方实现新的利益均衡。基于此，本书的参考价值和指导意义不言而喻，值得各位租赁同仁拨冗一阅。

招商局通商融资租赁有限公司董事长

王庆彬

2020 年 7 月于深圳

前　言

　　2018 年 12 月 7 日，财政部发布了修订的《企业会计准则第 21 号——租赁》（财会〔2018〕35 号）（以下简称"新租赁准则"）。在新租赁准则修订说明里指出，在境内外同时上市的企业以及在境外上市并按《国际财务报告准则》或《企业会计准则》编制财务报表的企业自 2019 年 1 月 1 日起施行；其他执行《企业会计准则》的企业自 2021 年 1 月 1 日起施行，其中母公司或子公司在境外上市且按照《国际财务报告准则》或《企业会计准则》编制其境外财务报表的企业可以提前实施。

　　2006 年 2 月发布的《企业会计准则第 21 号——租赁》（以下简称"原租赁准则"），对企业发生的租赁业务的确认、计量和相关信息的列报进行了规范，发挥了积极作用。然而，随着市场经济的日益发展和租赁交易的日趋复杂，承租人会计处理相关问题逐步显现。原租赁准则下，承租人和出租人在租赁开始日，应当根据与资产所有权有关的全部风险和报酬是否转移，将租赁分为融资租赁和经营租赁。对于融资租赁，承租人在资产负债表中确认租入资产和相关负债；对于经营租赁，承租人在资产负债表中不确认其取得的资产使用权和租金支付义务。由此导致承租人财务报表未全面反映因租赁交易取得的权利和承担的义务，也为实务中构建交易以符合特定类型租赁提供了动机和机会，降低了财务报表的可比性。

新租赁准则的核心变化是，取消承租人关于融资租赁与经营租赁的分类，要求承租人对所有租赁（选择简化处理的短期租赁和低价值资产租赁除外）确认使用权资产和租赁负债，并分别确认折旧和利息费用。在出租人方面，会计处理基本不变，但是新租赁准则的某些变化（如租赁定义、转租、售后租回）仍可能对财务报表产生影响。新租赁准则也更新了出租人的信息披露要求，要求出租人披露对其保留的有关租赁资产的权利所采取的风险管理战略、为降低相关风险所采取的措施等。

新租赁准则实现了长久以来将租赁计入承租人资产负债表内的目标。所有为业务需要而租赁使用重大资产的企业，其报告的资产和负债都将上升。受影响的行业众多，比如租赁飞机的航空业，租赁店铺的零售业，等等。租赁的规模越大，对关键报告指标的影响就越大。

新租赁准则带来的主要变化将提高透明度和可比性。财务报表使用者将得以第一次看到企业对自身租赁负债所做的评估。该评估将采用准则规定的计算方法，所有按照《企业会计准则》进行报告的企业都要按照该方法进行计算。

新租赁准则修订的主要内容包括：

1. 完善租赁的定义，增加租赁的识别、分拆及合并等相关原则

新租赁准则里规定，如果合同中一方让渡了在一定期间内控制一项或多项已识别资产使用的权利以换取对价，则该合同为租赁或者包含租赁。新租赁准则引入了"控制""已识别资产"等概念，规定承租人在资产负债表中确认经营租赁的相关权利和义务，从而使得租赁与服务的会计处理产生较大差异。

新租赁准则对于分拆租赁和非租赁组成部分给出了明确的指引，对于满足条件的租赁应当将租赁合同进项合并也给出了说明，这在原租赁准则中都没有具体的指引（除了土地和房屋的租赁）。

2. 承租人的单一租赁模式和会计处理的变化

原租赁准则要求以风险和报酬转移为基础将租赁划分为融资租赁与经营租赁，对经营租赁承租人不确认相关资产和负债。新租赁准则下，承租人不再将租赁区分为经营租赁或融资租赁，而是采用统一的会计处理模型，对短期租赁和低价值资产租赁以外的其他所有租赁均确认使用权资产和租赁负债，并分别

计提折旧和利息费用，即采用与原融资租赁会计处理类似的单一模型。

同时，新租赁准则进一步规范了可变租金、选择权重估、租赁变更、售后租回等情况下的会计处理，明确了新的变化对承租人利润表和现金流量表的影响。

3. 出租人的租赁分类原则及会计处理

新租赁准则总体上继承了原准则中有关出租人的会计处理规定，即保留了融资租赁与经营租赁的双重模型。在分类方面，新租赁准则提出了分类的原则，即基于风险和报酬的分类标准，强调了要依据交易的实质，而非合同的形式，对租赁进行分类。

同时，新租赁准则对于租赁合同的变更给出了明确的指引，对于售后租回需要根据是否发生销售而采取不同的会计处理，调整了转租出租人对转租赁进行分类和会计处理的规定，指出转租赁的分类要看使用权资产而非之前规定的标的资产。此外，基于现实需求，增加了对生产商或经销商作为出租人的融资租赁的会计处理规定。

4. 新租赁准则与收入准则的衔接

在原租赁准则中对售后租回交易的会计处理主要取决于回租是被分类为融资租赁还是经营租赁，在新租赁准则中对于售后租回交易的决定性因素是资产的转移是否满足《企业会计准则第 14 号——收入（2017）》（以下简称"收入准则"）中的销售条件，企业应使用收入准则来确定资产转让是否满足销售条件而进行不同的会计处理。

如果出租人（买方）取得对标的资产的控制，且该转让根据收入准则被分类为出售，承租人（卖方）按照保留的使用权与资产原账面金额相关的比例计量回租中的使用权资产。承租人（卖方）确认的利得（或损失）以与转移至出租人（买方）的权利相关的利得（或损失）总额的相关比例为限。出租人（买方）对购买予以核算，并根据新租赁准则对回租进行会计处理。

如果资产转让不属于销售的，承租人（卖方）继续确认被转让资产并将取得的转让价款确认为金融负债，出租人（买方）不确认被转让资产，所支付的转让价款确认为金融资产。

5. 完善与租赁有关的信息披露要求

新租赁准则要求对几乎所有的租赁确认一项使用权资产和租赁负债，准则还强化了披露要求，承租人需要提供这些资产和负债的更多信息，比如，和租赁相关的使用权资产、租赁负债、折旧和利息、短期租赁和低价值资产租赁、现金流出总额及售后租回交易产生的利得和损失等在财务报表中的披露作了明确的要求。

此外，承租人仍要披露尚未计入租赁负债但未来有可能面临的现金流出，包括可变租赁付款额、展期选择权和终止选择权及余值担保。这是对租赁活动额外的定量和定性分析要求。

对于承租人选择不同的过渡方案，追溯调整法和简化的追溯调整法的相关披露要求也作了明确的规定。

对于出租人，增加了出租人对其所保留的租赁资产相关权利进行风险管理的情况，融资租赁的销售损益、融资收益、与未纳入租赁投资净额的可变租赁付款额相关的收入，经营租赁的租赁收入等信息的披露要求。

本书将从全面的角度对新租赁准则的变化和产生的影响进行深入的解读，希冀对读者理解和运用新租赁准则能有所帮助。

目 录

第八章　差异

第九章　行业影响

第一章

租赁定义

第一节　什么是租赁

▍一、如何辨别是否包含租赁

《企业会计准则第 21 号——租赁》中规定，租赁是指在一定期间内，出租人将资产的使用权让与承租人以获取对价的合同。根据租赁的定义如果合同让渡在一定期间内控制已识别资产使用的权利以换取对价，则合同为租赁合同或包含租赁。

判断是否包含租赁主要需要考虑如下三个要素：

（1）是否存在可识别资产；

（2）是否可以获得与使用相关的几乎所有经济利益；

（3）是否主导资产使用。

如果上述三个条件能够满足则包含租赁，如果不能全部满足则不包括租赁。

在辨别租赁时需要把握如下原则：

（1）合同中是否包括已识别资产；

（2）合同中是否让渡在一段时间内控制已识别资产使用的权利。

合同方应评估客户是否在整个使用期间拥有如下权利：

（1）获得几乎所有因使用已识别资产所产生的经济利益的权利；

（2）主导使用已识别资产的权利。

▍二、已识别资产

1. 资产指定

企业通常通过合同中的明确规定来识别一项资产，也可通过在该资产可供客户使用时的隐性指定。

例 1

　　客户 A 与供应商 B 签订了为期 8 年的合同，使用专为客户 A 设计的船舶。船舶设计用于运输客户 A 生产的商品，因为商品需要特殊的包装和运输要求不适合其他客户使用。合同中没有明确指定船舶，但是供应商 B 仅拥有一艘适合客户 A 使用的船舶。如果船舶不能正常工作，合同要求供应商 B 修理或更换船舶。假设供应商 B 没有实质性替换权利。

　　分析：船舶是一项已识别资产。虽然未在合同中明确指定船舶（例如，通过船舶的编号），但是其被隐含指定，因为供应商 B 必须使用其来履行合同。

　　2. 物理上可区分——资产的组成部分

　　如果资产的部分产能在物理上可区分（例如，建筑物的一层），则该部分产能属于已识别资产。如果资产的某部分产能或其他部分在物理上不可区分（例如，光缆的部分容量），则该部分不属于已识别资产，除非其实质上代表该资产的全部产能，从而使客户获得几乎所有因使用资产所产生的经济利益的权利，如图 1-1 所示。

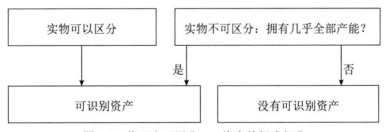

图 1-1　物理上可区分——资产的组成部分

例 2

　　情形 A

　　天然气公司 K 与供应商 F 签订了一份为期 20 年的合同，由 F 来建设并运营一条新的管道用于运输 A 的天然气。K 有权决定运输的气体数量，其运输量占用了该管道产能的 70%，K 对剩余的 30% 的产能有优先使用权。

　　分析：此合同中的天然气公司使用的是管道的产能，但是除了 70% 的确定产能外，K 对剩余的 30% 的产能有优先使用权，因此天然气公司 K 拥有了此天然气管道的几乎所有产能，因此此合同包含租赁。

情形 B

假设与情景 A 中的事实相同，除了客户 K 有权在整个期限内使用 60% 的管道产能。

分析： 管道的该部分产能不是已识别资产，因为 60% 的管道产能小于管道的几乎所有的产能。客户 K 无权从该管道的使用中获取几乎所有的经济利益。

例 3

客户 A 与供应商 B 签订了为期 10 年的合同，有权使用北京和上海之间的光缆中的三根光纤。合同确定了客户 A 使用的电缆的 10 条光纤中的三条光纤。在合同期限内这三条光纤专用于客户 A 的数据。假设供应商 B 没有实质性替换权利。

分析： 此合同中的三条光纤属于被识别资产，因为它们在物理形态上是可明确区分的，并在合同中被明确指定。

例 4

客户 Z 与供应商 T 签订了为期八年的输油管道租赁合同，客户 Z 将通过供应商 T 的管道将石油从 C 国运输到 D 国。双方在合同中约定，客户 Z 拥有在整个租赁期间使用 98% 的管道产能的权力。

分析： 管道是被识别资产。虽然 98% 的管道产能与管道的剩余产能在物理形态上不可明确区分，但其代表了整个管道的几乎所有产能，从而客户 Z 有权从该管道的使用中获取几乎所有的经济利益。

三、实质性替换权

1.实质性替换权定义

即使已对资产作出约定，若供应商拥有在整个使用期间替换被识别资产的实质性权利，则客户没有使用被识别资产的权利。仅当同时满足以下两个条件时，供应商替换资产的权利才具有实质性：

（1）供应商拥有在整个使用期间替换资产的实际能力，例如，客户无法阻止供应商替换资产，且用于替换的资产是供应商易于取得或者可在合理期间内取得的，并且供应商通过行使替换资产的权利将获得经济利益，即，替换资产的预期经济利益将超过替换资产所需的成本。

（2）如果供应商拥有上述的权利则说明供应商有实质替换权，因此合同中不存在可识别资产。

上述条件旨在区分导致供应商（而非客户）控制资产使用的替换权利，以及不改变合同实质或合同特征的替换权利。

具体判断可参考如下流程图，如图 1-2 所示：

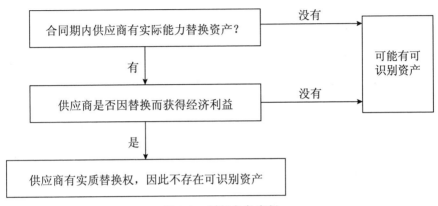

图 1-2　判断参考流程

例 5

客户 A 与供应商 M（承运人）签订为期 5 年的合同，以运输 A 的商品，在合同中规定 M 需使用特殊规格的车辆进行运输，这些车辆存放于 M 的经营场所，M 拥有大量的类似车辆可用于履行合同的要求，且替换车辆的成本很低。

分析：供应商 M 拥有实质替换资产的权利，因此合同中不存在可识别资产，合同中不包含租赁，供应商 M 只是给客户 A 提供一项运输服务，按照服务的方式进行会计核算。

例 6

某零食零售企业（客户）与高铁站运营商（供应商）签订了使用高铁站某处空间销售商品的一年期合同。合同规定了空间的大小，以及空间可位于高铁站内的任一区域。在使用期内，供应商有权随时变更分配给客户的空间的位置。供应商变更客户空间位置的相关成本极小，客户使用（自有的）易于移动的售货亭销售商品。高铁站内有很多符合合同规定空间的区域可供使用。

分析：该合同不包含租赁。

尽管客户使用的空间大小在合同中有具体规定，但不存在已识别资产。尽管客户控制自有的售货亭，但合同针对的是高铁站内的空间，且供应商可随意变更该空间。供应商有替换客户所使用空间的实质性权利，因为：

（1）在整个使用期内，供应商有实际能力变更客户使用的空间。高铁站内有许多区域符合合同规定的空间，且供应商有权随时将空间的位置变更至符合规定的其他空间，而无须客户批准。

（2）供应商将通过替换空间获得经济利益，变更客户所使用空间的相关成本极小。因为售货亭易于移动，供应商之所以能够通过替换高铁站内的空间获益，是因为替换使供应商能够根据情况变化最有效地利用高铁站区域的空间。

2. 实质性替换权限制条件

如果供应商仅在特定日期或者特定事件发生当日或之后拥有替换资产的权利或义务，则供应商的替换权不具有实质性，因为供应商没有在整个使用期间替换资产的实际能力。

客户应评估供应商的替换权是否具有实质性是依据合同开始时的事实和情况，不应考虑合同开始时认为可能不会发生的未来事件，此类未来事件的示例包括：

（1）某未来客户同意支付高于市价的价格来使用该资产。

（2）引入在合同开始时实质上尚未开发的新技术。

（3）客户对资产的使用或资产性能与合同开始时认为可能的使用或性能之间的重大差异。

（4）使用期间资产市价与合同开始时认为可能的市价之间的重大差异。

如果资产位于客户所在地或其他位置，则替换所需成本通常高于资产位于供应商所在地时的成本，因而更可能超过替换资产所能获取的利益。

在许多情况下，鉴于与替换资产相关的成本，供应商不会从行使替换权中获益。资产的实际场所可能会影响与替换资产相关的成本。例如，如果资产位于客户的经营场所，则与替换该资产相关的成本一般会高于替换位于供应商经营场所的类似资产的成本。但是，仅因为供应商判定替换成本不高，并不意味着其可从替换权中取得经济利益。在资产运行不佳或者可进行技术升级的情况下，供应商因修理和维护而替换资产的权利或义务并不妨碍客户拥有使用已识别资产的权利。

允许或要求供应商仅可在标的资产运行不佳（例如，正常保修条款）或者可进行技术升级的情况下替换资产的合同条款不构成实质性替换权。

如果客户无法直接确定供应商是否拥有实质性替换权，则客户应假定所有替换权均不具有实质性。

例 7

假设某互联网数据中心（供应商）通过一个集中数据中心提供服务，通过服务器向客户提供网络服务。供应商在数据中心维护着许多相同的服务器，并在合同开始时确定其得到允许可在使用期间直接替换另一服务器而无须客户同意。而且，该供应商将通过替换资产取得经济利益，因为替换资产使得该供应商可以优化其网络的性能。此外，该供应商已经明确表示将这一替换权作为一项重要权利进行谈判，替换权影响了该安排的定价。

分析：该合同不包括租赁，因为客户没有使用已识别资产的权利，在合同期间，供应商具备替换服务器的实际能力且会从替换中取得经济利益。然而，如果在合同开始时客户不能直接确定供应商是否拥有实质性替换权，客户将假定该替换权不具有实质性，并判定存在已识别资产。

例 8

上例中，假设供应商不具备在整个使用期间替换该定制化资产的实际能力，其他事实与上例相同。此外，并不清楚该供应商是否会因为替换相似的资产而取得经济利益。

分析：因为供应商不具备替换资产的实际能力，且没有证据表明供应商可通过替换资产取得经济利益，所以该替换权不具有实质性，分配给客户的服务器将属于已识别资产。在这种情况下，替换权的两个条件均未得到满足。请注意，在两个条件均得到满足的情况下供应商才具备实质性替换权。

▍四、控制被识别资产使用的权利

合同让渡在一段时间内控制被识别资产使用的权利，前提是客户在整个使用期间享有以下权利：

（1）取得使用该被识别资产所产生的几乎所有经济利益。

（2）主导该被识别资产的使用。

如果客户仅在合同期内的一部分期间有权控制被识别资产的使用，则合同在该部分合同期间包含一项租赁。

1. 获得几乎所有因使用已识别资产所产生的经济利益的权利

对于如何确定获得几乎所有因使用已识别资产所产生的经济利益的权利，需要根据如下条件进行判断：

为了控制已识别资产的使用，客户需具备获得在整个使用期间使用该资产（例如，在整个使用期间独家使用该资产）所产生的几乎全部经济利益的权利。客户可通过多种方式直接或间接获得使用资产所产生的经济利益，例如，通过使用、持有或转租资产。使用资产所产生的经济利益包括资产的主要产出和副产品（包括来源于这些项目的潜在现金流量）以及通过与第三方之间的商业交易实现的其他经济利益。

在评估获得使用资产所产生的几乎全部经济利益的权利时，主体应当在客户使用资产权利的规定范围内考虑其所产生的经济利益；例如：

（1）如果合同规定，在使用期间，汽车仅限于在某一特定区域使用，则主体应考虑的仅为在该区域内使用汽车所产生的经济利益，而不包括在该区域外使用汽车所产生的经济利益。

（2）如果合同规定，在使用期间，客户仅可在特定里程范围内驾驶汽车，则主体应考虑的仅为在允许的里程范围内使用汽车所产生的经济利益，而不包括超出该里程范围使用汽车所产生的经济利益。

如果合同规定客户应向供应商或另一方支付因使用资产所产生的一部分现金流量作为对价，则作为对价支付的该等现金流量应视为客户因使用资产而获得的经济利益的一部分。例如，如果客户因使用零售区域需向供应商支付零售销售收入的一定比例作为对价，则该规定并不阻止客户拥有获得使用零售区域所产生的几乎全部经济利益的权利。原因在于销售收入所产生的现金流量为客户因零售店面的使用而获得的经济利益，而支付给供应商的部分现金流量为取得使用零售区域的权利的对价。

租户 A 从商场租了一块场地进行服装销售，双方签订的合同中规定，租户 A 每月按照销售额 30% 的比例向商场缴纳租金，在 202A 年 8 月，租户 A 的销售额为 20 万元，扣除商场收取的租金 6 万元后，租户 A 获得了 14 万元的收入。此例是否说明租户 A 并未获得使用资产所产生的几乎全部经济利益的权利，租户 A 和商场之间并不构成租赁关系呢？

分析： 从收支两条线的角度来看，租户 A 所产生的销售收入是因为 A 因零售店面的使用而获得的销售收入，同时租户 A 需要支付租金给商场，租金是租户 A 使用商场的零售面积所应支付的对价，而商场的日常管理中是从统一收取的销售收入中扣除租金再支付给租户 A。这个不妨碍租户 A 拥有获得使用租赁区域所产生的几乎全部经济利益的权利，租户 A 实际上获得了所有的销售收入，同时支付了租金给商场，是两个不同的交易，只是在安排上进行了一次性处理。此项交易仍构成租赁。

2. 主导使用已识别资产的权利

仅在满足下列任一条件时，客户具备在整个使用期间主导已识别资产使用的权利：

（1）客户有权在整个使用期间主导资产的使用方式和使用目的。

（2）资产的使用方式和使用目的的相关决策已预先确定，并且：

①客户有权在整个使用期间运营资产（或主导他人按照其确定的方式运营资产）而供应商无权更改这些运营指令；或者

②客户设计资产（或资产的特定方面），设计时预先确定了整个使用期间资产的使用方式和使用目的。

1）资产的使用方式和使用目的

如果在合同规定的使用权利范围内，客户可以在整个使用期间变更资产的使用方式和使用目的，则客户有权主导资产的使用方式和使用目的。在进行该评估时，主体需考虑与在整个使用期间变更使用资产的方式和目的最为相关的决策权。如果决策权对使用资产所产生的经济利益产生影响，则该决策权相关。最为相关的决策权可能因合同而异，这取决于资产的性质以及合同的条款和条件。

根据具体情况，某些决策权在客户使用权利的规定范围内授予了变更资产使用方式和使用目的的权利，例如：

（1）变更资产的产出类型的权利（例如，决定将运输集装箱用于运输商品还是储存商品，或者决定在零售区域销售多种产品）。

（2）变更资产的产出时间的权利（例如，决定机器或发电厂的使用时间）。

（3）变更资产的产出数量的权利（例如，决定发电厂发电的数量）。

（4）变更资产的产出地点的权利（例如，决定卡车或船舶的目的地，或者决定设备的使用地点）。

（5）变更资产是否产出（例如，决定是否使用发电厂发电）。

如果客户在整个使用期间可变更资产的使用方式和使用目的，即为有权主导资产的使用方式和使用目的，便可判定客户有权主导已识别资产的使用。资产的使用方式和使用目的是单一概念，我们不会将使用方式和使用目的分开进行评估。

在评估客户是否有权在整个使用期间变更资产的使用方式和使用目的时，重点在于客户是否拥有因使用该资产而产生的经济利益的决策权上。如果客户对其产生经济利益的决策权最具影响力，则可以说明客户有权决定使用期间的资产的使用方式和使用目的。最为相关的决策权可能取决于资产的性质以及合同的条款和条件。

资产的使用方式和使用目的的相关决策可被视为与董事会的决策类似，见图 1-3。

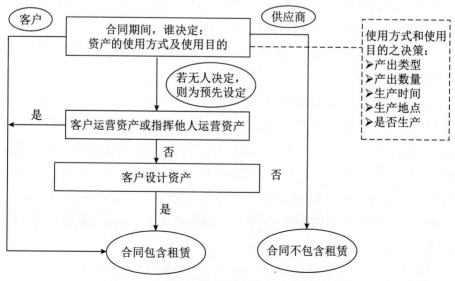

图 1-3　合同期间资产的使用方式与使用目的

例 10

　　客户 E 与供应商 F 签订为期 10 年的合同，要求 F 在 E 的店铺里安装特定的照明设备。照明设备有 F 设计并筛选，但需经过 E 的批准。F 拥有照明设备的所有权。为了优化其使用，F 提供远程监控服务，并在必要时对设备进行维护。E 有权决定设备的运行时间以及照明亮度。E 按照约定价格定期支付报酬给 F。

　　分析：因为虽然 F 设计和筛选了照明设备但是最终的设计结果是需要 E 进行批准，F 对照明设备提供远程监控服务，但是这种服务是为了 E 能够更好地使用设备而采取的措施，而 E 有权决定照明设备的运行时间和照明亮度，也就是说 E 指挥 F 进行资产的运营，在这种情况下，E 决定了资产的使用目的和使用方式。因此合同中包含租赁。

例 11

　　客户 X 和供应商 Y 签订了一份三年期的车辆使用合同。合同对车辆进行了定义。供应商 Y 不得以另一车辆替代指定车辆，除非指定车辆不可用（例如，发生故障）。

　　根据合同：

　　客户 X 运营该车辆（即驾驶该车辆）或主导他人运营该车辆（例如，聘请司机）。

　　客户 X 决定该车辆的使用方式（在下文所讨论的合同限制条件内）。例如，客户 X 决定该车辆在整个使用期间内的行驶目的地、使用时间或使用与否，以及使用目的。客户 X 还可在整个使用期间内改变上述决定。

　　供应商 Y 禁止该车辆的某些使用行为（例如，移动至国外）以及对该车辆的改装，目的在于保护其对该资产的权益。

　　分析：客户 X 有权在整个使用期间内主导已识别资产的使用。客户 X 之所以有权主导该车辆的使用的原因在于，其有权改变该车辆的使用方式、使用时间或使用与否，行驶目的地以及使用目的。

　　供应商 Y 对该车辆的某些使用行为和改装的限制被视为保护性权利，该权利明确了客户 X 对该资产的使用范围，但不影响有关客户 X 是否主导该资产的使用的评估。

某些决策权并未授予变更资产的使用方式和使用目的的权利，例如，有限地运行资产或维护资产的权利。客户或供应商都可拥有这样的权利。虽然运行或维护资产的权利通常对高效利用资产是必要的，但该等权利并非主导资产使用方式和使用目的的权利，而是通常取决于资产的使用方式和使用目的的相关决策。然而，如果资产的使用方式和使用目的的相关决策已预先确定，则运行资产的权利赋予了客户主导资产使用的权利。

尽管关于资产维护和运营的决策通常是资产的高效使用所必需的，但作出这些决策的权利本身并不构成在整个使用期间内变更资产的使用方式和使用目的的权利。

例 12

客户与供应商就使用一辆卡车一周时间以将货物从长春运至广州签订了合同，供应商没有替换权，在合同期内只允许使用该卡车运输合同中指定的货物，合同规定了卡车可行驶的最大里程，客户能够在合同规定范围内选择具体的行程、速度、路线、停车休息等。指定路程完成后，客户无权继续使用这辆卡车，待运输的货物以及在长春装货和在广州卸货的时间和地点在合同中有明确规定，客户负责从长春驾驶卡车至广州。

分析：该合同包含卡车的租赁，客户拥有在指定路程期间使用卡车的权利。该示例中存在已识别资产，合同明确指定了一辆卡车，且供应商无权替换卡车，客户在整个使用期内拥有控制该卡车使用的权利，因为：

（1）客户有权获得在使用期内使用卡车所产生的几乎全部经济利益，在整个使用期内，客户拥有该卡车的专属使用权。

（2）客户有权主导卡车的使用，因为其满足合同预先确定了卡车的使用方式和使用目的，即在规定时间内将指定货物从长春运至广州。客户主导卡车的使用，因为客户有权在整个使用期内操作卡车，例如速度、路线、停车休息，客户通过控制卡车的操作作出在使用期内使用卡车的所有决定。

由于合同期限为一周时间，此项租赁符合短期租赁的定义。

例 13

客户与船只所有者（供应商）就使用指定船只将货物从武汉运至重庆签订了合同，船只在合同中有明确规定且供应商没有替换权，货物将占据船只的几乎全部运力，合同规定了船只将运输的货物以及装卸日期，供应商负责船只的操作和维护，并负责船上货物的安全运输，合同期间，客户不得雇用其他人员操作船只或自行操作船只。

分析：该合同不包含租赁。

该示例中存在已识别资产，合同明确指定了船只，且供应商无权替换被指定的船只，客户有权获得在使用期内使用船只所产生的几乎全部经济利益。客户的货物将占据船只的几乎全部运力，从而防止其他方获得使用船只所产生的经济利益。然而，客户没有控制船只使用的权利，因为客户无权主导船只的使用，客户无权主导船只的使用方式和使用目的。合同预先确定了船只的使用方式和使用目的，即在规定时间内将指定货物从武汉运至重庆，客户无权变更使用期内船只的使用方式和使用目的。在使用期内，客户没有关于船只使用的其他决策权，例如，客户无权操作船只，也未参与该船只的设计，客户对船只使用享有与使用该船只运输货物的其他诸多客户一样的权利。

客户不需要运营标的资产的权利以拥有主导资产使用的权利。换言之，客户可以主导由供应商的人员运营的资产的使用。然而，如下所述，如果关于资产的使用方式和使用目的的相关决策是预先确定的，则运营资产的权利通常将向客户提供主导资产使用的权利。

2）在使用期间及之前确定的决策

资产使用方式和使用目的的相关决策可通过很多方式预先确定。例如，可通过资产的设计或合同对资产的使用作出限制来预先确定相关决策。

在评估客户是否有权主导资产的使用时，主体应仅考虑在使用期间作出资产使用决策的权利，除非客户设计资产（或资产的特定方面），即客户设计资产（或资产的特定方面），设计时预先确定了整个使用期间资产的使用方式和使用目的，除此之外，客户不应考虑在使用期之前预先确定的决策。例如，如果客户仅能够在使用期之前指定资产的产出，则客户无权主导该资产的使用。客户能够在使用期之前在合同中指定产出，而没有与资产使用相关的任何其他决策权，则该客户与购买商品或服务的客户享有的权利相同。

预计将存在少数关于资产使用方式和使用目的的决策被预先确定的情况。在这种情况下，如果满足下列两个条件之一，则客户有权在整个使用期间主导已识别资产的使用：

（1）其有权在整个使用期间运行资产，或主导他人按照其确定的方式运行资产，而供应商无权更改这些运行指示。

（2）其设计资产（或资产的特定方面），设计时预先确定了整个使用期间资产的使用方式和使用目的。

可能需要进行重大判断来评估客户是否在设计资产（或资产的特定方面）时预先确定了整个使用期间资产的使用方式和使用目的。

例 14

一家公用事业公司（客户）与一家电力公司（供应商）签订了一份合同，购买某一新太阳能电厂 10 年生产的全部电力，该太阳能电厂在合同中有明确规定，且供应商没有替换权，太阳能电厂为供应商所有，不能通过其他资产向客户供应该电力，太阳能电厂是由客户在建设之前设计的，客户聘请了太阳能专家协助确定太阳能电厂的选址以及将使用设备的工程。供应商负责按照客户的规格建造太阳能电厂，并负责其运行和维护。关于是否发电以及发电的时间和发电量不存在相关决定，因为该项资产的设计已经预先确定了这些决定，供应商将获得与太阳能电厂建设和所有权相关的税款抵免，而客户将获得使用太阳能电厂产生的可再生能源税款抵免。

分析： 该合同包含租赁。

客户拥有太阳能电厂 10 年的使用权，该示例中存在已识别资产，因为合同明确指定了该太阳能电厂，且供应商无权替换被指定的太阳能电厂。

客户在整个 10 年使用期内拥有控制太阳能电厂使用的权利。因为客户有权获得在 10 年使用期内使用太阳能电厂所产生的几乎全部经济利益。客户拥有太阳能电厂的专属使用权，获得该电厂在 10 年使用期内生产的全部电力以及使用太阳能电厂的一个副产品——可再生能源税款抵免。尽管供应商将以税收抵免额形式获得太阳能电厂产生的经济利益，但这些经济利益与太阳能电厂的所有权相关，而非与使用太阳能电厂相关，因此在评估时不予考虑。

客户有权主导太阳能电厂的使用，客户和供应商均不决定使用期内太阳能电厂的使用方式和使用目的，因为这些决定在该资产的设计中已预先确定，即太阳能电厂的设计实际上已将整个使用期内关于太阳能电厂使用方式和使用目的的相关决策权纳入了该资产的程序中。客户不负责太阳能电厂的运营，太阳能电厂的运营由供应商作出决定。然而，客户对太阳能电厂的设计赋予了客户主导电厂使用的权利，因为太阳能电厂的设计已预先确定了整个使用期内该资产的使用方式和使用目的，客户对设计的控制实质上与客户控制这些决定并无差别。

例 15

客户与供应商签订了一份合同，购买被明确指定的一家电厂三年生产的全部电力。该电厂为供应商所有，并由供应商运营，供应商不能通过另一家电厂向客户供应电力，合同规定了整个使用期内该电厂的发电数量和时间安排。非特殊情况，例如紧急情况，不可变动。供应商按照行业认可的运营实务负责电厂的日常运营和维护。在与客户签订合同几年前建设电厂时，供应商对该电厂进行了设计，客户未参与该设计。

分析：该合同不包含租赁。

该示例中存在已识别资产。因为合同明确指定了该电厂，且供应商无权替换被指定的电厂。

客户有权获得在三年使用期内使用被识别电厂所产生的几乎全部经济利益，客户将获得电厂在三年使用期内生产的全部电力。

然而，客户并不拥有控制电厂使用的权利，因为客户无权主导电厂的使用，客户无权主导电厂的使用方式和使用目的。电厂的使用方式和使用目的，即是否发电，发电的时间和发电量，在合同中已预先确定。客户无权变更使用期内电厂的使用方式和使用目的，在使用期内，客户没有关于电厂使用的其他决策权，例如，客户不运营电厂，且并未参与电厂的设计，供应商通过决定电厂的运营和维护方式，成为使用期内唯一可就电厂作出决定的一方，客户对电厂的使用拥有与从电厂获取电力的其他诸多客户一样的权利。

3）保护性权利

合同可能包含一些条款和条件，旨在保护供应商在标的资产或其他资产中的权益、保护供应商的工作人员，或者确保供应商遵守法律或法规。这些是保护性权利。举例来说，合同可以：

（1）规定资产使用的最大数量或限制客户可使用资产的地点或时间；

（2）要求客户遵守特定的操作惯例；或者

（3）要求客户在变更资产使用方式时通知供应商。

保护性权利通常对客户使用权的范围作出限定，但是保护性权利单独不足以否定客户拥有主导资产使用的权利。

供应商的保护性权利本身并不妨碍客户拥有主导已识别资产使用的权利。保护性权利通常在不消除客户主导资产使用的权利的情况下，界定客户对资产的使用权的范围。保护性权利旨在保护供应商的权益（例如，对资产的权益、其工作人员以及合规），因此可能采取指定资产使用的最大数量、限定使用资产的地点或时间或要求遵守特定操作指令的形式。

例 16

客户 A 和供应商 N 签订了一份五年期的使用合同。合同对船舶进行了定义。供应商 N 不得以另一船舶替代指定船舶，除非指定船舶不可用（例如，发生故障）。

根据合同：

（1）客户 A 运营该船舶或主导他人运营该船舶。

（2）客户 A 决定该船舶的使用方式。

例如，客户 A 决定该船舶在整个使用期间内的行驶目的地、使用时间或使用与否，以及使用目的。客户 A 还可在整个使用期间内改变上述决定。

（3）供应商 N 禁止该船舶的某些使用行为（例如，在限制区域内行驶）以及对该船舶的改装，目的在于保护其对该资产的权益。

分析：客户 A 有权在整个使用期间内主导船舶的使用。客户 A 之所以有权主导该船舶的使用的原因在于，其有权改变该船舶的使用方式、使用时间或使用与否，行驶目的地以及使用目的。

供应商 N 对该船舶的某些使用行为和改装的限制被视为保护性权利，该权利明确了客户 A 对该资产的使用范围，但不影响有关客户 A 是否主导该资产的使用的评估。

图 1-4 可帮助评估合同是否为租赁合同或包含一项租赁。

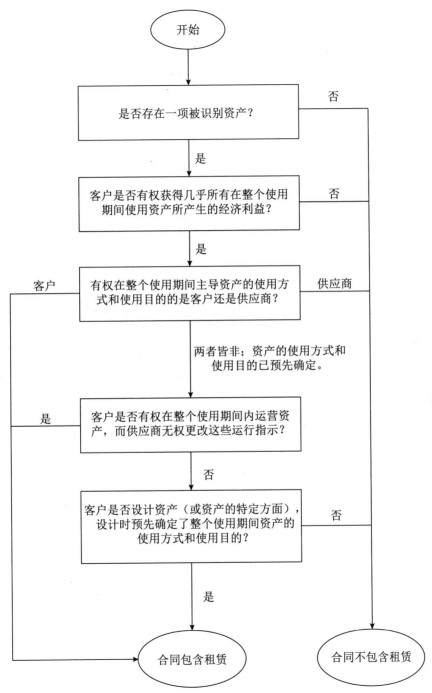

图 1-4　合同是否为租赁合同或包含一项租赁的评估流程

第二节　租赁合同的分拆和租赁合同的合并

▌一、租赁合同的分拆

如果一个合同是租赁合同或其中包含租赁，承租人和出租人都应将合同中各个租赁组成部分与非租赁组成部分分开，并将合同中包含的各个租赁组成部分别作为一项单独租赁进行会计处理。如果承租人选择不对合同进行分拆的，应当将合同中各租赁部分及与其相关的非租赁部分合并为单项租赁，并按照新租赁准则的规定进行会计处理。

如果同时能够满足下列两项条件，使用标的资产的权利构成一项单独的租赁：

（1）承租人能够从单独使用标的资产，或将其与容易获得的其他资源一起使用中获益。容易获得的资源是指（出租人或其他供应商）单独销售或租赁的商品或服务，或者承租人已（从出租人或从其他交易或事件）获得的资源。

（2）标的资产与合同中的其他标的资产不存在高度依赖或高度关联。例如，承租人不租赁标的资产的决定不会对承租人使用合同中的其他标的资产的权利产生重大影响，这一事实表明标的资产与该等其他标的资产不存在高度依赖或高度关联。

如果未满足上述两个条件，或仅满足条件之一，则将多项资产的使用权视作单一的租赁。

例 1

承租人 A 和供应商 B 签订了一个合同，合同中规定 A 租赁 B 的一栋建筑物和其地下停车场，用于开设商场和车辆停放。承租人是一家商场运营商，计划将建筑物改造成商场。

分析：对于承租人 A，该合同包含一项租赁。如果不同时使用停车场，承租人将无法从单独使用建筑物中获益。因此，建筑物依赖于停车场，因此只能将建筑物和停车场的租赁当作一项租赁来看待。

例 2

　　假设与例 1 中的事实相同，合同另外还让渡了与建筑物相邻的额外土地的使用权。承租人可对这块土地进行开发以作其他用途（例如，建造一个集市）。

　　分析：对于承租人 A，该合同包含两项租赁组成部分：建筑物及停车场的租赁和相邻的土地租赁。由于可在不依赖该建筑物和停车场的情况下，对相邻土地进行开发以作其他用途，因此承租人 A 能够从单独使用该相邻土地中获益，或将其与易于取得的其他资源结合在一起获益。承租人 A 还能够从单独使用该建筑物和停车场受益，或将其与易于取得的其他资源结合在一起获益。

　　承租人选择不分拆的，承租人采用其他适用的准则对非租赁组成部分进行会计处理。

　　1. 土地和建筑物的租赁

　　当一项租赁同时包括土地和建筑物时，出租人应对土地和建筑物应分类为融资租赁还是经营租赁进行评估。

　　在任何必要的时候，为对土地和建筑物租赁进行分类和会计处理，出租人应按照租赁的土地部分的租赁权益和建筑物部分的租赁权益在租赁开始日的公允价值的相对比例，将租赁付款额（包括所有一次性支付的预付款）在土地与建筑物部分之间进行分配。如果租赁付款额无法可靠地在两个部分之间进行分配，则整个租赁被分类为融资租赁，除非这两部分均明显属于经营租赁，在此情况下，整个租赁被分类为经营租赁。

　　对于涉及土地和建筑物使用权的合同，出租人应将土地的使用权进行分类并作为单独租赁组成部分进行会计处理，除非这样做的会计影响对租赁而言不重大。例如，如果针对土地租赁组成部分确认的金额对于租赁而言不重大，则可能无须将土地部分区分开来。

　　租赁整个建筑物（即 100% 的建筑物）的主体自然而然地将建筑物下方的土地租赁出去，因此可能将土地和建筑物作为单独租赁组成部分进行会计处理。然而，如果主体仅租赁部分建筑（例如，多层建筑物中的一层），则不一定属于这种情况。

　　2. 其他情况

　　许多合同包含一项结合购买或出售其他商品或服务的协议（非租赁组成部分）的租赁。应根据其他准则识别非租赁组成部分，并将其与租赁组成部分区分开来进行会计处理，除非承租人选择不分拆。

某些合同包含与出租人向承租人转移商品或服务无关的项目（例如，出租人向承租人收取的费用或管理成本），这些活动和成本由承租人承担，但不会向承租人转移商品或服务。这类项目不能被视为单独租赁或非租赁组成部分，因此承租人和出租人不将合同对价分配至这类项目。

然而，如果出租人提供服务（例如，维护、提供公用设施）或经营标的资产（例如，船只包租、飞机湿租），则合同通常包含非租赁组成部分。

识别合同中的非租赁组成部分可能改变一些承租人的实务。目前的情况，承租人可能无须关注于识别租赁和非租赁组成部分，因为二者通常适用同一会计处理（例如，经营租赁和服务合同的会计处理）。然而，由于根据会计准则要求，大多数租赁被计入承租人的资产负债表，因此承租人可能需要实施更加完善的流程以识别合同中的租赁和非租赁组成部分。

对维护活动（包括常规维护，例如保洁）以及已转移至承租人的其他商品或服务（例如，提供公用设施和保洁）的付款额被视为非租赁组成部分，原因在于其为承租人提供了服务。

在某些租赁中，承租人还可能就与未向承租人转移商品或服务的活动或成本相关的租赁资产补偿出租人（或代其支付某些付款额），例如，无论租赁与否，无论承租人是谁，出租人均需支付的房产税；保障出租人对资产的投资以及房主能够收到一切索赔款项的保险付款额。根据会计准则，由于此类成本不代表商品或服务付款额，因此不属于单独的合同组成部分，而是作为被分配至单独识别的合同组成部分（即租赁组成部分和非租赁组成部分）的总对价的一部分。承租人还需评价此类付款额属于固定（实质固定）的租赁付款额还是可变租赁付款额。

例3

承租人签订了一份两年期的带司机的车辆租赁合同，年度租赁付款额为22万元。在合同中对租赁付款额作了详细的规定，其中，车辆租金12万元、司机租金8万元，维护保养费1.5万元，管理费用0.5万元。

分析：该合同包含三项租赁组成部分——租赁组成部分车辆租赁和司机租赁）和非租赁组成部分（维护保养）。合同中规定的管理费用金额实际上并未向承租人转移任何商品或服务。因此，将两年的合同总对价44万元分配至租赁组成部分（车辆和司机）和非租赁组成部分（维护保养）。

3. 实务变通

准则里包含了一项实务变通，允许承租人按标的资产类别选择会计政策，承租人可按标的资产的类别选择不分拆租赁组成部分与非租赁组成部分，而是将各个租赁组成部分和与其相关的非租赁组成部分作为一项单独的租赁组成部分进行会计处理。但承租人不得对满足条件的嵌入式衍生工具采用这一实务变通。

从成本效益的角度，将对价分配至单独的租赁和非租赁组成部分的成本，可能超过了准确反映使用权资产和租赁负债的收益。此外，使用该实务变通大多是在合同的非租赁组成部分与合同的租赁组成部分相比不重大的情况下。

但是该实务变通不允许承租人将合同中的多项租赁组成部分作为单一租赁组成部分进行会计处理。

如果承租人选择将合同的各项租赁组成部分和任何相关非租赁组成部分作为单一租赁组成部分进行会计处理，则应将所有合同对价分配至租赁组成部分。因此，如果未选择该政策，租赁负债和使用权资产的初始计量和后续计量会较高。

此项实务变通对于出租人不适用。

4. 确定并分配合同对价

承租人和出租人可以按照如下模式对合同对价进行分配。出租人和承租人首先应该确定合同对价，然后根据合同中各个租赁组成部分的公允价值对合同对价进行合理分配，如图 1-5 所示。

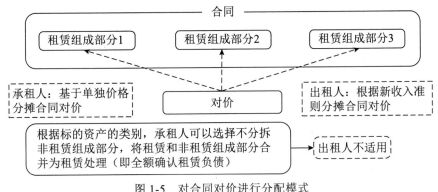

图 1-5　对合同对价进行分配模式

1）确定并分配合同对价——出租人

（1）确定合同对价。对于出租人而言，租赁合同中的对价包括如下两个部分：

①固定付款额和实质固定付款额，减去任何应收的租赁激励；

②取决于一项指数或比率的可变租赁付款额，采用租赁期开始日的指数或比率进行初始计量。

（2）分配合同中的对价。如果合同包含一个租赁组成部分以及额外的一个或多个租赁或非租赁组成部分，则出租人应分配合同中的对价。出租人基于相对单独售价在合同中的租赁和非租赁组成部分之间分配合同对价。此外，出租人还需要持续关注分配合同对价后的任何后续变动。单独售价为出租人向客户单独销售承诺商品或服务的价格。当单独售价不可直接观察时，出租人须根据可观察输入值估计单独售价。

财务人员在制定收入确认政策时需要从会计或财务部门之外的人员处取得信息，从而估计单独售价。财务人员需要获取信息并了解公司的定价决定，以合理估计单独售价，特别是在可观察输入值有限或没有可观察输入值时。对一些目前未估计单独售价的公司而言，这可能是一项变化。

2）确定并分配合同对价——承租人

（1）确定合同对价。对于承租人而言，租赁合同中的对价包括如下付款额：

①任何固定付款额（例如，月度服务费）或实质固定付款额；

②与指数或比率挂钩的、使用在租赁期开始日的指数或比率进行初始计量的任何可变付款额，减去已付或应付承租人的任何激励措施（不包括租赁付款额中包含的激励措施）。

（2）分配合同中的对价。对于包含一项或多项租赁组成部分及非租赁组成部分的合同，承租人应该将合同价款进行分拆，分拆的基准为租赁组成部分中每一项租赁的单独价格与非租赁组成部分的单独价格的相对比例。

租赁组成部分和非租赁组成部分的相对单独价格应根据出租人或类似供应商就该组成部分或类似组成部分将单独向主体收取的价格来确定。如果无法获得可观察的单独价格，则承租人应尽量利用可观察信息来估计组成部分的单独价格。尽管合同规定的价格可能为商品或服务的单独价格，但不得出于会计目的作出这一假设。

如果承租人不选择（按标的资产类别）将合同的各项租赁组成部分和任何

相关非租赁组成部分作为单一租赁组成部分进行会计处理，则需要基于相对单独价格将合同对价分配至租赁和非租赁组成部分。

例 4

承租人 A 和出租人 B 签订了一项设备租赁合同。该合同规定出租人负责维护租赁的设备并收取维护服务对价。该合同包括以下租赁和非租赁组成部分的总价 110 000 元，其中租赁 90 000 元，维护 20 000 元。

分析：合同中规定了租赁和维护的单独价格，尽管合同规定的价格可能为租赁和维修的单独价格，但不得出于会计目的作出这一假设。

因此承租人仍需要对租赁和维修的单独价格进行研究，因为单独价格不易观察，因此承租人应尽量利用可观察的信息来估计租赁和非租赁组成部分，具体如下：

租赁 95 000 元，维护 25 000 元。

租赁组成部分的单独价格占预计单独价格总额的 79.17%。承租人将合同对价（110 000 元）分配如下：

租赁：110 000×79.17%=87 087 元。

维护：110 000×20.83%=22 913 元。

例 5

出租人将一辆推土机、一辆卡车和一台长臂挖掘机租赁给承租人用于采矿作业，租赁期为 4 年。出租人还同意在整个租赁期内维护每台设备。合同中的总对价为 600 000 元。每年分期应付款为 150 000 元，可变金额取决于维护长臂挖掘机所履行的工时。可变付款额的上限为长臂挖掘机的重置成本的 2%。该对价包括针对每台设备的维护服务的成本。承租人将非租赁组成部分（维护服务）与每项设备的租赁区分开来单独进行会计处理。承租人未选择将非租赁部分和租赁部分合在一起进行核实。

承租人得出结论认为，推土机的租赁、卡车的租赁和长臂挖掘机的租赁均是单独的租赁组成部分。这是因为：

①承租人能够单独从对三台设备的使用中获益或将其与易于取得的其他资源结合在一起获益（例如，承租人易于租赁或购买备用卡车或挖掘机用于作业）；

②虽然承租人出于同一个目的租赁这三台设备（即从事采矿作业），但是这些机器之间不存在高度依赖或高度关联。

租赁从每台设备获益的能力并未受到其决定从出租人处租赁或不从出租人处租赁其他设备的重大影响。因此，承租人得出结论认为，合同中包括三个租赁组成部分和三个非租赁组成部分（维护服务）。承租人将合同中的对价分配至三个租赁组成部分和非租赁组部分。

数家供应商提供针对类似推土机和卡车的维护服务。因此，对这两台已租赁设备的维护服务的单独售价是可观察的。承租人能够确定该推土机和卡车的维护服务的可观察的单独售价，分别为 32 000 元和 16 000 元，前提是假设所采用的支付条款与出租人之间的合同中的条款类似。长臂挖掘机高度专业化，因此，其他供应商未进行租赁或为类似挖掘机提供维护服务。尽管如此，出租人向从出租人处购买类似长臂挖掘机的客户提供期限为 4 年的维护服务合同。期限为 4 年的维护服务合同的可观察对价指应在 4 年内支付固定金额 56 000 元，加上取决于维护长臂挖掘机已履行的工时的可变金额。

可变付款额的上限为长臂挖掘机的重置成本的 2%。因此，承租人估计为长臂挖掘机提供的维护服务的单独价格为 56 000 元加上任何可变金额。承租人能够确定租赁推土机、卡车和长臂挖掘机的单独价格分别为 170 000 元、102 000 元和 224 000 元。

承租人将合同中的固定对价（600 000 元）分配至租赁和非租赁组成部分，如下所示：

租赁部分：推土机 170 000 元，卡车 102 000 元，长臂挖掘机 224 000 元，合计 496 000 元；

非租赁部分：104 000 元；

总计 600 000 元。

承租人将全部可变对价分配至长臂挖掘机的维护服务，即合同的非租赁组成部分。之后承租人对每个租赁组成部分进行会计处理，将已分配对价作为每个租赁组成部分的租赁付款额。

▌二、租赁合同的合并

如果满足下列一项或多项条件，主体应将与同一交易对方（或交易对方的关联方）在同一时间或相近时间订立的两项或多项合同予以合并，并将这些合同作为一项单独的合同进行会计处理：

（1）这些合同基于总体商业目的作为一揽子交易而订立，且若不将这些合同作为整体考虑就无法理解该总体商业目的；

（2）其中一项合同所需支付的对价金额取决于其他合同的价格或履约情况；或者

（3）合同赋予的使用标的资产的权利（或者各项合同赋予的使用标的资产的部分权利）构成单独的租赁组成部分。

例 6

租赁公司向承租人出租两座钻井平台，"钻井平台 1"与"钻井平台 2"，并就两个平台签订两份租赁合同，钻井平台 1 的日租金为 10 000 美元，钻井平台 2 的日租金为 20 000 美元。根据合同约定两个钻井平台的月租金取决于"钻井平台 2"的月作业天数，和"钻井平台 1"的实际作业天数无关。

分析：此两份合同是基于总体商业目的签订的一揽子协议，根据合同约定，钻井平台 1 的月租金取决于钻井平台 2 的月作业天数，合同赋予的使用钻井平台 1 和钻井平台 2 的权利构成单独的租赁组成部分。在此情况下，租赁公司应将"钻井平台 1"与"钻井平台 2"的两份租赁合同合并为一份进行会计处理。

第三节　租赁期的确定

租赁期包括不可撤销的租赁期间加上可以合理确定的承租人将使用续租选择权的租期以及可以合理确定承租人不会行使终止选择权之后的期间，如图 1-6 所示。租赁期的判断是从承租人的角度进行评估，但是同时适合于承租人和出租人会计。

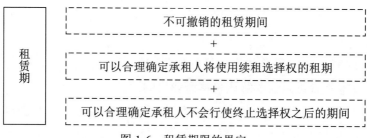

图 1-6　租赁期限的界定

承租人应将不可撤销的租赁期间确定为租赁期，租赁期还包括下列期间：

（1）续租选择权所涵盖的期间，前提是承租人合理确定将行使该选择权；以及

（2）终止租赁选择权所涵盖的期间，前提是承租人合理确定不会行使该选择权。

在评估承租人是否合理确定将行使续租选择权或不会行使终止租赁选择权时，应考虑对承租人行使续租选择权或不行使终止租赁选择权产生经济激励的所有相关事实和情况。包括自租赁期开始日至选择权行使日之间的事实和情况的预期变动。

租赁期于租赁期开始日起计算，并且包括出租人为承租人提供的任何免租期。

在预估租赁期时，承租人需考虑对其有经济激励的所有因素，例如：

（1）合同或市场因素，包括但不限于

①任何选择权期间的租金金额。

②任何可变租赁付款额或其他或有款项的金额，例如由于终止租赁的罚款和担保余值导致的付款。

③相对于市场价格的续租条件、续租期限、租赁到期时的购买选择权。

④终止原租赁合同的成本，以及签订新的替代合同的成本；与终止租赁相关的成本，例如，谈判成本，迁移成本，鉴别适合承租人需求的其他标的资产所发生的成本，将一项新资产并入承租人经营所发生的整合成本，或者终止租赁的罚款以及类似成本，包括与将标的资产恢复至合同规定的状态或将其归还至合同规定的地点相关的成本。

⑤返还标的资产的成本。

（2）租赁资产本身的因素，包括但不限于

①资产对承租人运营的特殊性，包括资产的性质是否特殊和是否为一项专

门资产、资产所处的位置以及适当替代品的可获得性。

②租赁期间发生重大租赁资产改良支出。

一、行使选择权需考虑的因素

与行使选择权相关的条件（即仅在满足一项或多项条件时方可行使选择权），以及存在这些条件的可能性。

续租或终止租赁的选择权可与一个或多个合同特征（例如，担保余值）相结合，例如，承租人无论是否行使选择权，均保证向出租人支付基本相等的最低或固定现金。在此情况下，应假设承租人合理确定将行使续租选择权或不行使终止租赁选择权。

当评估是否可以合理确定承租人将行使续租选择权，不行使终止租赁，或者行使购买标的资产的选择权时，承租人和出租人需要评估为承租人行使续租选择权、终止租赁选择权或购买标的资产的选择权而提供经济激励的所有相关因素（即，基于合同、资产、主体和市场的因素），包括：

（1）是否存在购买选择权或续租选择权及其定价（例如，固定利率、折现率、"折价"率）；

（2）是否存在终止租赁选择权、终止或非续租付款额及持续租赁的定价；

（3）根据担保余值应付的或有金额以及其他可变租赁付款额；

（4）将资产恢复至合同规定的状态或将其归还至合同规定的地点相关的成本；

（5）重大定制（例如，租赁资产改良）、安装成本或迁移成本；

（6）租赁资产对承租人经营的重要性，即考虑失去租赁资产对业务的不良影响以及寻找替代资产的可行性；

（7）超过原租赁不可撤销期间的转租期（例如，原租赁包括5年的不可撤销期间和2年的续租选择权，而转租赁期限为7年）。

租赁的不可撤销期限越短，承租人行使续租选择权或不行使终止租赁选择权的可能性就越大。这是因为，不可撤销期限越短，获取替代资产的相关成本就相应越高。

购买选择权的评估方式应与续租选择权或终止租赁选择权的评估方式相同。购买标的资产的选择权在经济上与标的资产的剩余经济寿命的续租选择权类似。

例1

　　承租人A签订了一个租赁合同租一个仓库5年，合同中约定A拥有两次续租3年的选择权（最长11年）。续租的租金根据当时的市场租金水平确定。如果A公司不续约，则需要清空库房，并将库房恢复至合同约定的状态，该成本预计不大。A公司历史记录显示，其库房租赁期一般在5年以上。甲公司是否合理确定其会行使续租选择权。

　　分析：因为续租时的租金根据当时的市场水平确定，同时将库房恢复至合同约定的状态的成本不大，承租人A选择续租选择权的经济激励不大，虽然根据历史记录显示A的仓库的租赁期较长，但这并不能够说明在合同签署时A就会行使续租选择权，还需要其他信息进行判断。

例2

　　在例1的基础上，修改如下背景信息：

　　A公司对库房进行了重大改造，改造支出的使用寿命为11年；该改造在五年末和八年末时对A公司而言价值重大。该改造形成的资产不能拆除至其他地方使用。甲公司是否合理确定其会行使续租选择权。

　　分析：因为A公司发生成本对仓库进行了改造，如果5年租赁期结束时A公司找其他的仓库仍需支付改造成本，并且改造形成的资产不能够拆除至其他地方，因此A公司将会行使其续租选择权。该仓库的租赁期为11年。

例3

　　承租人L和出租人K签订了为期五年的船舶租赁合同，合同中规定双方均无续租选择权，从第2年开始L和K在任何一方提前三个月通知的情况下可提前终止合同，并且无须支付罚金。此合同的租赁期是多长？

　　分析：因为租赁期是指承租人有权使用租赁资产且不可撤销的期间。根据上面的信息，L和K虽然签订的是五年的合同，但是双方都有权利在第二年开始时提前三个月通知对方取消合同，因此，L能够使用租赁资产且不可撤销的期限为一年零三个月，租赁期为一年零三个月。

例 4

如果其他条件不变，将合同中的"无须支付罚金"修改为"需要支付 6 个月罚金"，结论如何？

分析：如果需要支付 6 个月罚金，双方均要考虑行使终止选择权时对自身的影响，在没有有利条件的情况下，双方均不会选择行使终止选择权，这种情况下，双方均会根据合同规定的期限执行合同，因此，此种情况下租赁期为 5 年。

例 5

与例 4 不同的是，从第二年 1 月 1 日起，出租人 K 在提前三个月通知承租人 L 的情况下，可以提前终止合同并不需要支付罚金，而承租人 L 没有提前终止租赁的选择权。在这种情况下该合同的租赁期有多长？

分析：因为承租人 L 没有终止租赁的选择权，因此承租人 L 只能够执行合同规定的期限 5 年，因此租赁期为 5 年。

例 6

承租人 M 和出租人 N 签订了一个设备租赁合同。合同中没有规定具体的租赁期限，但约定如果 M 公司无须使用该设备，可随时将设备退还给 N。租金根据 M 公司的实际租赁天数，乘以固定的日租金额确定。此合同的租赁期为 1 天吗？

分析：因为根据上面的信息不能够确定承租人 M 有权使用租赁资产且不能够撤销的期间，因此不能够确认租赁期间，还需要提供其他信息进行判断。

从租赁期开始日至行使选择权日的期间越长，在某些情况下越难以确定是否可以合理确定将行使选择权。该结果由若干因素造成。例如，未来预期的期间越长，承租人对其对租赁资产的未来需求的估计的准确性越低。另外，相比相对稳定资产（例如，位于黄金地段的全部租赁的商业办公楼）的未来公允价值，对某些资产（例如，涉及技术的资产）的未来公允价值的预测难度越大。

选择权的行权日越遥远，与用于断定承租人合理确定将行使该选择权的估计未来公允价值相关的选择权价格就越低。对于价值会发生重大变动的资产，其选择权价格和估计未来公允价值之间的差额应大于价值相对稳定的资产的选择权价格和估计未来公允价值之间的差额。

人为造成的较短租赁期实际上可为承租人行使购买或续租选择权提供重大经济激励。这可能基于标的资产对承租人的持续经营的重要程度，以及如果没有该选择权，承租人是否愿意签订更长租赁期间的合同。

同样地，标的资产对于承租人业务的重要性可能会影响承租人关于其是否合理确定将行使购买或续租选择权的决定。

例如，某公司承租专门设施（例如，制造工厂、分销设施、主体总部）且不行使购买或续租选择权，但如果没有易于获得的替代设施，其将面临重大的经济损失。这可能会在公司寻找替代资产时对其产生不利影响。

对于同一个租赁合同，承租人和出租人判断的租赁期可能不一致。

例 7

假设承租人 P 签订了包括四年不可撤销期限和两年期固定价格续租选择权的设备租赁合同，其未来租赁付款额旨在接近租赁开始时的市价。没有终止罚款或其他因素表明 P 合理确定将行使续租选择权。

分析：在租赁期开始日，租赁期为四年。

例 8

承租人 Q 签订了包括四年不可撤销期限和两年市价续租选择权的建筑租赁合同。在搬入该建筑之前，承租人 Q 付款对租赁资产进行了改良。预计租赁资产改良将在四年结束时具有重大价值，且该价值仅可通过继续占用租赁的不动产实现。

分析：在租赁开始时，承租人 Q 确定其合理确定将行使续租选择权，因为如果其在初始不可撤销期限结束时弃置该租赁资产改良，其将蒙受重大经济损失。在租赁开始时，承租人 Q 判定租赁期将为六年。

二、可撤销租赁

在确定租赁期和评估不可撤销的租赁期间时，应采用合同的定义，并确定可执行合同的期间。如果承租人和出租人双方均有权在未经另一方许可的情况下终止租赁，且几乎不存在罚款，则租赁不再可强制执行。

合同中任何符合租赁定义的（针对承租人和出租人的）不可撤销期间被视

为租赁期的一部分。如果只有承租人有权终止租赁，则在确定租赁期时，主体将该项权利视为承租人可使用的终止租赁选择权来予以考虑。如果只有出租人有权终止租赁，则不可撤销的租赁期包括终止租赁选择权所涵盖的期间。

规定了强制性权利和义务的、被称为"可撤销""按月""任意""长效""永久"或"滚动"的合同。如果承租人和出租人双方均有权在未经另一方许可的情况下终止租赁，且几乎不存在罚款，则安排不具有强制性。

租赁合同的初始不可撤销期限为一年，如果承租人和出租人同意，可再延长一年。如果承租人和出租人不同意，则没有罚款。初始一年不可撤销期间符合合同定义，因为其产生了强制性的权利和义务。但是，一年延长期间不符合合同的定义，因为承租人或出租人均可单方面选择不续约而无须支付任何罚款。

▎三、租赁期的其他确定依据

租赁期可以用一定时期直接表示也可以采用已识别资产的使用数量对一定期间进行描述。

例如，使用某一项设备生产的产量来表示，承租人 A 承租了一台设备生产玩具，租赁期间为生产 10 万件玩具完成时间但最长不能够超过三年，当承租人在两年的时间内使用该租赁设备完成 10 万件玩具的生产时，租赁到期，租赁期就为两年。在租赁开始时承租人需要根据自己掌握的信息作出最佳的估计，确定合理的租赁期长短。

▎四、租赁期的重新评估

发生下列重大事件或重大变化时，承租人应重新评估是否能够合理确定将行使续租选择权或者将不行使终止租赁选择权：

（1）重大事件或重大变化在承租人控制范围内；

（2）重大事件或重大变化影响了承租人是否能够合理确定将行使之前在确定租赁期时未考虑的选择权或者将不会行使之前在确定租赁期时已考虑的选择权。

如果不可撤销的租赁期间发生变化，则主体应修改租赁期。例如，在下列情况下，不可撤销的租赁期间将发生变化：

（1）承租人行使选择权，该选择权在之前主体确定租赁期时未考虑；

（2）承租人不行使选择权，该选择权在之前主体确定租赁期时已考虑；

（3）发生某些事件，根据合同规定承租人有义务行使选择权，而该选择权在之前主体确定租赁期时未考虑；或者

（4）发生某些事件，根据合同规定禁止承租人行使选择权，该选择权在之前主体确定租赁期时已考虑。

在租赁期开始日之后，发生重大事件或重大情况变化时，如果重大事件或重大变动在承租人控制范围内，且影响了承租人是否合理确定将行使之前在确定租赁期时未考虑的选择权或者不行使之前在确定租赁期时已考虑的选择权，则承租人应重新评估租赁期。重大事件或情况变化的示例包括：

（1）在租赁期开始日未预计到的重大租赁资产改良，在可行使续租选择权、终止租赁选择权或购买标的资产选择权时，预期将为承租人带来重大经济利益；

（2）在租赁期开始日未预计到的标的资产的重大修改或定制化调整；

（3）转租租赁开始日，标的资产的转租期超出之前确定的租赁期；

（4）承租人与行使或不行使选择权直接相关的经营决策（例如，决定续租互补性资产、处置替换资产）。

1. 租赁期和购买选择权的重新评估——承租人

承租人在租赁开始后监控租赁中可能导致租赁期改变的重大变化。承租人需要在发生重大事件或重大情况变化时重新评估租赁期，且这些重大事件或重大情况变化满足：

（1）在承租人控制范围内；

（2）影响了承租人是否合理确定将行使之前在确定租赁期时未考虑的选择权，或者不行使之前在确定租赁期时已考虑的选择权。

在承租人控制范围内的重大事件或情况变化的示例包括：

（1）在选择权可行使时，进行预期将对承租人有重大经济价值的重大租赁资产改良；

（2）对标的资产进行重大修改或定制；

（3）作出与承租人行使或不行使选择权的能力直接相关的经营决策（例

如，决定续租互补性资产或处置替换资产）；

（4）转租标的资产，转租期超出选择权的行使日。

市场因素（例如，租赁或购买可比资产的市价）的变化不受承租人控制，所以其无法触发重新评估。

承租人在行使其之前认为不能合理确定行使的选择权，或不行使其之前认为可合理确定行使的选择权时，修改租赁期。此外，如果发生根据合同规定使承租人有义务行使主体之前确定租赁期时未考虑的选择权的事件，或根据合同规定禁止承租人行使主体之前确定租赁期时已考虑的选择权的事件，也需要修改租赁期。

由于承租人需要在发生在承租人控制范围内的重大事件或重大情况变化时重新评估租赁期，因此在这种情况下租赁期的修改通常在实际执行选择权之前进行。此外，如果重新评估租赁期或行使购买选择权导致发生变化，承租人将在重新评估日根据修改后的输入值（例如，折现率）重新计量租赁负债，并调整使用权资产。然而，如果使用权资产减少至零，承租人应将任何剩余金额计入当期损益。

2.租赁期和购买选择权的重新评估——出租人

出租人修改租赁期以对承租人为延长或终止租赁或购买标的资产而行使的选择权进行会计处理。

对于同一个租赁合同，承租人、出租人判断的租赁期可能不同。

承 租 人

第一节　使用权资产和租赁负债的初始计量

在原租赁准则下，很多公司对于同时包含经营租赁和服务的合同，都并未分拆其中的经营租赁成分。这是因为经营租赁和服务 / 供给安排的会计核算是相同的（即不上表且费用在合同期间内按照直线法计入损益）。

在新租赁准则下，对于承租人所有的租赁（除了短期租赁和低价值资产的租赁外）未来均会在承租人的资产负债表中予以确认。在租赁期开始日，承租人应就所有租赁在租赁期内确认租赁付款的负债以及代表标的资产使用权的资产（即使用权资产）。

新租赁准则给承租人带来的变化如图 2-1 所示：

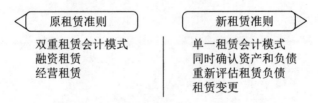

原租赁准则	新租赁准则
双重租赁会计模式	单一租赁会计模式
融资租赁	同时确认资产和负债
经营租赁	重新评估租赁负债
	租赁变更

图 2-1　新租赁准则给承租人带来的变化

所有的重大租赁都要计入资产负债表内，与现行的融资租赁会计类似，如图 2-2 所示：

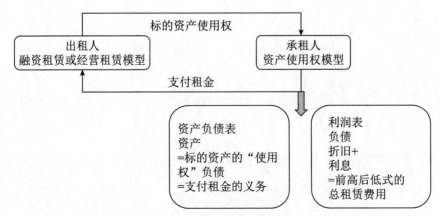

图 2-2　新租赁准则下的重大租赁计入资产负债表内

在租赁期开始日，承租人应确认使用权资产和租赁负债。承租人就所有租赁在租赁期内确认租赁付款的负债以及代表标的资产使用权的资产（即使用权资产），短期租赁和低价值资产租赁除外，但前提是承租人选择应用这些豁免。

一、使用权资产

1. 使用权资产的初始计量

在租赁期开始日，承租人应以成本计量使用权资产。使用权资产的成本应包括：

（1）租赁负债的初始计量金额；

（2）在租赁期开始日或之前支付的任何租赁付款额，减去任何收到的租赁激励；

（3）承租人发生的任何初始直接费用；以及

（4）承租人在拆卸及移除标的资产、复原标的资产所在场地或将标的资产恢复至租赁条款和条件规定的状态时估计将发生的成本，为存货生产发生的成本除外，承租人在租赁期开始日或由于在特定期间使用标的资产而有义务承担这些成本。

承租人应在其有义务承担上述（4）项所述的成本时，将这些成本确认为使用权资产成本的一部分。承租人对由于在特定期间将使用权资产用于生产存货而在该期间发生的成本适用存货准则，如图 2-3 所示。

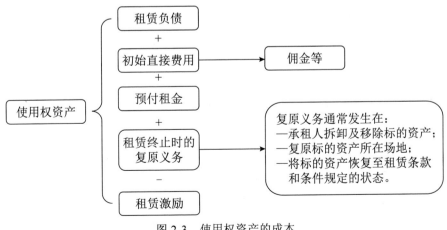

图 2-3 使用权资产的成本

▎二、租赁负债

在租赁期开始日，承租人应以租赁期开始日尚未支付的租赁付款额的现值计量租赁负债。如果能够直接确定租赁内含利率，则应采用该利率对租赁付款额进行折现。如果无法直接确定该利率，则承租人应采用承租人的增量借款利率。

在租赁期开始日，纳入租赁负债计量的租赁付款额包括下列为取得在租赁期内使用标的资产的权利而应支付但在租赁期开始日尚未支付的款项：

（1）固定付款额和实质固定付款额，减去任何应收的租赁激励；

（2）取决于一项指数或比率的可变租赁付款额，采用租赁期开始日的指数或比率进行初始计量；

（3）承租人根据担保余值预计应付的金额；

（4）购买选择权的行权价，前提是承租人合理确定将行使该选择权；以及

（5）终止租赁的罚款金额，前提是租赁期反映出承租人将行使终止租赁选择权，如图 2-4 所示。

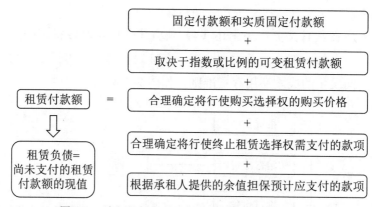

图 2-4　纳入租赁负债计量的租赁付款额所含项目

1. 实质固定付款额

实质固定付款额指的是在形式上可能包含变量、但实质上无法避免的付款额。

实质租赁付款额或存在于以下情形：

（1）付款额设定为可变租赁付款额，但是没有经济实质。

①付款额仅须在资产经证实能够在租赁期间运行时，或不可能不发生的事件发生时支付；或

②付款额初始设定为与使用标的资产相关的可变租赁付款额，但其变量将于租赁期开始日之后的某个时刻确定下来，因而在租赁期的剩余期间付款额变为固定的。变量确定时，该类付款额成为实质固定付款。

（2）承租人有多套付款方案，但其中只有一套是可行的：采用该可行的付款方案作为租赁付款额。

（3）承租人有多套可行的付款方案，但必须选择其中一套：采用总折算金额最低的一套作为租赁付款额。

例1

知名零售商D公司租入已成熟开发的零售场所，用于开始一家商店。合同中约定，D公司在正常工作时间内必须经营该商店，不能将该商店闲置或进行分租。有关租金的条款为

（1）如果该商店未发生销售，则D公司应付的年租金为100元；

（2）如果该商店内发生了任何销售，则D公司应付的年租金为1 000 000元。

问题： 应纳入租赁付款额的金额是多少？

分析： 由于D公司为知名零售商，同时入住了一个成熟开发的商场，又被限制不能够分租或闲置，在这种情况下不存在不发生销售的可能性，因此虽然设定了第一个付款条款，但是没有经济实质，因此应纳入租赁付款额的金额为1 000 000元。

例2

承租人L签订了一份为期2年的轿车租赁合同，合同中约定，一个月行驶里程：

（1）不超过1.2万千米时，月租金为1.2万元；

（2）超过1.2万千米时，月租金为2万元；

（3）最高不能够超过3万千米，如果超过3万公里将支付10万元的月租金。

问题： 应纳入租赁付款额的月租金是多少？

分析： 此例子中，承租人L发生上述三种情况的可能性均有。在租赁开

始时承租人并不能够预测到所租轿车的行驶里程，因此上述所有的租赁付款额均可能发生。承租人 L 有多套可行的付款方案，L 需采用总折算金额最低的 1.2 万元作为租赁付款额。

2. 可变租赁付款额

承租人为取得租赁期间使用标的资产的权利而向出租人支付的因租赁期开始日后的事实或情况发生变化（而非时间推移）而导致变动的款项。

并不是所有的可变租赁付款额全部都计入租赁负债中，只有基于指数或比率的可变租赁付款额才可以计入租赁付款额中，其他的变动租金并不计入租赁付款额中。取决于指数或比率的可变租赁付款额包括与消费者价格指数挂钩的款项、与基准利率挂钩的款项或为反映市场租金费率变化而变动的款项。取决于指数或比率的可变租赁付款额，该款项采用租赁期开始日的指数或比率进行初始计量。

未计入租赁付款额中的可变租赁付款额相关的费用在实际发生时计入损益。

例 3

K 公司租入办公楼，租期 10 年，租金于每年年初支付，合同中还包括如下条款：

（1）第一年租金为 10 万元；

（2）第二年开始，租金随着消费者物价指数（CPI）的变化而增长。

上年度 CPI 的上涨幅度为 4%；甲公司预计未来 10 年 CPI 指数的年度涨幅在 3% 以上。

问题：K 公司在初始计量租赁负债时，应纳入租赁付款额的折现前金额是多少？

分析：根据准则规定只有基于指数或比率的可变租赁付款额才可以计入租赁付款额中，并且该款项采用租赁期开始日的指数或比率进行初始计量。根据准则规定采用预测方式获得的更多信息的有用性往往超过其获取成本，对拥有大量租赁的承租人尤其如此。此例中虽然给出了上年度的 CPI 涨幅和预计的未来 10 年的 CPI 指数，但是根据准则要求承租人采用租赁期开始日的指数或比率计量与指数或比率挂钩的租赁付款额，即承租人不对未来的通货膨胀进行估计，而是用假设在剩余租赁期内没有通货膨胀的租赁付款额计量租赁负债，所以应纳入租赁付款额的折现前金额为 10 万元×9 年。

例 4

M 公司租入一间店铺，租期 5 年，合同中约定：

（1）店铺的租金为店铺收入的 1%；

（2）根据历史经验，甲公司基本确定，该店铺的每年收入不低于 5 000 万元；

（3）甲公司预计最低租金每年 50 万元（5 000×1%）。

问题：应纳入租赁付款额的金额是多少？

分析：纳入租赁付款额的可变租赁付款额为取决于指数或比率的可变租赁付款额，因与标的资产的未来绩效或使用挂钩的可变租赁付款额将会导致计量的高度不确定性，准则不将与标的资产的未来绩效或使用挂钩的可变租赁付款额纳入租赁负债计量，因此，此例中应纳入租赁付款额的金额为 0。

对于承租人与未来绩效或使用挂钩的可变租赁付款额在该绩效完成或使用发生后才符合负债的定义，承租人在租赁期开始日并无支付这些付款额的现时义务。与未来绩效或使用挂钩的可变租赁付款额可被视为承租人和出租人分享源于使用该资产的未来经济利益的一种手段。

在租赁期开始日，承租人以在租赁期内确定的租赁付款额的现值对租赁负债进行初始计量。承租人应在租赁期开始日确定租赁组成部分，并确定租赁期、租赁付款额和折现率。

3. 购买 / 终止租赁选择权的行权价格

在评估承租人是否会行使购买选择权或终止租赁选择权时，需要考虑如下因素：

（1）在租赁开始日，承租人应评估是否合理确定将行使选择权；

（2）在评估时，承租人应考虑对其行使或不行使选择权产生经济激励的所有相关事实和情况；

（3）如果承租人合理确定将行使选择权，则租赁付款额中应包含行使选择权的调整，如租赁期、行权价格。

例 5

L公司租入某写字楼的一层楼，租期8年，每年租金100万元，L公司有权选择在8年后续租：

（1）如果续租，则按原合同租金价格上涨15%；

（2）如果不续租，则需支付5万元的合同终止费。

在租赁开始日，L公司评估后得出的结论是，不能合理确定会续租。

问题：在这种情况下，L公司的租赁付款额是多少？

分析：根据准则的规定，只有合理确定承租人将行使续租选择权（或不终止租赁），则用以计量租赁负债的租赁期应包括该选择权期间。在此例中L公司不能合理确定会续租，因此在计算L公司的租赁付款额时不应考虑续租选择权，需支付合同终止费。这样L公司的租赁付款额为805万元（8×100+5）。

4. 余值担保

余值担保由与出租人无关的一方向出租人提供的在租赁结束时标的资产的价值（或价值的一部分）至少为某指定金额的担保。承租人应将其向出租人提供的余值担保作为租赁负债的一部分（以及使用权资产成本的一部分）进行会计处理。承租人应对按照余值担保预计应向出租人支付的金额作出估计，并将该金额纳入租赁负债计量。

承租人应对按照余值担保预计应向出租人支付的金额作出估计，并将该金额纳入租赁负债计量。此点是和原租赁准则不同，原租赁准则要求余值担保的金额为承租人担保的资产余值的最大风险敞口。

例 6

M公司租入一辆汽车，租期5年；

根据合同规定，M公司提供的余值担保的条款为，如果汽车在二手车市场上的价值低于4万元，则M公司支付价差给出租方；

M公司预计该汽车在租赁期结束时二手车市场价格为4万元。

问题：在计算租赁付款额时，与余值担保有关的金额是多少？

分析：余值担保为承租人预计应向出租人支付的金额作出估计，此例子中余值担保的金额为4万元，租赁期结束后M公司预计该汽车在租赁期结束时的市场价格也为4万元，因此承租人就余值担保无须向承租人支付款项。计入租赁付款额的与余值担保有关的金额为 0。

5. 折现率

租赁负债由尚未支付的租赁付款额的现值进行确定，对尚未支付的租赁付款额进行折现时所采用的利率叫作折现率。从出租人的角度，折现率由租赁内含利率确定。从承租人的角度，折现率可由两种方式确定：一是由租赁内含利率，这和承租人确定折现率的方式一致；二是当承租人无法确定租赁内含利率时将增量借款利率作为折现率。

租赁的内含利率为使租赁付款额与未担保余值之和的现值等于标的资产的公允价值与出租人的所有初始直接费用之和的利率。租赁的内含利率是基于出租人的情况确定的，但是从承租人的角度通常比较难确定，因为承租人需要获得出租人为此项租赁所发生的所有初始直接费用。

承租人在不能够获得租赁内含利率的情况下，所能采用的折现率通常为增量借款利率。增量借款利率为承租人在类似经济环境下获得与使用权资产价值接近的资产，在类似期间以类似抵押条件借入资金而必须支付的利率。

增量借款利率是承租人必须支付的利率，从增量借款利率中能够看出承租人的偿债能力和信用状况。

不是所有的增量借款利率都可以作为承租人确认租赁负债的折现率，增量借款利率有四个限定条件，承租人的新增借款必须满足四个条件的情况下其利率才能够作为确认租赁负债的折现率，这四个条件如下：

（1）在类似的经济环境下，经济环境包括了新增借款所处的司法管辖区、计价货币、合同签订时间等；

（2）与使用权资产价值接近，新增借款的金额必须和此次租赁所产生的租赁负债的金额不能够相差太大；

（3）类似的期间，新增借款的期限和租赁期限类似；

（4）类似抵押条件，此条是对标的资产的性质和质量提出了要求，要求标的资产的性质和质量与新增借款抵押的资产类似。

例 7

承租人 D 公司于 2020 年 10 月 1 日以每年 10 万元的租金租入了一辆新能源汽车，租期为 5 年，D 公司无法获得此次租赁的内含利率，但是承租人 D 公司于 2019 年 1 月 1 日以每年 100 万元的租金租入了一栋办公楼，租期为 10

年，其内含利率为 10%。

问题：请问承租人 D 公司是否可以使用办公楼租赁的内含利率作为新能源汽车租赁的折现率对尚未支付的租赁付款额进行折现，确认租赁负债？

分析：不可以。因为准则对新增借款利率有四个条件限制，上述的房屋租赁的条款和新能源汽车租赁的条款有很大的差异：一个是 2019 年 1 月发生的租赁，另一个是 2020 年 10 月发生的租赁。两者相差了将近两年，经济环境发生了很大的变化；两者的价值有 10 倍的差异；期间不相同，相差近两年；并且两次租赁的资产的性质和质量完全不同，因此不能够将房屋租赁的内含利率作为新能源汽车租赁的折现率。

第二节　使用权资产和租赁负债的后续计量

▌一、使用权资产的后续计量

在租赁期开始日之后，承租人应采用成本模式计量使用权资产，除非其采用其他计量模型中所述的任一计量模式。

1. 成本模型

如采用成本模式，承租人计量使用权资产应以成本：

（1）减去任何累计折旧和任何累计减值损失；

（2）在对租赁负债重新计量时进行调整。

承租人应采用准则中的折旧规定对使用权资产进行折旧。

如果租赁期结束时标的资产的所有权将转让给承租人，或者使用权资产的成本反映出承租人将行使购买选择权，则承租人应在租赁期开始日至标的资产的使用寿命结束的期间对使用权资产进行折旧。无法合理确定租赁期届满时能够取得租赁资产所有权的，应当在租赁期与租赁资产剩余使用寿命两者孰短的期间内计提折旧。

固定资产准则没有规定折旧方法，只提及了年限平均法、工作量法、双倍余额抵减法和年数总和法。折旧金额应反映资产在其使用寿命期间产生的利益的消耗模式，并在各个期间一致采用。

承租人应当应用资产减值准则的要求来确定使用权资产是否已发生减值，并对已识别的减值损失进行会计处理。承租人应当按照扣除减值损失之后的使用权资产的账面价值，进行后续折旧。

例 1

承租人 M 公司租入一栋建筑作为办公楼，M 公司对该办公楼进行了重大改良，M 公司从 2019 年 1 月 1 日开始进场施工，于 2020 年 3 月 31 日施工完成并开始使用。

问题：M 公司何时开始对办公楼计提折旧？

分析：M 公司应该在租赁期间对使用权资产进行折旧摊销，M 公司的租赁期间是从 2019 年 1 月 1 日开始，因此使用权资产的折旧开始时间是 2019 年 1 月 1 日。

2. 其他计量模型

在国际财务报告准则第 16 号——租赁中，还规定了公允价值模式。如果承租人对其投资性房地产应用公允价值模型，则对符合投资性房地产定义的使用权资产也应采用该公允价值模式进行计量。

国际财务报告准则第 16 号——租赁中，还提及了重估价模式。如果承租人对某一类别的不动产、厂场和设备采用重估价模式，且使用权资产与该类不动产、厂场和设备有关，则承租人可选择对所有与该类不动产、厂场和设备有关的使用权资产采用重估价模式。

▍二、租赁负债的后续计量

在租赁期开始日之后，承租人应按照如下方式计量租赁负债：

（1）增加账面金额以反映租赁负债的利息；

（2）减少账面金额以反映支付的租赁付款额；

（3）重新计量账面金额以反映任何重估或租赁修改，或者反映修改后的实质固定租赁付款额。

租赁期内各个期间的租赁负债利息应为按照固定的期间利率对租赁负债余额计算的利息金额。该期间利率为该租赁的折现率或者修改后的折现率。

在租赁期开始日之后，承租人应将以下金额计入损益，除非该成本按照其他适用的准则纳入其他资产的账面金额：

（1）租赁负债的利息；

（2）未包括在租赁负债计量中的可变租赁付款额，于触发该付款额发生的事件或情况发生的期间确认。

租赁负债应采用与其他金融负债相类似的方式（即按摊余成本计量）进行会计处理。因此，负债余额按照固定的期间折现率（即在租赁期开始日确定的折现率，前提是没有触发需要变更折现率的重新评估）计算的金额将逐渐增加租赁负债。支付租赁付款额以抵减租赁负债。

例2

租赁负债在装修期间产生的利息费用，能否考虑按照借款费用准则予以资本化？

分析：租赁负债在装修期间产生的利息费用，可以按照借款费用准则予以资本化。

1. 承租人采用固定利率以摊余成本对租赁负债进行后续计量

如图 2-5 所示。

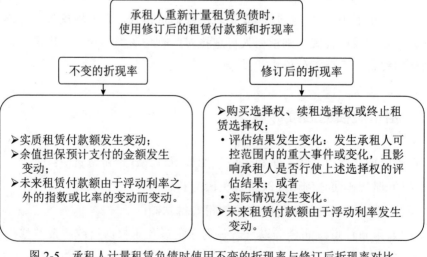

图2-5　承租人计量租赁负债时使用不变的折现率与修订后折现率对比

购买选择权、续租选择权或终止租赁选择权的评估结果发生变化，发生承租人可控范围内的重大事件或变化，且影响承租人是否行使上述选择权的评估结果，例如，发生在租赁期开始日未预计到的重大租赁资产改良；作出处置使用权资产所在业务部门的经营决策等。

2. 重新计量租赁负债的调整

如图 2-6 所示。

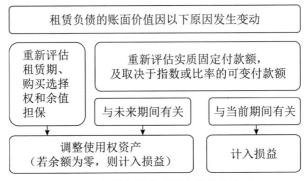

图 2-6　租赁负债的账面价值发生变动

变动租赁付款额变动为固定租赁付款额的情形

承租人 M 公司签订了一个 6 年的设备租赁合同。租赁付款额于每年年末支付，在租赁开始时因为对设备的产量不能够确定，租赁双方同意按照第一年下半年的产量在第一年年末确定设备的租金。假设根据第一年的产能确定的年租金金额为 100 000 元。承租人 M 公司的折现率为 7%。

分析：租赁负债的初始计量。

在租赁期开始时，未来的租赁付款额尚不可知，M 公司将租赁负债计量为零，如表 2-1 所示。

表 2-1　转变为固定付款额时，租赁负债的后续计量　　　　单位：元

	初　始	第 2 年	第 3 年	第 4 年	第 5 年	第 6 年
现金租赁付款额		100 000	100 000	100 000	100 000	100 000
确认的租赁费用						
利息费用		28 701	23 710	18 370	12 656	6 542
折旧费用		82 004	82 004	82 004	82 004	82 004
期间费用合计		110 705	105 714	100 374	94 660	88 546
资产负债表						

续表

	初　始	第2年	第3年	第4年	第5年	第6年
使用权资产	410 020	328 016	246 013	164 008	82 004	0
租赁负债	−410 020	−338 721	−262 432	−180 802	−93 458	0

第1年年末，M公司支付当年的租金并计入当期损益，编制以下分录：

借：租赁费用　　　　　　　100 000

　　贷：银行存款　　　　　　　100 000

第2年年初，转变为固定付款额时，确认租赁负债和使用权资产：

借：使用权资产　　　　　　410 020

　　贷：租赁负债　　　　　　　410 020

第2年年末，M公司编制如下分录：

借：折旧费用　　　　　　　82 004

　　贷：使用权资产　　　　　　82 004

在剩余租赁期内确认使用权资产的折旧。

借：利息费用（410 020×7%）　28 701

　　租赁负债（100 000−28 701）71 299

　　贷：银行存款　　　　　　　100 000

在剩余租赁期内确认利息费用。

例4

指数或比率的变动

K公司租入办公楼，租期10年，租金于每年年初支付，合同中还包括如下条款：

（1）第1年租金为10万元；

（2）第2年开始，租金随着消费者物价指数（CPI）的变化而增长。

上年度CPI的上涨幅度为4%；甲公司预计未来10年CPI指数的年度涨幅在3%以上。

问题： K公司在初始计量租赁负债时，应纳入租赁付款额的折现前金额是多少？

分析： 根据准则规定只有基于指数或比率的可变租赁付款额才可以计入租赁付款额中，并且该款项采用租赁期开始日的指数或比率进行初始计量，所以应纳入租赁付款额的折现前金额为 10 万元 / 年 × 9 年 =90 万元。

沿用例 3 示例

第 1 年的 CPI 指数的实际涨幅为 6%，经调整后的第二年租赁付款额为 106 000 元。甲公司在租赁开始日使用的折现率为 7%。

问题：K 公司第二年如何记录租赁负债？

分析：如表 2-2 所示。

表 2-2　租赁期与折现率在重新计量前后所带来的变化　　　　单位：元

	重新计量前	重新计量后
租赁期	100 000	
折现率	7%	
第 1 年的租赁付款额	100 000	100 000
第 2 ～ 10 年的租赁付款额	100 000	106 000
第 2 年年初的租赁负债	651 523	690 615

第 2 年年初，差额的会计处理：

借：使用权资产　　　　　　39 092

　　贷：租赁负债　　　　　　　39 092

3. 费用确认

承租人将如下项目确认为租赁相关的费用：

（1）使用权资产的折旧；

（2）租赁负债的利息；

（3）未纳入租赁负债的可变租赁付款额（例如，不取决于指数或比率的可变租赁付款额）；

（4）使用权资产的减值。

1）使用权资产的折旧和租赁负债的利息

在租赁期开始日之后，承租人确认使用权资产的折旧，并单独确认租赁负债的利息。

当承租人以直线法对使用权资产进行折旧时，期间费用总额（即利息和折旧费用的总额）通常在初期较高，在末期较低。因为对租赁负债采用一致的利率，随着在租赁期进行现金支付，利息费用不断减少，租赁负债不断减少。因此，初期的利息费用较高，末期较低。利息费用的这一趋势，加之对使用权资产的直线折旧法，从而产生了前高后低的费用确认模式。

2）可变租赁付款额

租赁期开始日之后，承租人在触发产生支付的事件或情况发生的期间在损益中确认未纳入租赁负债计量的任何可变租赁付款额。

3）使用权资产的减值

承租人的使用权资产应符合《企业会计准则第 8 号——资产减值》中的现行减值规定。

如承租人确定使用权资产发生减值，其确认减值损失，并以其减值后的账面金额计量使用权资产。通常，承租人后续以直线法对使用权资产进行折旧，折旧期间从减值日到使用权资产的使用寿命和租赁期之间的孰短者。但是，如果承租人合理确定会执行购买标的资产的选择权或租赁在租赁期末将标的资产的所有权转移至承租人，则折旧期间是标的资产的剩余使用寿命。

例 6

承租人 M 和出租人 H 签订了为期 4 年的汽车租赁合同。双方约定每年年末支付租金 15 000 元。租赁合同中没有包括其他条款，例如，购买选择权、来自出租人的租赁激励或初始直接费用等。因无法获得租赁内含利率，承租人 M 采用约为 7.716% 的增量借款利率作为折现率将租赁付款额折现为租赁负债（租赁付款额现值），使用权资产和租赁负债的初始金额为 50 000 元。承租人 M 在租赁期期间以直线法对使用权资产进行折旧。

分析：在租赁期开始时，承租人 M 确认与租赁相关的资产和负债：

使用权资产	50 000
租赁负债	50 000

如下是第 1 年的财务记录：

利息费用	3 857
现金	3 857

使用实际利率法（50 000×7.716%）记录利息费用并支付：

折旧费用	12 500
使用权资产	12 500

记录使用权资产的折旧费用（50 000÷4 年）：

租赁负债	11 143
现金	11 143

记录支付租赁付款额。

租赁合同会计处理汇总如表 2-3 所示：

表 2-3　租赁合同会计处理　　　　　　　　　　　单位：元

	初　始	第 1 年	第 2 年	第 3 年	第 4 年
现金租赁付款额		15 000	15 000	15 000	15 000
确认的租赁费用					
利息费用		3 857	2 997	2 071	1 075
折旧费用		12 500	12 500	12 500	12 500
期间费用合计		16 357	15 497	14 571	13 575
资产负债表					
使用权资产	50 000	37 500	25 000	12 500	0
租赁负债	-50 000	-38 857	-26 854	-13 925	0

第三节　租　赁　变　更

租赁变更，是指原合同条款之外的租赁范围、租赁对价、租赁期限的变更，包括增加或终止一项或多项租赁资产的使用权，延长或缩短合同规定的租赁期等。租赁变更不构成原始租赁条款和条件的一部分（例如，增加或终止使用一项或多项标的资产的权利，或者延长或缩短合同规定的租赁期）。

如果租赁经过变更（即租赁范围或租赁对价的变更，但不构成原始租赁条款和条件的一部分），评估经变更的合同以确定其是否为租赁合同或包含租赁。如果租赁仍然存在，租赁变更可产生：

（1）一项单独租赁；

（2）现存租赁的会计处理变动（即不是一项单独租赁）。

执行现存购买或续约选择权或改变对是否合理确定执行这些选择权的评估不是租赁变更，但可能导致对租赁负债和使用权资产的重新计量，如图 2-7 所示。

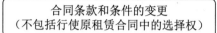

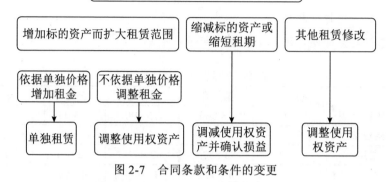

图 2-7　合同条款和条件的变更

一、确定租赁变更是否产生一项单独租赁

如果同时符合以下两个条件，则承租人应将租赁变更作为一项单独的租赁进行会计处理：

（1）该变更是通过增加使用一项或多项标的资产的权利来扩大租赁范围；

（2）租赁对价增加额与所增加范围部分的单独价格在调整了反映特定合同情况后的金额相当。

如果满足以上两个条件，租赁变更产生两个单独租赁，即未经变更的原租赁和一项单独租赁。承租人以与其他新租赁相同的方式对包含租赁的单独合同进行会计处理。

如果不满足其中一个条件，经变更租赁不作为一项单独租赁进行会计处理。

二、未导致一项单独租赁的租赁变更的承租人会计处理

对于未作为一项单独的租赁进行会计处理的租赁变更，承租人应在变更生效日：

（1）按照规定分配变更后合同中的对价；

（2）按照规定确定租赁变更后的租赁期；

（3）采用变更后的折现率对变更后的租赁付款额进行折现，以重新计量租赁负债。如果能够直接确定变更后的折现率，则将该折现率确定为剩余租赁

期内的租赁内含利率；如果无法直接确定租赁内含利率，则采用租赁变更生效日承租人的增量借款利率。

对于未作为一项单独的租赁进行会计处理的租赁变更，承租人应按照如下方式对租赁负债的重新计量进行会计处理：

（1）对于减少租赁范围的租赁变更，减少使用权资产的账面金额，以反映租赁的部分或完全终止。承租人应将部分或完全终止租赁的相关利得或损失计入损益。

（2）对于其他所有租赁变更，相应调整使用权资产的账面金额。

对于不构成单独租赁的租赁变更，承租人分配合同中的对价并重新计量租赁负债。确认租赁负债时使用在变更生效日确定的经变更租赁的租赁期和折现率，即使用剩余租赁期的内含利率，但是使用前提是可以直接确定该利率。如果无法直接确定租赁内含利率，则使用变更生效日承租人的增量借款利率。

对于全部或部分缩减租赁范围的变更（例如，减少租赁区域的面积），准则要求承租人降低使用权资产的账面金额，从而反映租赁的部分或全部终止。这些调整的任何差异应在变更生效日计入损益。

对于不属于单独租赁的其他租赁变更，准则要求承租人将租赁负债的重新计量的金额在不影响损益的情况下，计为相应使用权资产的调整。

这一方法产生的会计结果能够真实反映租赁变更的实质，且将利得或损失确认与相应承租人在租赁下的权利和义务的变更紧密相连。这是因为租赁既产生使用权资产，也产生租赁负债。因此，租赁变更可产生承租人权利的变更（即使用权资产的变更）、租赁负债的变更或两者皆发生变更。

 例1

形成一项单独租赁

承租人 H 签订一项办公室租赁合同，租赁面积 3 000 平方米，期限 8 年。在第 3 年年初，承租人 H 与出租人签订了一份补充协议，增加租赁同一栋办公楼的另外 5 000 平方米的办公空间，新租赁的办公空间在合同签订后的 5 月份可以使用。新租赁面积的价格是在正常租赁价格的基础上给予了一定的折扣，该折扣考虑了出租人为了出租同样面积的租赁区域所发生的成本。

分析：承租人将这份补充租赁协议与原 8 年期租赁区分开，作为一项单独的租赁进行会计处理。因为此份新增租赁给与了承租人 H 新的标的资产的使用权,并且增加的对价与租赁范围扩大部分的单独价格按该合同情况调整后的金额相当。增加的标的资产是 5 000 平方米的新办公区域,在新租赁的租赁期开始日合同签订后的 5 月份,承租人确认与增加的 5 000 平方米办公区域的租赁相关的使用权资产和租赁负债。在签订补充协议后,承租人对原 3 000 平方米办公区域租赁的会计处理不作任何调整。

通过延长合同租赁期扩大租赁范围

承租人签订了租期 6 年租用 8 000 平方米办公用房,每年租金 150 000 元于每年年末支付,租赁内含利率不知,承租人的增量借款利率为 7%。第 3 年年初,承租人与出租人对租赁合同进行了变更,合同期延长 4 年,年租金不变。在第 3 年年初,承租人的增量借款利率为 7.5%。

分析:在第 3 年年初对合同进行变更时,承租人考虑剩余的 8 年租赁期间、7.5% 的增量借款利率和每年年末支付的 100 000 元租金来确认新的租赁负债。新的租赁负债计算结果为 585 730 元,合同变更前的租赁负债为 338 721 元,两者的差额 247 009 元确认为新增的使用权资产和租赁负债。

缩小租赁范围

承租人签订一个租期为 6 年租用办公面积为 200 平方米的租赁合同,租金为每年 30 000 元,因无法获得租赁的内含利率,承租人采用增量的借款利率 7% 作为折现率。在第 3 年年初,租赁双方对租赁合同进行了变更,自第 3 年开始租赁面积变为 100 平方米,年租金为 20 000 元,于每年年末支付。在第 3 年年初承租人的增量借款利率为 8%。

分析:合同变更前,根据租赁条件(6 年期,每年租金 30 000 元,增量借款利率 7%),承租人租赁期的相关数据如表 2-4 所示:

表 2-4　承租人租赁期相关数据　　　　　　　　　　　　　　　单位:元

	初　始	第 1 年	第 2 年	第 3 年	第 4 年	第 5 年	第 6 年
现金租赁付款额		30 000	30 000	30 000	30 000	30 000	30 000
确认的租赁费用							
利息费用		10 010	8 610	7 113	5 511	3 797	1 963

续表

	初　始	第1年	第2年	第3年	第4年	第5年	第6年
折旧费用		23 833	23 833	23 833	23 833	23 833	23 833
期间费用合计		33 843	32 443	30 946	29 344	27 630	25 796
资产负债表							
使用权资产	142 996	119 163	95 330	71 497	47 665	23 833	0
租赁负债	-142 996	-123 006	-101 616	-78 729	-54 240	-28 037	0

合同变更后，根据变更后的租赁条件（4年期，每年租金20 000元，增量借款利率8%），承租人租赁期内的相关数据如表2-5所示：

表2-5　承租人租赁期的相关数据　　　　　　单位：元

	初　始	第3年	第4年	第5年	第6年
现金租赁付款额		20 000	20 000	20 000	20 000
确认的租赁费用					
利息费用		5 299	4 123	2 853	1 481
折旧费用		15 775	15 775	15 775	15 775
期间费用合计		21 074	19 898	18 628	17 256
资产负债表					
使用权资产	63 100	47 325	31 550	15 775	0
租赁负债	-66 243	-51 542	-35 666	-18 518	0

合同变更后承租人确认租赁负债为66 243元，承租人基于剩余的使用权资产来确定使用资产账面金额的减少比例（即100平方米，相当于原使用权资产的50%）。

变更前的使用权资产95 330元的50%为47 665元。变更前的租赁负债101 616元的50%为50 808元。因此，承租人减少使用权资产的账面金额47 665元，并减少租赁负债的账面金额50 808元。

承租人在变更的生效日（第3年年初）将租赁负债减少额与使用权资产减少额之间的差额（50 808元-47 665元=3 143元）作为一项利得计入损益。

承租人将剩余的租赁负债50 808元与变更后的租赁负债66 243元之间的差额（即15 435元）确认为对使用权资产的调整，以反映租赁所支付的对价及变更后的折现率的变动。

此次变更承租人有3 143元的利得收入，同时，使用权资产和负债均增加到了66 243元。

会计处理如下：

（1）减少租赁面积：

租赁负债	50 808
使用权资产	47 665
利得	3 143

（2）新增使用权资产价值：

使用权资产	15 435
租赁负债	15 435

例 4

同时扩大及缩小租赁范围

承租人签订一个租期为 6 年租用办公面积为 200 平方米的租赁合同，租金为每年 30 000 元，因无法获得租赁的内含利率，承租人采用增量的借款利率 7% 作为折现率。在第 3 年年初，租赁双方对租赁合同进行了变更，承租人额外再租 150 平方米的办公面积，同时将租赁期由 6 年缩减为 5 年，第 3 年至第 5 年每年的租金为 45 000 元，于年末支付。第三年年初，承租人增量借款的利率为 8%。增加的对价 15 000 元与租赁范围扩大部分的单独价格按该合同情况调整后的金额不相当。因此，承租人并未将额外 150 平方米区域的使用权增加的租赁范围扩大作为一项单独的租赁进行会计处理。

分析：与租赁相关的变更前的使用权资产及变更前的租赁负债如表 2-6 所示：

表 2-6 变更前的使用权资产及租赁负债数据　　　　　　　　　单位：元

	初　始	第 1 年	第 2 年	第 3 年	第 4 年	第 5 年	第 6 年
现金租赁付款额		30 000	30 000	30 000	30 000	30 000	30 000
确认的租赁费用							
利息费用		10 010	8 610	7 113	5 511	3 797	1 963
折旧费用		23 833	23 833	23 833	23 833	23 833	23 833
期间费用合计		33 843	32 443	30 946	29 344	27 630	25 796
资产负债表							
使用权资产	142 996	119 163	95 330	71 497	47 665	23 833	0
租赁负债	-142 996	-123 006	-101 616	-78 729	-54 240	-28 037	0

在合同变更时，第 3 年年初（即第 2 年年末），承租人使用权资产的账面

价值为 95 330 元，租赁负债为 101 616 元。

在变更的生效日（第 3 年年初），承租人基于：（1）剩余 4 年租赁期，（2）每年 45 000 的租赁付款额，及（3）每年 8% 的承租人增量借款利率来重新计量租赁负债。变更后的租赁负债为 115 969 元，其中：（1）38 656 元与第 3 年至第 5 年每年租赁付款额的增加额 15 000 元相关，及（2）77 313 与第 3 年至第 5 年剩余 3 年的每年租赁付款额 30 000 相关。

租赁期缩短

在变更的生效日（第 3 年年初），变更前的使用权资产为 95 330。承租人基于原 200 平方米办公区域的剩余使用权资产（即剩余 3 年租赁期，而非原 4 年租赁期）确定使用权资产账面金额的减少比例。原 200 平方米办公区域的剩余使用权资产为 71 498 元（即 95 330÷4×3 年）。

在变更的生效日（第 3 年年初），变更前的租赁负债为 101 616 元。原 200 平方米办公区域的剩余租赁负债为 78 729 元（即 3 年每年 30 000 元的租赁付款额，按原 7% 的年利率折现后的现值）。

因此，承租人减少使用权资产的账面金额 23 833 元（95 330–71 498），并减少租赁负债的账面金额 22 887 元（101 616–78 729）。承租人在变更的生效日（第 3 年年初）将租赁负债减少额与使用权资产减少额之间的差额 946 元（22 887–23 833=-946）作为一项损失计入损益。

租赁负债	22 887
损失	946
使用权资产	23 833

在变更的生效日（第 3 年年初），承租人将剩余租赁负债重新计量影响 [反映变更后的 8% 每年的折现率，即 1 416 元（78 729 –77 313）] 确认为使用权资产的调整。

租赁负债	1 416
使用权资产	1 416

在额外 150 平方米区域的租赁期开始日（第 3 年年初），承租人将与范围扩大相关的租赁负债增加额 38 656 元（即 3 年每年 15 000 元的租赁付款额，按变更后的 8% 年利率折现后的现值）确认为使用权资产的调整。

使用权资产	38 656
租赁负债	38 656

与变更后的租赁相关的变更后使用权资产及变更后租赁负债如表2-7所示：

表2-7　变更后使用权资产与租赁负债数据　　　　单位：元

	初　始	第3年	第4年	第5年
现金租赁付款额		45 000	45 000	45 000
确认的租赁费用				
利息费用		9 277	6 420	3 333
折旧费用		38 656	38 656	38 656
期间费用合计		47 933	45 076	41 989
资产负债表				
使用权资产	115 969	77 313	38 656	0
租赁负债	-115 969	-80 246	-41 667	0

例5

仅对价格进行变更

承租人签订一个租期为6年租用办公面积为200平方米的租赁合同，租金为每年30 000元，因无法获得租赁的内含利率，承租人采用增量的借款利率7%作为折现率。在第3年年初，因受市场因素的影响，租赁双方对租赁合同进行了变更，自第3年开始在租赁面积不变的情况下，年租金从每年30 000元降低为29 000元，于每年年末支付。在第3年年初承租人的增量借款利率为8%。

分析：在第3年初，承租人根据剩余4年的租赁期、调整后的年租金29 000元/年和年化8%的增量借款利率测算出的租赁负债金额为96 052元，变更前第3年年初的租赁负债为101 616元，差额为5 564元。承租人将使用权资产由变更前的95 330元调整为89 766元（95 330-5 564）。

第四节　短期租赁和低价值资产租赁

一、短期租赁

短期租赁，是指在租赁期开始日，租赁期不超过12个月的租赁。包含购买选择权的租赁不属于短期租赁。

短期租赁的承租人不在其资产负债表内确认租赁负债或使用权资产。相反，承租人应当采用直线法或其他系统性方法在租赁期内各个期间按照直线法或其他系统合理的方法计入相关资产成本或当期损益。如果其他系统合理的方法更能代表承租人的利益的实现形式，则承租人应当应用该方法。

在确定租赁是否符合短期租赁时，承租人以与所有其他租赁相同的方式评估租赁期。租赁期包括租赁的不可撤销期间、延长租赁的选择权所涵盖的期间（承租人合理确定将行使该选择权的情况下），以及终止租赁的选择权所涵盖的期间（承租人合理确定将不行使该选择权的情况下）。此外，欲符合短期租赁条件，租赁不能包括购买标的资产的选择权。

租赁期开始日符合短期租赁的租赁如果发生租赁变更或承租人对租赁期的评估发生变化（例如，承租人行使之前确定租赁期时未考虑的选择权），则形成一项新的租赁。对新租赁进行评估，以确定其是否符合短期豁免条件，就像任何其他新租赁一样。

短期租赁会计政策选择旨在降低应用新租赁准则的成本和复杂性。但是，作出该选择的承租人必须对短期租赁进行一定的定量和定性披露。

一旦承租人为一类标的资产制定政策，该类别的所有未来短期租赁都需要根据承租人的政策进行会计处理。承租人根据企业会计准则的要求评估其会计政策的任何潜在变化。

例 1

承租人签订了一份具有 9 个月不可撤销期间的租赁，包含可将租赁期延长四个月的选择权。在租赁期开始日，承租人判定可以合理确定将行使延期选择权，因为续租期的月租赁付款额明显低于市场价格。

分析：租赁期超过 12 个月（即 13 个月）。因此，承租人不可将该租赁作为短期租赁进行会计处理。

例 2

假设其他事实与情景 A 相同，除了在租赁期开始日，承租人判定不能合理确定将行使延期选择权，因为可选续租期的月租赁付款额是承租人预期的市场价格，不存在其他可合理确定将行使续租选择权的因素。

分析：因为承租人在租赁开始日不能够合理确定将行使延期选择权，租期为 12 个月或以下，即 9 个月。因此，承租人可以（根据其会计政策，按照标的资产类别）对在短期租赁豁免下的该租赁进行会计处理，即承租人采用直线法或其他系统性方法在租赁期内确认与此类租赁相关的租赁付款额，且不在其资产负债表上确认租赁负债或使用权资产。

▌二、低价值资产租赁

低价值资产租赁，是指单项租赁资产为全新资产时价值较低的租赁。承租人转租或预期转租租赁资产的，原租赁不属于低价值资产租赁。

承租人应基于资产全新时的价值来评估标的资产的价值，不考虑其已使用年限。如果标的资产在全新时通常不属于低价值资产，则标的资产的租赁不能按照低价值资产租赁进行处理。例如，由于一辆新车通常价值不低，因此汽车租赁不能按照低价值资产租赁进行处理。

低价值资产租赁包括台式和笔记本电脑、不昂贵的办公家具、电话和其他低价值设备，但是一般不会将房产、公司汽车和用于运输的卡车和货车作为低价值资产租赁的资产。

评估标的资产是否为低价值资产是基于绝对值的。低价值资产租赁可以按照简化处理的方式进行会计处理，不需考虑这些租赁对于承租人是否是重大的。该评估不受承租人规模、性质或情况所影响。因此，对于一项特定的标的资产是否为低价值资产，不同的承租人应得出相同的结论。

在下列情况下，标的资产可为低价值资产：

（1）承租人可从标的资产的单独使用，或将其与易于获得的其他资源一起使用中获益；

（2）标的资产与其他资产不存在高度依赖或高度关联。

如果承租人转租一项资产，或者预期将转租一项资产，则原租赁不能按照低价值资产租赁进行处理。即转租或预期转租资产的中间出租人不能将主租赁作为低价值资产的租赁进行会计处理。

承租人还可以选择将类似于当前经营租赁会计处理的方法应用于标的资产低价值（即低价值资产）的租赁。可对每项租赁逐一作出选择。

不同的承租人预计会就某一特定的标的资产是否为低价值得出相同的结论。目前中国的租赁准则尚未对低价值资产租赁的价值作出明确规定，但是在国际会计准则中规定全新时价值 5 000 美元或以下的标的资产的租赁为低价值资产租赁。

三、短期租赁和低价值资产租赁的修改

如果承租人选择对短期租赁在租赁期内按照直线法或其他系统性方法将与此类租赁相关的租赁付款额确认为费用进行会计处理，则在出现以下情况之一时，出于本准则目的，承租人应将该租赁视为一项新的租赁：

（1）存在租赁变更；

（2）租赁期发生任何变化（例如，承租人行使之前确定租赁期时未考虑的选择权）。

选择将租赁作为短期租赁应基于与使用权相关的标的资产的类别。标的资产的类别是指对主体运营中具有类似性质和用途的标的资产进行的分组。选择将租赁作为低值标的资产租赁可基于每一项租赁的具体情况。

例 3

承租人 M 和出租人 L 签订一辆小轿车的租赁合同。合同规定的租赁期为 8 个月，并自动延长 8 个月，除非出租人 L 在 8 月末提出终止该合同。

问题： 该租赁是否为短期租赁？

分析： 因为终止选择权在出租人手上，如果出租人未提出终止合同，则合同自动延长 6 个月。合同延长后的期限为 16 个月，超过了短期租赁要求的 12 个月的标准，因此不能够作为短期租赁进行会计处理。

例 4

承租人 M 和出租人 L 签订一辆小轿车的租赁合同。合同规定的租赁期为 8 个月，并自动延长 8 个月，除非承租人 M 在 8 月末提出终止该合同。承租人 M 在考虑了相关经济因素后，不能合理确定将在 8 月末再续租 8 个月。

问题： 该租赁是否为短期租赁？

分析： 在承租人合理确定将行使该选择权的情况下，租赁期包括延长租赁的选择权所涵盖的期间。本例中，承租人 M 不能够合理确定将在租赁期结束后行使续租选择权，因此不应该将选择权所涵盖的期间包括在租赁期内。本次

租赁的租赁期为 8 个月，符合短期租赁的规定。承租人 M 可选择按照短期租赁的方式进行会计处理。

第五节　承租人的列报和披露

承租人列报和披露的信息，目的是帮助财务报表使用者评估租赁对企业财务状况、财务业绩和现金流量的影响。在披露过程中，承租人应关注的是披露目标，而不是固定的披露项目。

通过引入总体披露目标，改进企业对披露要求的诠释和执行。这一目标将作为一项基准，帮助承租人评估其租赁披露的总体质量和信息价值是否充分。承租人在确定应披露的信息时还将应用"重要性"的概念。因此，需要披露的信息可能因企业情况的不同而多于或少于《企业会计准则》列出的项目。新租赁准则中包含具体的承租人考虑事项，帮助其确定是否应披露额外的定量和定性信息；同时，新租赁准则还就些额外的有用披露提供了示例。承租人也可参考这些考虑事项。

■ 一、列　报

1. 资产负债表

根据新租赁准则要求，承租人应当在资产负债表中单独列示使用权资产和租赁负债。其中，租赁负债通常分别非流动负债和一年内到期的非流动负债列示。

承租人应按如下要求在资产负债表中列报或在财务报表附注中披露：

（1）将使用权资产与其他资产分开并单独列报或披露。若承租人未在资产负债表中单独列报使用权资产，则应：

①将使用权资产包括在与若持有相关标的资产所列报的资产同一会计科目下；

②披露资产负债表中包括该等使用权资产的会计科目。

（2）将租赁负债与其他负债分开并单独列报或披露。若承租人未在资产负债表中单独列报租赁负债，则应披露资产负债表中包括租赁负债的会计科目。

在将使用权资产和租赁负债分类为资产负债表中的流动和非流动项目时，

使用权资产和租赁负债需要与其他资产或负债一样进行考虑。

2. 利润表和综合收益表

在利润表中，承租人应当分别列示租赁负债的利息费用与使用权资产的折旧费用。租赁负债的利息费用在财务费用项目列示。

在损益和其他综合收益表中，承租人应将租赁负债的利息费用与使用权资产的折旧费用分开并单独列报。租赁负债的利息费用是财务费用的组成部分，按照会计准则的规定在损益表和其他综合收益表中对其单独列报。

3. 现金流量表

在现金流量表中，偿还租赁负债本金和利息所支付的现金应当计入筹资活动现金流出，支付的简化处理的短期租赁付款额和低价值资产租赁付款额以及未纳入租赁负债计量的可变租赁付款额应当计入经营活动现金流出。

在现金流量表中，承租人应对如下项目进行分类：

（1）租赁负债本金和利息部分的现金付款属于筹资活动；

（2）未计入租赁负债计量的短期租赁付款额、低价值资产租赁付款额和可变租赁付款额属于经营活动。

表 2-8 汇总了如何在承租人的财务报表中列报租赁相关的金额和活动：

表 2-8　财务报表的列报

财 务 报 表	列　　报
资产负债表	（1）使用权资产的列报采用以下方式之一： ①与其他资产（例如，自有资产）区分开来单独列报； ②与其他资产一起列报，如同自有资产一样，同时披露包含使用权资产及其金额的资产负债表项目。 （2）资产负债的列报采用以下方式之一： ①与其他负债区分开来单独列报； ②与其他负债一起列报，同时披露包含租赁负债及其金额的资产负债表项目。
利润表	将租赁相关的折旧和租赁相关的利息费用单独列报（即不得合并租赁相关的折旧和租赁相关的利息费用）。租赁负债的利息费用是财务费用的组成部分。
现金流量表	（1）在筹资活动中列报租赁负债本金和利息部分的现金付款； （2）在经营活动中列报未计入资产负债表的短期租赁付款额和低价值资产租赁付款额，以及未计入租赁负债的可变租赁付款额； （3）将非现金活动（例如，租赁期开始时的租赁初始确认）作为补充非现金项目进行披露。

▌二、披　露

披露的目标是承租人在财务报表附注中披露的信息以及在资产负债表、利润表和现金流量表中提供的信息为财务报表使用者评估租赁对承租人资产负债、财务业绩和现金流量的影响提供依据。

承租人的披露目标是为财务报表使用者评估租赁对承租人资产负债（例如，因租赁产生的现金流量的金额、时间和不确定性）的影响。如果承租人需要评估其租赁披露的整体质量和信息价值是否足以符合规定的目标，则承租人对披露规定的解释和实施水平将有所提高。

承租人应当在附注中披露与租赁有关的下列信息：

（1）各类使用权资产的期初余额、本期增加额、期末余额以及累计折旧额和减值金额；

（2）租赁负债的利息费用；

（3）计入当期损益的简化处理的短期租赁费用和低价值资产租赁费用；

（4）未纳入租赁负债计量的可变租赁付款额；

（5）转租使用权资产取得的收入；

（6）与租赁相关的总现金流出；

（7）售后租回交易产生的相关损益；

（8）其他按照《企业会计准则第 37 号——金融工具列报》应当披露的有关租赁负债的信息。

承租人应用新租赁准则对短期租赁和低价值资产租赁进行简化处理的，应当披露这一事实。

承租人应当根据理解财务报表的需要，披露有关租赁活动的其他定性和定量信息。此类信息包括：

（1）租赁活动的性质，如对租赁活动基本情况的描述；

（2）未纳入租赁负债计量的未来潜在现金流出；

（3）租赁导致的限制或承诺；

（4）售后租回交易的信息；

（5）其他相关信息。

上述（2）未纳入租赁负债计量的未来潜在现金流出所指的现金流出，包括但不限于以下几个方面：

①可变租赁付款额；

②续租选择权与终止租赁选择权；

③担保余值；以及

④承租人已承诺但尚未开始的租赁。

承租人应以列表格式提供规定的披露信息，除非其他格式更为适当。披露的金额应包含承租人已计入报告期间其他资产账面金额的成本。

若承租人按照简化会计处理且于报告期末承诺的短期租赁组合与按照上述披露的短期租赁费用相对应的短期租赁组合不同，则承租人应披露的短期租赁的承诺金额。

承租人应将租赁负债的到期期限分析与其他金融负债的到期期限分析分开，并按照金融工具准则的要求单独披露。

新租赁准则要求披露与租赁相关的总现金流出。但并未明确规定是否排除低价值资产和短期租赁。因此，应披露与此类租赁相关的现金流量。

承租人可能需要在确定汇总或分解披露的适当水平时运用判断，以避免大量非重大详细信息或具有不同特征的项目组合干扰有意义的信息。

第六节　其他承租人事项

一、使用权资产的减值

承租人的使用权资产适用《企业会计准则第 8 号——资产减值》中的现行减值规定。

企业会计准则要求在各报告期进行减值迹象分析。如果存在任何迹象，则承租人需要估计该资产的可收回金额。如果资产的可收回金额低于该资产的账面金额，承租人须确认减值损失。确认减值损失后，将调整后的使用权资产的账面金额作为新的折旧基础。

如果存在任何迹象表明之前期间确认的减值损失可能不复存在或可能已经有所减少，则需要对之前已确认的减值损失的后续转回进行评估。在确认任何转回时，资产账面金额的增加不得超过假设未发生减值并折旧后本应确定的账面金额。

承租人目前对融资租赁下持有的资产采用同一减值分析。该分析对于目前按经营租赁进行会计处理的租赁而言将是一项新实务，因此会对费用确认的时间产生重大影响。

对于目前未计入资产负债表的租赁，如果资产发生减值的情况下，要求对使用权资产进行减值测试的规定能够加速费用确认。

二、以外币计价的租赁

承租人对以外币计价的租赁与对其他货币性负债采用的方法一样，承租人使用报告期末的汇率重新计量以外币计价的租赁负债。租赁负债因汇率变动产生的任何变动均计入损益。由于使用权资产属于以历史成本计量的非货币资产，因此不受汇率变动的影响。

该方法可能因确认汇兑利得或损失而导致损益变动，但是，财务报表使用者清楚了解这些利得或损失只是因汇率变动产生的。

三、租赁组合应用

新租赁准则针对单项租赁的会计处理作出规定。然而，租赁大量类似资产的承租人在按租赁项目逐一应用租赁模型时，可能会面临实务挑战。作为实务变通，如果承租人合理地预计将本准则应用于具有类似特征的租赁组合，与将本准则应用于该租赁组合内的单项租赁，两者对财务报表的影响不存在重大差异，则承租人可将本准则应用于该租赁组合。如果对租赁组合进行会计处理，则承租人应使用能反映该租赁组合的规模和构成的估计和假设。

例如，承租人针对其房地产、制造设备、公司车辆、卡车或厢式货车、服务器以及高性能复印机的租赁应用新租赁准则的确认和计量要求，承租人可以将公司车辆、卡车或厢式货车或面包车归入不同的租赁组合进行处理。

使用组合法的决定类似于目前一些公司在会计差异对于财务报表而言不重大并且将继续保持不重大时，作出的将某些资产计入费用而非资本化的决定。

第三章

出 租 人

第一节 如何判定经营租赁和融资租赁

新租赁准则和原租赁准则相比，出租人会计未发生重大的变化。出租人仍然需要根据标的资产所有权相关的几乎所有风险和报酬是否已转移将租赁分类为融资租赁或经营租赁。对于融资租赁，出租人确认一项应收款项，等于租赁净投资，即出租人应收租赁付款总额及任何未担保余值的现值。如果合同被分类为经营租赁，出租人继续列报标的资产。

在新租赁准则下出租人会计与原租赁准则相同和不同的地方如图 3-1 所示：

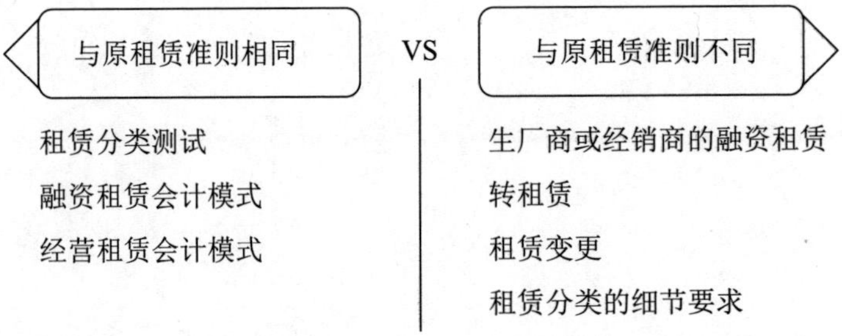

与原租赁准则相同	**VS**	与原租赁准则不同
租赁分类测试		生厂商或经销商的融资租赁
融资租赁会计模式		转租赁
经营租赁会计模式		租赁变更
		租赁分类的细节要求

图 3-1 新租赁准则下出租人会计与原租赁准则的比较

生产商或经销商的融资租赁：

生产商或经销商作为出租人的融资租赁，应确认销售收入（无论是否符合 CAS 14 有关资产转让的规定）。

转租赁：

新租赁准则中明确转租出租人的分类原则是基于原租赁产生的使用权资产，而不是原租赁的标的资产。

租赁变更：

新租赁准则明确租赁变更的会计处理，分别作为一项单独的租赁的变更和不满足作为一项单独的租赁的变更。

租赁分类的细节要求：

新租赁准则中增加了可能分类为融资租赁的判断迹象，例如承租人承担撤租损失、资产余值波动归承租人、承租人可以超低价续租的内容。

经营租赁和融资租赁的分类标准：

是否实质转移了与资产所有权有关的几乎全部风险和报酬，例如：

（1）租赁期届满时，租赁资产的所有权转移给承租人；

（2）承租人有购买租赁资产的选择权，且购买价远低于公允价值；

（3）租赁期占租赁资产使用寿命的大部分（≥ 75%）；

（4）租赁开始日的租赁付款额现值，几乎相当于租赁资产公允价值（≥ 90%）；

（5）租赁资产性质特殊，只适用于承租人。

存在上述一种或多种情形的，通常是融资租赁，但不必然是。

现行 PRC：符合上述一项或数项标准的，应当认为是融资租赁。

下面将具体分析新租赁准则下对出租人的具体规定。

一、出租人应将各项租赁分类为经营租赁或融资租赁

在租赁开始日，出租人将所有租赁分类为融资租赁或经营租赁。租赁分类能够确定出租人确认租赁收益的方式和时间，以及哪些资产应予以记录。

如果一项租赁转移了与租赁资产所有权有关的几乎全部风险和报酬，那么该项租赁应分类为融资租赁。其所有权最终可能转移，也可能不转移。如果一项租赁没有转移与租赁资产所有权有关的几乎全部风险和报酬，那么该项租赁应分类为经营租赁。

在新租赁准则中，对于出租人而言，租赁分类是以租赁转移与租赁资产所有权有关的风险和报酬的程度为依据的。风险包括由于生产能力的闲置或技术陈旧可能造成的损失，以及由于经济状况的改变可能造成的回报变动。报酬可以表现为预期在标的资产的经济寿命期间内对经营的盈利以及因增值或残值变现可能产生的利得。

租赁合同可能包括因租赁开始日和租赁期开始日之间发生的特定变化而需对租赁付款额进行调整的条款与条件（例如出租人标的资产的成本发生变动，或出租人对该租赁的融资成本发生变动）。在此情况下，出于租赁分类目的，任何此类变动的影响均视为于租赁开始日发生。

▌二、租赁分类条件

分类是以标的资产所有权相关的风险和报酬在出租人与承租人之间转移的程度为依据的，取决于交易的实质而非合同的形式。如下示例单独或结合起来通常能够使租赁被分类为融资租赁：

（1）在租赁期届满时，租赁资产的所有权转移给承租人；

（2）承租人有购买租赁资产的选择权，所订立的购买价款与预计行使选择权时租赁资产的公允价值相比足够低，因而在租赁开始日就可以合理确定承租人将行使该选择权；

（3）资产的所有权虽然不转移，但租赁期占租赁资产使用寿命的大部分；

（4）在租赁开始日，租赁收款额的现值几乎相当于租赁资产的公允价值；

（5）租赁资产性质特殊，如果不作较大改造，只有承租人才能使用。

一项租赁存在下列一项或多项迹象的，也可能分类为融资租赁：

（1）若承租人撤销租赁，撤销租赁对出租人造成的损失由承租人承担；

（2）资产余值的公允价值波动所产生的利得或损失归属于承租人；

（3）承租人有能力以远低于市场水平的租金继续租赁至下一期间；

在确定租赁安排经济实质时可考虑的其他因素包括：

（1）租金是基于使用资产的市场租金率（表明属于经营租赁）还是使用资金的融资利率（表明属于融资租赁）确定的？

（2）存在买入和卖出选择权是否是租赁的一个特征？如果是，是以预先确定的价格或预先确定的公式确定的价格行权（表明属于融资租赁），还是以行权时的市值行权（表明属于经营租赁）；

（3）在评估租赁分类条件时，出租人需要将承租人以及任何与出租人无关的其他第三方提供的所有担保余值（即最大义务）纳入测试。

例

承租人 M 与出租人 W 签订为期 10 年的设备租赁合同。该设备的预计使用年限为 12 年。M 公司有权决定是否使用该设备及实际使用时间。租金根据 M 公司实际使用该设备的小时数，乘以固定的每小时租金确定。在第 8 年年末，该设备的所有权将无偿转移给 M 公司。

问题：上述租赁应分类为经营租赁还是融资租赁？

分析：根据例中的条件，租赁期届满时，租赁资产的所有权转移给M公司，同时，租赁期占了租赁资产使用寿命的83%，按照原租赁准则的条件，应该分类为融资租赁。但是在新租赁准则下，需要判断租赁是否实质转移了与资产所有权有关的几乎全部风险和报酬。本例中承租人M是根据使用设备的小时数来确定租金，如果设备不被使用，承租人不付租金，与资产所有权相关的风险还是保留在出租人W这边，并未将与资产所有权相关的风险全部转移到M公司，因此此项租赁为经营租赁。

在租赁开始日后，出租人无须对租赁的分类进行重新评估，除非发生租赁变更。租赁资产预计使用寿命、预计余值等会计估计变更或发生承租人违约等情况变化的，出租人不对租赁的分类进行重新评估。

出租人仅在存在租赁变更（即不属于租赁原始条款和条件的租赁范围或租赁对价变更）时，需要重新评估租赁分类。出租人使用修改生效日的已修改条件，重新评估于修改生效日的租赁分类。如果租赁变更产生了一项单独的新租赁，对该新租赁分类的方法与任何新租赁的分类方法一致。

第二节 经营租赁的初始计量、后续计量和变更

▌一、确认和计量

在租赁期内各个期间，出租人应当采用直线法或其他系统合理的方法，将经营租赁的租赁收款额确认为租金收入。其他系统合理的方法能够更好地反映因使用租赁资产所产生经济利益的消耗模式的，出租人应当采用该方法。

出租人应将为获取租赁收入所发生的成本确认为费用，包括折旧。经营租赁的出租人在租赁期开始时递延初始直接费用的确认，而采用确认租赁收入相同的方法在租赁期内逐步确认。

出租人发生的与经营租赁有关的初始直接费用应当资本化，在租赁期内按照与租金收入确认相同的基础进行分摊，分期计入当期损益。

对经营租赁进行会计处理，将租赁资产确认为标的资产，不在资产负债表内确认租赁投资净额，也不在损益表内确认初始利润（如有）。

对于经营租赁资产中的固定资产，出租人应当采用类似资产的折旧政策计提折旧；对于其他经营租赁资产，应当根据该资产适用的企业会计准则，采用系统合理的方法进行摊销。

出租人随后在租赁期内按直线法或其他系统合理的方法确认租赁付款额，采用其他系统合理的方法的前提是其更能代表从使用标的资产中获得的利益的模式。

出租人取得的与经营租赁有关的未计入租赁收款额的可变租赁付款额，应当在实际发生时计入当期损益。租赁期开始后，对于不取决于指数或比率的可变租赁付款额（例如，基于业绩或使用情况的付款额），出租人应随着此类付款额的取得对其进行确认，如图 3-2 所示。

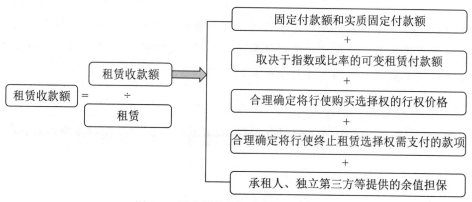

图 3-2　固定付款额和实质固定付款额

▎二、经营租赁变更

经营租赁发生变更的，出租人应当自变更生效日起将其作为一项新租赁进行会计处理，与变更前租赁有关的预收或应收租赁收款额应当视为新租赁的收款额。

如果经营租赁被修改且该安排继续属于租赁或包含租赁，则应自修改生效日开始作为一项新的租赁进行会计处理。修改后，重新评估分类标准。因此，新租赁可能属于经营租赁或融资租赁。将与原始租赁有关的任何预付或预提的租赁付款额视为新租赁的租赁付款额的一部分。

第三节　融资租赁的初始计量、后续计量和变更

一、初始确认和计量

在租赁期开始日，出租人应当对融资租赁确认应收融资租赁款，并终止确认融资租赁资产。

出租人对应收融资租赁款进行初始计量时，应当以租赁投资净额作为应收融资租赁款的入账价值。

租赁投资净额为未担保余值和租赁期开始日尚未收到的租赁收款额按照租赁内含利率折现的现值之和。

在转租的情况下，若转租的租赁内含利率无法确定，转租出租人可采用原租赁的折现率（根据与转租有关的初始直接费用进行调整）计量转租投资净额。

除了生产商或经销商出租人发生的初始直接费用外，初始直接费用计入租赁投资净额的初始计量，并减少租赁期内确认的收入金额。在租赁内含利率的定义中，租赁投资净额自动包含初始直接费用计入，无须单独计入。

二、计入租赁投资净额的租赁付款额的初始计量

在租赁期开始日，纳入租赁投资净额计量的租赁付款额包括下列因让渡在租赁期内使用标的资产的权利而应收取但在租赁期开始日尚未收到的款项：

（1）承租人需支付的固定付款额及实质固定付款额，存在租赁激励的，扣除租赁激励相关金额；

（2）取决于指数或比率的可变租赁付款额，该款项在初始计量时根据租赁期开始日的指数或比率确定；

（3）购买选择权的行权价格，前提是合理确定承租人将行使该选择权；

（4）承租人行使终止租赁选择权需支付的款项，前提是租赁期反映出承租人将行使终止租赁选择权；

（5）由承租人、与承租人有关的一方以及有经济能力履行担保义务的独立第三方向出租人提供的担保余值。

在租赁期开始日，出租人对融资租赁作如下会计处理：

（1）终止确认标的资产的账面金额；

（2）确认租赁投资净额；

（3）将任何销售利润或销售损失计入当期损益。

从初始确认到资产处置损益，具体如图 3-3 所示。

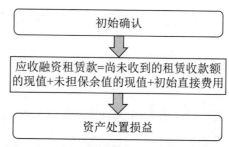

图 3-3　从初始确认到资产处置损益的过程

对于融资租赁（涉及生产商和经销商出租人的融资租赁除外），将初始直接费用纳入融资租赁应收款的初始计量。

租赁投资净额以下两项之和进行初始计量：以租赁内含利率折现的①租赁收款额的现值；②未担保剩余资产。将任何销售利润或损失按标的资产公允价值或租赁应收款（孰低）和标的资产账面金额（扣除任何未担保剩余资产）之间的差额进行计量。

租赁收款额，具体包括以下几项，如图 3-4 所示。

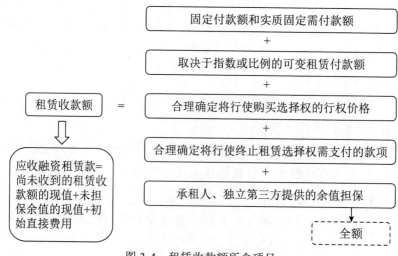

图 3-4　租赁收款额所含项目

三、后续处理

后续处理，具体如图 3-5 所示。

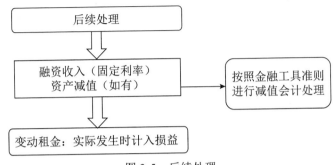

图 3-5 后续处理

对于融资租赁（涉及生产商和经销商出租人的融资租赁除外），出租人应按照反映出租人租赁投资净额能在每个期间获得固定收益率的模式确认租赁期内的财务收益。

出租人应按系统且合理的基础分配租赁期内的财务收益。出租人应将与期间有关的租赁付款额冲减租赁投资总额，以减少本金和未实现的财务收益。

租赁期开始后，出租人对融资租赁进行如下会计处理：

（1）将租赁投资净额剩余余额按照固定的期间收益率计算的金额（即使用租赁内含利率）确认整个租赁期的利息收入（计入当期损益）。对租赁投资净额的组成部分确认收益，包括：

①租赁应收款的利息；

②通过将未担保余值累积至租赁期末的期望值产生的利息。

（2）减少已收到租赁付款额的租赁投资净额（扣除上述利息收入）。

（3）在取得收益的期间单独确认未计入租赁投资净额的可变租赁付款额产生的收益（例如，基于业绩或使用情况的可变付款额）。

（4）确认任何租赁投资净额减值。

四、租赁投资净额的重新计量

租赁期开始后，除非发生以下情况之一，否则无须重新计量租赁投资净额：

（1）租赁被修改（即租赁范围改变或不属于租赁原始条款和条件的租赁

对价改变），而且修改后的租赁不可作为单独合同进行会计处理。

（2）当不可撤销租赁的期间改变时，租赁期被修订。

五、生产商或经销商出租人

在租赁期开始日，生产商或经销商出租人应对各项融资租赁确认如下项目：

（1）收入，在租赁期开始日，该出租人应当按照租赁资产公允价值与租赁收款额按市场利率折现的现值两者孰低确认收入。

（2）销售成本，按照租赁资产账面价值扣除未担保余值的现值后的余额结转销售成本。

（3）销售利润或损失（即收入和销售成本的差额）。生产商或经销商出租人应在租赁期开始日确认融资租赁的销售利润或损失，无论出租人是否转移标的资产。

（4）取得租赁发生的成本，生产商或经销商出租人为取得融资租赁发生的成本，应当在租赁期开始日计入当期损益。

生产商或经销商按照立即销售政策确认销售利润或损失。生产商或经销商出租人在租赁期开始日确认融资租赁的销售利润或损失，无论出租人是否转移标的资产。

生产商或经销商通常为客户提供购买资产或租赁资产的选择。生产商或经销商出租人融资租赁资产产生的利润或损失相当于按反映任何适用的交易量或商业折扣的正常售价直接销售标的资产所产生的利润或损失。

为了吸引客户，生产商或经销商出租人有时人为采用较低利率进行报价。使用该利率会导致出租人将该交易总收入的大部分确认在租赁期开始日。如果人为采用较低利率进行报价，则生产商或经销商出租人应将销售利润限制为采用市场利率的情况下所能取得的销售利润。

由于获得融资租赁所发生的成本主要与生产商或经销商赚取的销售利润有关，生产商或经销商出租人应在租赁期开始日将获得融资租赁所发生的成本确认为费用，不计入租赁投资净额。原因在于这类成本主要与赚取生产商或经销商的销售利润有关。

例

出租人 L 与承租人 H 签订了一份 8 年的新设备租赁合同，设备为通用设备，设备的使用年限为 10 年，租赁期末出租人 L 可以将此设备用于其他用途。承租人 H 每年年末向出租人 L 支付 12 000 元的租赁费，出租人预计租赁期末（8 年后）的设备余值为 30 000 元，承租人提供的担保余值为 20 000 元，设备的剩余使用寿命为 10 年，账面金额为 80 000 元，公允价值为 81 000 元。合同中未规定购买选择权，租赁期末设备也不会转让给承租人 H。租赁的内含利率为 9.13%。

分析：

出租人 L 将租赁分类为融资租赁，原因在于资产的所有权虽然不转移，但租赁期占租赁资产使用寿命的大部分，此例中占使用寿命的 80%（>75%）。

租赁投资净额为 81 000 元，包括：（1）以租赁内含利率折现的 8 年的年付款额 12 000 元的现值（66 090 元）加上担保余值 20 000 元的现值（9 940 元），等于 76 030 元（租赁付款额的现值，即为收入）；（2）未担保余值 10 000 元的现值，等于 4 970 元。

已售商品的成本为 75 030 元，指设备的账面金额 80 000 元减去未担保余值的现值 4 970 元。

收入等于租赁应收款 76 030 元。

综上，初始确认时分录如下：

借：租赁投资净额　　　　　　　　81 000

　　已售商品的成本　　　　　　　75 030

　　　贷：收入　　　　　　　　　　　　76 030

　　　　持有租赁的不动产　　　　　　　80 000

租赁期开始时，出租人通过以租赁付款额 76 030 元减去 75 030 元，确认销售利润 1 000 元。

第 1 年融资租赁的会计分录如下：

借：现金　　　　　　　　　　　　12 000

　　贷：租赁投资净额　　　　　　　　4 602

　　　利息收入　　　　　　　　　　7 398

表 3-1 汇总了租赁的利息收入以及投资净额在整个租赁期的相关摊销

情况:

表 3-1 租赁的利息收入以及投资净额在整个租赁期的相关摊销数据 单位:元

年　　度	年度租赁付款额	本 金 收 回	年度利息收入	年末投资净额
初始投资净额				81 000
1	12 000	4 602	7 398	76 398
2	12 000	5 022	6 978	71 375
3	12 000	5 481	6 519	65 894
4	12 000	5 982	6 018	59 913
5	12 000	6 528	5 472	53 385
6	12 000	7 124	4 876	46 260
7	12 000	7 775	4 225	38 485
8	12 000	8 485	3 515	30 000
合计	96 000	51 000	45 000	

六、租赁变更

租赁范围或租赁对价的变更,但不构成原始租赁条款和条件的一部分(例如,增加或终止使用一项或多项标的资产的权利,或者延长或缩短合同规定的租赁期)。

如果融资租赁被修改(即租赁范围或租赁对价变更,但不构成原始租赁条款和条件的一部分),则评估修改后的租赁以确定其属于租赁还是包含租赁。如果租赁继续存在,则金融租赁的修改可能导致:

(1)一项单独的租赁;

(2)现有租赁(即并非一项单独的租赁)会计处理的变更;

(3)如果经营租赁被修改,则自修改生效日将其作为一项新租赁处理。

1. 变更作为一项单独的租赁

如果同时符合以下两个条件,则出租人应将融资租赁的租赁变更作为一项单独的租赁(即与原始租赁区分开来)进行会计处理:

(1)修改通过增加使用一项或多项标的资产的权利来扩大租赁范围。

(2)租赁对价增加额相当于所增加范围的单独价格加上为反映特定合同

情况而对该单独价格进行的适当调整。

如果同时满足上述两个条件，则租赁变更导致了两项单独的租赁，包括未修改的原始融资租赁和一项单独的租赁。出租人按照处理其他新租赁的方法对该单独的租赁进行会计处理。如果未满足上述条件之一，则租赁变更不会导致一项单独的租赁。

2. 未导致一项单独的租赁的变更

如果融资租赁被修改，但并未导致一项单独的租赁，则出租人应根据修改后的租赁的分类，对修改进行会计处理。假设修改在租赁开始日即生效，租赁本应被分类为经营租赁，则出租人应将这类修改作为一项在修改生效日开始的租赁进行会计处理。在租赁变更生效日前一刻将标的资产的账面金额作为租赁投资净额计量。否则，应采用金融工具准则对租赁投资净额进行会计处理。

七、租赁投资净额减值

出租人应对租赁投资净额采用金融工具准则中的终止确认和减值规定。出租人应定期复核计算租赁投资总额时所使用的预计未担保余值。若预计未担保余值降低，则出租人应修改租赁期内的收益分配，并立即确认预计的减少额。

出租人应采用金融工具准则中的终止确认和减值规定对租赁投资净额进行减值评估。

八、应用于租赁组合

本准则针对单项租赁的会计处理作出规定。然而，作为实务变通，如果主体合理地预计将本准则应用于具有类似特征的租赁组合，与将本准则应用于该租赁组合内的单项租赁，两者对财务报表的影响不存在重大差异，则主体可将本准则应用于该租赁组合。如果对租赁组合进行会计处理，则主体应使用能反映该租赁组合的规模和构成的估计和假设。

第四节　出租人的列报和披露

▌一、列报

在租赁期开始日，出租人在其资产负债表中确认其在融资租赁下持有的资产，并按等于租赁投资净额的金额将其作为应收款列报。出租人根据标的资产的性质在其资产负债表中列报经营租赁下的标的资产。

此外，租赁投资净额在资产负债表中被分类为流动或非流动资产时，应与其他资产适用相同的考虑因素。

▌二、披露

披露的目标是出租人在财务报表附注中披露的信息以及在资产负债表、利润表和现金流量表中提供的信息为财务报表使用者评估租赁对出租人财务状况、财务业绩和现金流量的影响提供依据。新租赁准则要求出租人披露有关其租赁的定量和定性信息、要运用的重大判断，以及计入财务报表的与租赁相关的金额。

出租人应披露报告期间的如下项目金额：

1. 对于融资租赁

（1）销售损益、租赁投资净额的融资收益以及与未纳入租赁投资净额的可变租赁付款额相关的收入；

（2）资产负债表日后连续五个会计年度每年将收到的未折现租赁收款额，以及剩余年度将收到的未折现租赁收款额总额；

（3）未折现租赁收款额与租赁投资净额的调节表。

出租人应对融资租赁投资净额账面金额的重大变动提供定性和定量解释。

出租人应披露应收租赁付款额的到期分析，显示至少未来五年每年将收取的未折现的租赁付款额，以及剩余年度的租赁付款额总额。出租人应在租赁投资净额和未折现的租赁付款额之间作出调节。该调节应识别出与应收租赁付款额相关的未实现财务收益以及所有已折现的未担保余值。

2. 对于经营租赁

（1）租赁收入，并单独披露与未计入租赁收款额的可变租赁付款额相关的收入；

（2）将经营租赁固定资产与出租人持有自用的固定资产分开，并按经营租赁固定资产的类别提供《企业会计准则第 4 号——固定资产》要求披露的信息；

（3）资产负债表日后连续五个会计年度每年将收到的未折现租赁收款额，以及剩余年度将收到的未折现租赁收款额总额。

对于经营租赁下的固定资产，出租人应规定的披露要求。在规定的披露要求时，出租人应将各类固定资产分为经营租赁资产和非经营租赁资产。因此，出租人应将经营租赁资产与出租人持有和使用的自有资产分开，并对经营租赁资产（按标的资产类别）提供规定的披露信息。

出租人应披露租赁付款额的到期分析，显示至少未来五年每年将收取的未折现的租赁付款额，以及剩余年度的租赁付款额总额。

3. 其他披露要求

为实现规定的披露目标，出租人应披露必要的关于租赁活动的额外定性和定量信息。额外信息可帮助财务报表使用者评估的事项包括但不限于：

（1）租赁活动的性质，如对租赁活动基本情况的描述。

（2）对其在租赁资产中保留的权利进行风险管理的情况，出租人应特别披露其在标的资产中保留的权利的风险管理策略，包括出租人降低风险的方式。此类方式可包括回购协议、担保余值或因超出规定限制使用资产而支付的可变租赁付款额等。

（3）其他相关信息。

出租人应以列表格式提供规定的披露信息，除非其他格式更为适当。

第四章

售后租回和转租赁

第一节　售后租回

在售后租回交易中，一家企业（卖方兼承租人）将标的资产转移给另一家企业（买方兼出租人），然后从买方兼出租人处将资产租回使用。

由于新租赁准则要求承租人在资产负债表内确认大部分租赁[即除了低价值资产租赁和短期租赁（根据承租人的会计政策选择）之外的所有租赁]，售后租回交易不再为承租人提供表外融资的来源。另一个主要的变更是，卖方兼承租人和买方兼出租人都须应用新租赁准则来确定是否将售后租回交易作为资产的销售和购买进行会计处理。

为确定如何核算售后租回交易，企业应首先考虑：卖方兼承租人向买方兼出租人初始转移标的资产时是否构成一项销售。企业采用《企业会计准则第14号——收入》来确定是否发生了销售行为。此项评估决定了卖方兼承租人和买方兼出租人的会计处理方法，具体列示如表4-1所示。

表4-1　卖方兼承租人与买方兼出租人的会计处理方法

	卖方兼承租人	买方兼出租人
向买方兼出租人转移构成一项销售	终止确认标的资产，并对租回交易应用承租人会计模式 按照之前账面金额的保留部分（即按照成本）计量使用权资产 确认与转给出租人的权利相关的收益或损失	确认标的资产，并对租回交易应用出租人会计模式
向买方兼出租人转移不构成销售	继续确认标的资产 将从买方（出租人）收到的任何款项确认为《企业会计准则第22号——金融工具确认和计量》的金融负债	不确认标的资产 将支付给卖方（承租人）的任何款项确认为《企业会计准则第22号——金融工具确认和计量》下的金融资产

若销售不是按公允价值达成或者租赁付款额与市价不符，则需要进行调整。

如果销售对价的公允价值与资产的公允价值不同，或者出租人未按市场价格收取租金，则企业应当将销售对价低于市场价格的款项作为预付租金进行会计处理，将高于市场价格的款项作为出租人向承租人提供的额外融资进行会计处理；同时，承租人按照公允价值调整相关销售利得或损失，出租人按市场价格调整租金收入。

在进行上述调整时，企业应当基于以下两者中更易于确定的项目：销售对价的公允价值与资产公允价值之间的差额、租赁合同中付款额的现值与按租赁市价计算的付款额现值之间的差额。

一、如何判定资产转移是否构成销售

在确定资产转移是否应作为销售或购买进行会计处理时，卖方兼承租人和买方兼出租人均适用收入准则中关于企业通过转移资产的控制权来履行履约义务的规定。如果对标的资产的控制权移交给买方出租人，则交易被视为资产的销售和购买以及租赁。如果不是，卖方承租人和买方出租人均将该交易作为融资交易进行会计处理。

当企业通过将承诺的商品或服务转移给客户而履行履约义务时，该企业应确认收入。资产在客户取得对该资产的控制时转移。

对资产的控制指的是主导资产的使用及取得资产几乎所有剩余收益的能力。控制包括防止他人主导使用资产及从中取得收益的能力。资产的收益是可以通过许多方式直接或间接获得的潜在现金流量，包括现金的流入和流出，方式如下：

（1）使用资产生产商品或提供服务；

（2）使用资产来提高其他资产的价值；

（3）使用资产清偿负债或降低费用；

（4）出售或交换资产；

（5）抵押资产以为贷款提供担保；以及

（6）持有资产。

在评估客户是否取得对资产的控制时，企业应考虑任何回购该资产的协议。

如果履约义务没有在一段时间内履行，则企业在某一时点履行了履约义务。为了确定客户取得对承诺资产的控制和企业履行履约义务的时点，企业应考虑上述对控制的规定。此外，企业应考虑通常表明控制转移的因素，其包括但不仅限于：

（1）企业就该资产获取报酬的现时权利——如果客户有支付的现时义务，那么这可能表明客户已取得了主导资产的使用及取得资产几乎所有剩余利益的能力。

（2）客户对资产有法定所有权——法定所有权可能表明合同哪一方有主导资产的使用及取得资产几乎所有剩余利益的能力，或限制其他企业使用这些利益的权限。因此，转移一个资产的法定所有权可能表明客户已取得对资产的控制权。如果一个企业保留法定所有权仅仅是预防客户无力付款，企业的这些权利将无法阻止客户取得对资产的控制。

（3）企业已转移了资产的实际占有——客户的资产实际占有可能表明客户有主导资产的使用及取得资产几乎所有剩余利益的能力，或限制其他企业使用这些利益的权限。然而，实际占有不一定完全代表对资产的控制。例如，在一些回购协议和委托安排中，客户或受托人可能实际拥有企业控制的资产。相反，一些"开出账单但代管商品"安排中，企业可能实际拥有客户控制的资产。

（4）客户有资产所有权上的重大风险和报酬——将资产所有权上的重大风险和报酬转移给客户可能表明客户有主导资产的使用及取得资产几乎所有剩余利益的能力。然而，评估承诺资产的所有权上的风险和报酬时，企业应排除转移资产履约义务之外、引起的单独履约义务的风险。例如，企业可能已将对资产的控制转移至客户，但尚未履行一项附加履约义务，提供与已转移资产相关的维修服务。

（5）客户接受资产——客户接受资产可能表明客户有主导资产的使用及取得资产几乎所有剩余利益的能力。

上述各项指标均不能单独确定买方出租人是否已取得对标的资产的控制。卖方承租人和买方出租人都必须考虑所有相关事实和情况，以确定控制是否已转移。此外，确定买方出租人已经获得控制不必符合所有的指标。指标仅仅是在客户取得对资产的控制时通常显示出来的因素，指标的列表旨在帮助企业应用控制的原则。

就售后租回单独而言，不排除存在销售。这是因为租赁与标的资产的销售或购买不同，租赁不转移标的资产的控制权。相反，其转移在租赁期内控制标的资产的使用的权利。但是，如果卖方承租人对标的资产具有实质性回购选择权（即回购资产的权利），则没有发生销售，因为买方出租人没有取得对该资产的控制权。

但是，售后租回即使已经满足销售的标准，但售后租回交易一般不会再导致表外融资。

对于卖方兼承租人将租赁期延长至标的资产的几乎所有剩余经济寿命的续约选择权（例如，行使日的固定价格或公允价值），承租人将租赁期延长至标的资产的几乎所有剩余经济寿命的选择权在经济上类似于承租人购买标的资产的选择权。因此，当行使续约选择权时的续约价格不是公允价值时，续约选择权将禁止根据收入准则和新租赁准则进行销售的会计处理。

1. 资产转移是一项销售

若卖方兼承租人转让资产符合作为资产销售进行会计处理的要求：

（1）卖方兼承租人应按卖方兼承租人保留的与使用权有关的资产的原账面金额的比例计量售后租回所形成的使用权资产。并仅就转让至买方兼出租人的权利确认相关利得或损失。

（2）买方兼出租人应根据其他适用的《企业会计准则》对资产购买进行会计处理，并根据本准则的要求对资产出租进行会计处理。

若销售对价的公允价值不等于资产的公允价值，或出租人未按市场价格收取租金，则企业应当进行如下调整，从而按公允价值计量销售收入：

（1）销售对价低于市场价格的款项作为预付租金进行会计处理；

（2）销售价格高于市场价格的款项作为买方兼出租人向卖方兼承租人提供的额外融资进行会计处理。

同时，承租人按照公允价值调整相关销售利得或损失，出租人按市场价格调整租金收入。

在进行上述调整时，企业应当按照以下二者中较易确定者进行：

（1）销售对价的公允价值与资产的公允价值的差异；

（2）合同付款额的现值与按市场租金计算的付款额的现值的差异。

1）销售会计处理

如果资产转移是一项销售，则卖方兼承租人将：

①终止确认标的资产；

②确认与转移至买方兼出租人的权利相关的损益（如果有），并根据情况进行调整。

买方兼出租人按照其他准则基于资产的性质对资产的购买进行会计处理。

如果售后租回交易预计会对卖方兼承租人造成损失，则该损失不应递延。

2）售后租回的会计处理

当销售发生时，卖方兼承租人和买方兼出租人都以与任何其他租赁相同的方式对售后租回进行会计处理，并根据任何市场外条款进行调整。具体而言，卖方兼承租人确认售后租回的租赁负债和使用权资产（不适用月短期租赁和低价值资产租赁）。

3）根据情况进行的调整

销售交易和随后发生的租赁一般是相互依赖的，并作为一揽子协议进行协商。因此，一些交易的经协商的销售价格可能高于或低于资产的公允价值，并且随后发生的租赁的租赁付款高于或低于当时的市场租金率。这些情况可能扭曲销售的损益以及租赁费用和租赁收入的确认。为确保与此类交易相关的销售损益以及与租赁相关的资产和负债既不少报也不多报，新租赁准则要求对任何售后租回交易的情况进行调整，调整的金额是该销售对价的公允价值与该资产的公允价值之间的差额以及该租赁合同付款额的现值与按市场租金率计算的该租赁付款额的现值之间的差额两者中更易于确定的金额。

当销售价格低于标的资产的公允价值或租赁付款额的现值低于市场租赁付款额的现值时，卖方兼承租人使用更易于确定的情况将差额确认为销售价格和作为租赁预付款额的使用权资产的初始计量的增加。当销售价格大于标的资产的公允价值或租赁付款的现值大于市场租赁付款的现值时，卖方兼承租人使用更易于确定的基础将差额确认为销售价格的减少和从买方兼出租人取得了额外融资。

买方兼出租人也需要根据情况调整标的资产的购买价格。此类调整被确认为由卖方兼承租人预付的租金或作为向卖方兼承租人提供的额外融资。

售后租回交易——资产转移是一项销售

公司 F 向公司 G 出售一座办公楼，售价为 2 000 000 元。在交易发生前，该建筑物的账面成本为 1 000 000 元。

同时，公司 F 与公司 G 签订了一份合同，转移该建筑物 18 年的使用权，年租金为 120 000 元，在每年年末支付。

公司 F 对于此项办公楼的转移构成新收入准则下的销售行为。销售当日办公楼的公允价值是 1 800 000 元。由于办公楼的销售对价不是公允价值，因此公司 F 和公司 G 作出调整，以便按公允价值确认此项交易。售价超出公允价值的金额为 200 000 元（2 000 000–1 800 000），确认为公司 G 对公司 F 的额外融资。承租人的增量借款年利率为 4.5%，计算出各年租金的现值是 1 459 200。

卖方兼承租人——公司 F

（1）融资交易：

现金　　　200 000

金融负债　200 000

（2）售后租回：

卖方—承租人按照反映保留的使用权的原账面金额（1 000 000 元）的比例初始确认一项使用权资产。该比例通过租赁付款额的现值（1 459 200 元）减去租赁付款额中给予卖方—承租人的融资付款（200 000 元）= 1 259 200 元除以资产的公允价值（1 800 000 元）计算得出。

（1 259 200/1 800 000）×1 000 000=699 555 元

公司 F 应按照总利得 800 000 元（买价减去融资组成部分减去建筑物的账面金额）的一定比例计算得出，该比例代表实际转移至买方的权利（=建筑物的公允价值减去卖方—承租人取得的使用权资产）与建筑物公允价值之间的比率：

（1 800 000–1 259 200）/ 1 800 000×800 000=240 355 元

售后租回最终会计分录如下：

借：现金　　　　　　　1 800 000

　　使用权资产　　　　699 555

　　贷：办公楼　　　　　　1 000 000

　　　　金融负债　　　　　1 259 200

　　　　售后租回收益　　　240 355

（1)融资交易和(2)售后租回合并,在租赁开始日,公司 F 的会计分录如下:

借：现金　　　　　　　2 000 000

　　使用权资产　　　　699 555

　　贷：办公楼　　　　　　1 000 000

　　　　金融负债　　　　　1 459 200

　　售后租回收益　　　　　　240 355

买方兼出租人——公司 G

在租赁期开始日，买方—出租人对交易的会计处理如下：

借：办公楼　　　　　　　1 800 000

　　金融资产　　　　　　200 000

　　贷：现金　　　　　　　　2 000 000

在租赁期开始日后，公司 G 在对租赁进行会计处理时应将每年的付款额120 000 元中的 103 553 元作为租赁付款额；从公司 F 取得的年度付款额中的其余 16 447（120 000-103 553）应通过以下方式进行会计处理：（1）作为所收取的用以结算 200 000 元金融资产的付款额，及（2）利息收入。

　　2. 转移资产不是一项销售的交易

　　如果卖方兼承租人转让资产不符合新收入准则下作为资产销售进行会计处理的要求：

　　（1）卖方兼承租人应继续确认被转让的资产，且应确认与转让收入等额的金融负债。按照《企业会计准则第 22 号——金融工具确认和计量》（2017）对金融负债进行会计处理。

　　（2）买方兼出租人不应确认被转让的资产，且应确认与转让收入等额的金融资产。按照《企业会计准则第 22 号——金融工具确认和计量》（2017）对金融资产进行会计处理。

　　如果转移资产不属于销售，则卖方兼承租人将交易作为融资交易进行会计处理。卖方兼承租人将可进行售后租回交易的已转移资产纳入其资产负债表内并按照《企业会计准则第 22 号——金融工具确认和计量》（2017）将收到的金额作为金融负债进行会计处理。卖方兼承租人通过将支付的款项减去被视作利息费用的部分来减少金融负债。

例2

<h3 align="center">售后租回交易——资产转移不构成一项销售</h3>

　　公司 A（卖方兼承租人）以货币资金 100 000 000 元的价格向公司 B（买方兼出租人）出售一栋办公楼，交易前该办公楼在公司 A 账面原值为 100 000 000元，累计折旧是 10 000 000 元。合同中同时规定，公司 A 取得了该办公楼 18年的使用权（该办公楼全部剩余使用年限为 40 年），年租金为 8 000 000 元，

租金于每年年末支付。租赁期满时，公司 A 将以 100 元的价格将办公楼买回。在交易当日，该办公楼的市场公允价值为 150 000 000 元。不考虑初始直接费用和税费的情况下，公司 A 和公司 B 的会计处理。

分析：在租赁开始日，公司 A 的会计处理如下：

借：货币资金　　　　　　　100 000 000

　　贷：长期应付款　　　　　　100 000 000

公司 B 的会计处理如下：

借：长期应收款　　　　　　100 000 000

　　贷：货币资金　　　　　　　100 000 000

不论现在或将来，售后租回的会计处理都是一个复杂领域。但有一点可以明确，那就是根据新租赁准则大部分售后租回交易已经不再可能成为资产负债表外融资的潜在来源。新租赁准则规定，卖方兼应始终将售后租回交易记入资产负债表内，除非是标的资产租回是短期租赁或低价值资产租赁。

新租赁准则针对与市场公允价值不符的情况引入新的指引，可帮助企业识别交易何时被视为该等情况，同时明确了在"高于市价"和"低于市价"情况下适当的会计处理。企业应最大限度运用可观察的价格和信息，以确定何为最适当的指标来评估条款是否与市场公允价值不符。这可能需要企业作出重大判断，尤其当标的资产为专业资产时。

3. 披露

根据具体情况可能需要提供与售后租回交易相关的额外信息，以帮助财务报表使用者进行评估，例如：

（1）承租人进行售后租回交易的原因，以及此类交易的普遍性；

（2）单个售后租回交易的主要条款与条件；

（3）未包括在租赁负债计量中的付款额；以及

（4）报告期内售后租回交易的现金流影响。

新租赁准则可能要求卖方兼承租人提供关于其符合新租赁准则披露目的所必需的租赁活动的额外定性和定量信息。

新租赁准则还要求卖方兼承租人将售后租回交易产生的任何利得和损失与处置其他资产的利得和损失区分开来进行披露。

第二节 转租赁的定义及会计处理

在转租赁交易中，原承租人（或"中间出租人"）将标的资产的使用权授予第三方；与此同时，原出租人与原承租人之间的租赁合同（或"主租赁"）仍然有效。

在转租赁中，企业对所有的使用权资产租赁应用新租赁准则。中间出租人将主租赁和转租赁视为两份合同，分别进行核算。

主租赁出租人经过中间出租人，再到转租赁承租人，具体如图 4-1 所示。

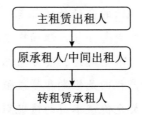

图 4-1　主租赁出租人、中间出租人与转租承租人

中间出租人参照主租赁产生的使用权资产将转租赁分类为融资租赁或经营租赁。转租出租人应当基于原租赁产生的使用权资产，而不是原租赁的标的资产，对转租赁进行分类。

但是，原租赁为短期租赁，且转租出租人应对原租赁进行简化处理的，转租出租人应当将该转租赁分类为经营租赁。

在转租赁开始日，若中间出租人不能易于确定转租赁的内含利率，则使用其在主租赁中使用的折现率来核算转租赁，同时调整与转租赁相关的任何初始直接费用。

参照主租赁的使用权资产将转租赁分类为融资租赁

丙企业（原租赁承租人）与丁企业（原租赁出租人）就 5 000 平方米办公场所签订了 5 年期租赁合同（"原租赁"）。

在第 3 年年初，丙企业将主租赁中剩余 3 年的 5 000 平方米办公场所转租给甲企业（转租承租人）。

分析：丙企业参照主租赁中产生的使用权资产对转租赁进行分类。由于转租赁涵盖主租赁的全部剩余期限，即占使用权资产使用寿命的大部分，因此丙企业将转租赁分类为融资租赁。

在转租赁开始日丙企业作以下会计处理：

（1）终止确认原租赁中已转移给甲企业的使用权资产，同时确认在转租赁中的投资净额；

（2）将使用权资产账面金额与转租赁投资净额之间的差额确认为损益；

（3）在资产负债表中继续确认与原租赁相关的租赁负债，该负债代表应付原租赁出租人的租赁付款额。

在转租赁期限内，丙企业既要确认转租赁的融资收益又要确认原租赁的利息费用。

参照主租赁的使用权资产将转租赁分类为经营租赁

甲企业（原租赁承租人）与乙企业（原租赁出租人）就5 000平方米办公场所签订了5年期租赁合同（"原租赁"）。在原租赁的租赁开始日，甲企业将该5 000平方米办公场所转租给戊企业，期限为一年。

分析：甲企业根据原租赁形成的使用权资产对转租赁进行分类，考虑各种因素后，将其分类为经营租赁。签订转租赁合同时，甲企业（中间出租人）在其资产负债表中保留与原租赁相关的租赁负债和使用权资产。在转租赁期间，甲企业（1）确认使用权资产的折旧和租赁负债的利息；并（2）确认转租赁的租赁收入。

第五章

税 务 篇

第一节　新租赁准则下的税务概述

在新租赁准则下，承租人的会计核算发生了较大的变化，由租赁的双重模式变成了单一模式，但是实际上租赁所产生的合同关系，发票流和现金流均未发生改变。在这种情况下，法律关系没有发生改变，只是会计处理上发生了变化，税法实际上受会计处理和法律关系的影响，纳税人应该如何应对。本章下面将从增值税、所得税、房产税和印花税的角度进行讲解。

▌租赁定义和分类——税法和会计的差别

1. 从会计角度

在现行会计准则下，确认为融资租赁有如下 5 个条件：

（1）租赁期届满时，租赁资产的所有权转移给承租人。

（2）承租人有购买租赁资产的选择权，所订立的购买价预计远低于行使选择权时租赁资产的公允价值，因而在租赁开始日就可以合理地确定承租人将会行使这种选择权。

（3）租赁期占租赁资产尚可使用年限的大部分（占 75% 及以上）。

（4）就承租人而言，租赁开始日最低租赁付款额的现值几乎相当于租赁开始日租赁资产原账面价值；就出租人而言，租赁开始日最低租赁收款额的现值几乎相当于租赁开始日租赁资产原账面价值。

（5）租赁资产性质特殊，如果不作重新改制，只有承租人才能使用。

符合上述 5 个条件中的一个或多个标准的将会被认定为融资租赁。但是在新准则下，存在上述一个或多个情形，通常是融资租赁，但不必然是。新准则采用的是实质重于形式的判断标准，在租赁关系中，主要考虑是否实质转让了与资产所有权有关的几乎全部风险和报酬。

2. 从税务角度

根据财税〔2016〕36 号文，对各个不同的租赁方式作了如下的定义。

经营租赁服务，是指在约定时间内将有形动产或者不动产转让他人使用且租赁物所有权不变更的业务活动。

出租人与承租人的关系，如图 5-1 所示。

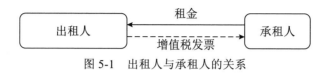

图 5-1　出租人与承租人的关系

按照标的物的不同，经营租赁服务可分为有形动产经营租赁服务和不动产经营租赁服务。

融资租赁服务，是指具有融资性质和所有权转移特点的租赁活动。即出租人根据承租人所要求的规格、型号、性能等条件购入有形动产或者不动产租赁给承租人，合同期内租赁物所有权属于出租人，承租人只拥有使用权，合同期满付清租金后，承租人有权按照残值购入租赁物，以拥有其所有权。不论出租人是否将租赁物销售给承租人，均属于融资租赁。

按照标的物的不同，融资租赁服务可分为有形动产融资租赁服务和不动产融资租赁服务，如图 5-2 所示。

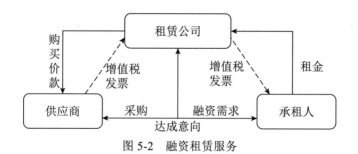

图 5-2　融资租赁服务

融资性售后租回（以下简称"回租"），是指承租方以融资为目的，将资产出售给从事融资性售后租回业务的企业后，从事融资性售后租回业务的企业将该资产出租给承租方的业务活动，如图 5-3 所示。

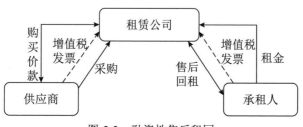

图 5-3　融资性售后租回

在新企业所得税法下，企业所得税法及实施条例未对租赁进行分类和定义。根据企业所得税法第二十一条，在计算应纳税所得额时，企业财务、会计处理办法与税收法律、行政法规不一致的，应当依照税收法律、行政法规的规定计算纳税。

因此，企业所得税法律并未对租赁进行定义，在此情况下，计算企业所得税时应遵循会计上的定义及分类。

第二节　新租赁准则对增值税的影响及应对

▎一、增值税法回顾

根据财政部和税务总局《关于调整增值税税率的通知》财税〔2018〕32号的规定，自 2018 年 5 月 1 日起，有形动产经营租赁和有形动产融资租赁（直租），适用的增值税税率从 17% 调整为 16%；资产融资性售后租回适用增值税税率 6%；不动产经营租赁和融资租赁（直租），在 2016 年 4 月 30 日前取得的适用 5% 的税率，在 2016 年 4 月 30 日后取得的，自 2018 年 5 月 1 日起增值税税率由 11% 调整为 10%。

之后财政部、税务总局、海关总署在 2019 年 3 月 21 日颁布了《关于深化增值税改革有关政策的公告》2019 年第 39 号，公告里规定增值税一般纳税人（以下称"纳税人"）发生增值税应税销售行为或者进口货物，原适用 16% 税率的，税率调整为 13%；原适用 10% 税率的，税率调整为 9%。经过调整后，有形动产经营租赁和有形动产融资租赁（直租），适用的增值税税率从 16% 调整为 13%；在 2016 年 4 月 30 日后取得的不动产经营租赁和融资租赁（直租），增值税税率由 10% 调整为 9%。资产融资性售后租回适用增值税税率没有变化，仍为 6%。

1. 租赁增值税销售额的确定

对于经营租赁纳入计税依据的销售额为收取的全部价款和价外费用。

融资租赁销售额，经中国人民银行、银监会或商务部批准从事融资租赁业务的纳税人，提供融资租赁服务，以收取的全部价款和价外费用，扣除支付的借款利息（包括外汇借款和人民币借款利息）、发行债券利息、车辆购置税后的余额为销售额。

融资性售后租回销售额，经中国人民银行、银监会或商务部批准从事融资租赁业务的试点纳税人，提供融资性售后租回服务，以收取的全部价款和价外费用（不含本金），扣除对外支付的借款利息（包括外汇借款和人民币借款利息）、发行债券利息后的余额为销售额。

纳税人按照规定从全部价款和价外费用中扣除的价款，应当取得符合法律、行政法规和国家税务总局规定的有效凭证。否则，不得扣除。

上述凭证是指：

（1）支付给境内单位或者个人的款项，以发票为合法有效凭证。

（2）支付给境外单位或者个人的款项，以该单位或者个人的签收单据为合法有效凭证，税务机关对签收单据有疑议的，可以要求其提供境外公证机构的确认证明。

根据前述法规规定，计算相关业务的增值税销售额时可差额扣除贷款、发债的利息支出，支付给境内单位的应以发票作为有效的扣除凭证。

2. 过渡期的政策

1）有形动产租赁

试点之日前签订的尚未执行完毕的有形动产租赁合同，如果是

（1）老资产：纳入试点前取得的有形动产为标的物提供的经营租赁服务。

（2）老合同：纳入试点前签订的所有未执行完毕的合同，不再区分是营业税下或是增值税下合同，一律征收增值税。

可以选择建议计税方法缴纳增值税。

试点之日前签订的有形动产融资性售后回租合同：

试点纳税人根据 2016 年 4 月 30 日前签订的有形动产融资性售后回租合同，在合同到期前提供的有形动产融资性售后回租服务，可继续按照有形动产融资租赁服务缴纳增值税。

继续按照有形动产融资租赁服务缴纳增值税的试点纳税人经中国人民银行、银监会或商务部批准从事融资租赁业务的根据 2016 年 4 月 30 日前签订的有形动产融资性售后回租合同，在合同到期前提供的有形动产融资租赁售后回租服务，可以选择以下方法之一计算销售额：

（1）以向承租方收取的全部价款和价外费用，扣除向承租方收取的价款

本金，以及对外支付的借款利息（包括人民币借款利息和外汇借款利息）、发行债券利息后的余额为销售额。

①纳税人提供有形动产融资性售后回租服务，计算当期销售额时可以扣除的价款本金，为书面合同约定的当期应当收取的本金。无书面合同或者书面合同没有约定的，为当期实际收取的本金。

②试点纳税人提供有形动产融资性售后回租服务，向承租方收取的有形动产价款本金，不得开具增值税专用发票，可以开具普通发票。

（2）以向承租方收取的全部价款和价外费用，扣除对外支付的借款利息（包括人民币借款利息和外汇借款利息）、发行债券利息后的余额为销售额。

2）不动产经营租赁

一般纳税人出租其 2016 年 4 月 30 日前取得的不动产，可以选择适用简易计税方法，按照 5% 的征收率计算应纳税额。

纳税人出租其 2016 年 4 月 30 日前取得的与机构所在地不在同一县（市）的不动产，应按照上述计税方法在不动产所在地预缴税款后，向机构所在地的主管税务机关进行纳税申报。

小规模纳税人出租其取得的不动产（不含个人出租住房），应按照 5% 的征收率计算应纳税额。

3. 新旧税率变化——对于承租人的影响及对策

问题：纳税义务发生在 5 月 1 日前，发票开具在 5 月 1 日后，是否可以按照旧税率进行开票？

可以。过渡期政策要求企业尽量按照纳税义务发生时间开票，对纳税义务发生在 5 月 1 日之前的纳税义务给予过渡期间仍可以按照原税率开票的政策。

建议要求出租人仍按照旧税率开具发票，在含税总价不变的情况下，如果按照新税率开票，则会损失进项税，采购成本增加。

问题：5 月 1 日前纳税义务已经发生，发票已开，在 5 月 1 日后由于开错，折扣折让要求退票，能否退票？

可以换票。已经开具的发票在 5 月 1 日后发生退票的情况，过渡期不会锁死原税率，从而可以要求出租人按照原税率开具红字发票和新的蓝字发票。

4. 纳税义务发生时点

增值税的纳税义务发生时点为纳税人发生应税行为并收讫销售款项或取得

索取销售款项凭据的当天；先取得发票的，为开具发票的当天。

纳税人提供建筑服务、租赁服务采取预收款方式的，其纳税义务发生时间为收到预收款的当天。

5. 增值税税务处理

1）经营租赁

对于经营租赁，由承租人支付租金给出租人，出租人开具发票给承租人。出租人按照租金的 13% 计算增值税销项并开具增值税专用发票，承租人可就支付租金取得的增值税专用发票作进项抵扣。

例 1

甲企业为增值税一般纳税人，其与乙企业签订了一个房屋租赁合同，月租金为 5 万元，合同租期为两年，2019 年 1 月 1 日至 2020 年 12 月 31 日。乙企业于 2019 年 1 月 1 日合同签订时一次性支付了两年的租金 120 万元。此租金收入为甲企业的唯一收入，其年度经营成本为 20 万元。

问题：甲企业和乙企业的增值税金额？

分析：根据 36 号文的规定，纳税人提供租赁服务采取预收款方式的，其纳税义务发生时间为收到预收款的当天。对于甲企业于 2019 年 4 月申报一季度的增值税，增值税金额为 9.91 万元 [120/（1+9%）×9%]。

对于承租人乙，可就支付租金取得的增值税专用发票作进项抵扣。若出租人甲就所收取的租金一次性开具增值税专用发票，承租人乙可抵扣的进项税额为 9.91 万元。

2）融资租赁——直租

（1）出租人——租赁公司（一般纳税人）。

销项税：按照 13% 计算增值税销项并开具增值税专用发票，可差额扣减项目，包括借款利息（外币/人民币）、债券利息、车辆购置税。

进项税：凭供应商开具的增值税专用发票抵扣采购的租赁设备的进项税。

对于有形动产适用 3% 即征即退政策。

（2）承租人（一般纳税人）。可就支付租金取得的增值税专用发票作进项抵扣。

例 2

丙公司 2019 年 1 月与客户丁公司签订了设备融资租赁合同,租赁期限 3 年,租金为 40 万元 / 月（不含税）,租金支付日为每月 15 日,丙公司每月收取租金后开具发票,租赁期满后设备的所有权给到丁公司。

丙公司根据丁公司对于设备的要求,从供应商处采购了设备,设备价款为 1 000 万元。丙公司的借款利息为每月 4 万元。

问题： 丙公司和丁公司的每月增值税应该如何缴纳?

分析：

丙公司：

丙公司从供应商购进的设备获得增值税进项发票,可以一次性抵扣其进项税,可抵扣金额为 130 万元（1 000×13%）。

丙公司每月应缴纳的增值税为 4.68 万元 [（40-4）×13%]。

丙公司需每月开具的增值税发票金额为 5.2 万元（40×13%）。

丁公司：

丁公司可就每月支付的租金所收到的增值税专用发票作进项抵扣,每月可抵扣的进项税额为 5.2 万元（40×13%）。

3）融资租赁——回租

（1）出租人（租赁公司,一般纳税人）。

按照贷款服务税目,6% 的税率缴纳增值税,开具增值税普通发票;

可差额扣减项目,包括借款利息（外币和人民币）、发行的债券利息;

有形动产适用 3% 即征即退优惠政策。

（2）承租人（一般纳税人）。

承租人出售资产的行为,不征收增值税;

已就设备成本抵扣进项税,收到出租人就其所支付利息开具的增值税普通发票,无法抵扣向租赁公司支付利息部分对应的进项税额。

4）免租期的增值税税务处理

（1）出租人（一般纳税人）。

纳税人出租不动产,租赁合同中规定免租期的,不属于《营业税改征增值税试点实施办法》（财税〔2016〕36 号文）第十四条规定的视同销售服务。

（2）承租人。

可就支付租金取得的增值税专用发票作进项抵扣。

例3

2016年甲企业出租给乙企业一栋办公楼，第1年为免租期，第2年和第3年每年的租金300万元，乙企业于2017年一次性支付两年的租金600万元。

增值税：

甲企业第1年缴纳增值税的销售收入为0；

第2年缴纳增值税的销售收入为600万元；

第3年缴纳增值税的销售收入为0。

乙企业在2017年如果取得甲企业开出的增值税专用发票，可以抵扣相应进项。

问题：初始确认使用权资产和负债时是否包含增值税？

分析：因为增值税属于价外税，承租人在确认使用权资产和租赁负债时，资产使用权和租赁负债中均不含租赁过程中所产生的增值税。

第三节　新租赁准则对企业所得税的影响及应对

▌一、企业所得税法回顾

根据《中华人民共和国企业所得税法实施条例》第四十七条的规定，对于经营租赁和融资租赁—直租，在租赁期间能够税前扣除的费用规定如下：

企业根据生产经营活动的需要租入固定资产支付的租赁费，按照以下方法扣除：

（1）以经营租赁方式租入固定资产发生的租赁费支出，按照租赁期限均匀扣除；

（2）以融资租赁方式租入固定资产发生的租赁费支出，按照规定构成融资租入固定资产价值的部分应当提取折旧费用，分期扣除。

对于融资租赁—直租，所能够税前扣除的计税基础，中华人民共和国企业所得税法实施条例》第五十八条的规定如下：

融资租入的固定资产，以租赁合同约定的付款总额和承租人在签订租赁合同过程中发生的相关费用为计税基础，租赁合同未约定付款总额的，以该资产的公允价值和承租人在签订租赁合同过程中发生的相关费用为计税基础；

1. 融资租赁—融资性售后租回（"回租"）

国家税务总局公告 2010 年第 13 号融资性售后租回业务是指承租方以融资为目的将资产出售给经批准从事融资租赁业务的企业后，又将该项资产从该融资租赁企业租回的行为。融资性售后租回业务中承租方出售资产时，资产所有权以及与资产所有权有关的全部报酬和风险并未完全转移。融资性售后租回业务中，承租人出售资产的行为，不确认为销售收入。

对融资性租赁的资产，仍按承租人出售前原账面价值作为计税基础计提折旧。租赁期间，承租人支付的属于融资利息的部分，作为企业财务费用在税前扣除。

1）境外支付

国家税务总局公告 2011 年第 24 号《国家税务总局关于非居民企业所得税管理若干问题的公告》对于境外支付作了详细的规定。

（1）对于经营性租赁：

非居民企业出租位于中国境内的房屋、建筑物等不动产，对未在中国境内设立机构、场所进行日常管理的，以其取得的租金收入全额计算缴纳企业所得税，由中国境内的承租人在每次支付或到期应支付时代扣代缴。因为境内没有管理机构。所以没有可扣除费用。这里的取得的租金收入是指净租金收入。

（2）对于融资租赁：

在中国境内未设立机构、场所的非居民企业，以融资租赁方式将设备、物件等租给中国境内企业使用，租赁期满后设备、物件所有权归中国境内企业（包括租赁期满后作价转让给中国境内企业），非居民企业按照合同约定的期限收取租金，应以租赁费（包括租赁期满后作价转让给中国境内企业的价款）扣除设备、物件价款后的余额，作为贷款利息所得计算缴纳企业所得税，由中国境内企业在支付时代扣代缴。由于属于融资行为不属于销售增值，不征税收增值税，所以按贷款利息所得计算。

2）纳税义务发生时点

企业提供固定资产、包装物或其他有形资产的使用权取得的租金收入，应按交易合同或协议规定的承租人应付租金的日期确认收入的实现。

其中,如果交易合同或协议中规定租赁期限跨年度,且租金一次性支付的,根据《中华人民共和国企业所得税法实施条例》(国税函〔2010〕79 号)第九条规定的收入与费用配比原则,出租人可对上述已确认的收入,在租赁期内,分期均匀进入相关年度收入。

利息收入,按照合同约定的债务人应付利息的日期确认收入的实现。

2. 原租赁准则下的所得税税务处理

1)经营租赁

对于经营租赁,出租人按照租金的 25% 计算缴纳企业所得税,承租人可就支付租金列支为成本费用,凭取得的增值税专用发票在税前扣除。

续本章第一节例 1。

根据例 1 甲企业 2019 年的企业所得税为 10 万元 [(5×12-20)×25%],乙企业一次性支付的租金 120 万元在两年内均匀计入相关年度收入。

乙企业将所支付的租金 120 万元列支为成本费用,凭增值税发票在税前扣除。

2)融资租赁——直租

对于出租人,按照 25% 的所得税率缴纳企业所得税。

对于承租人,按照规定构成融资租入固定资产价值的部分提取折旧费用,分期扣除。

续本章第一节例 2。

丙公司按照会计上确认的利息收入并入应纳税所得额,缴纳企业所得税。

丁公司按照融资租赁租入固定资产价值的部分提取折旧费用,在所得税前扣除。

3)融资租赁——回租

出租人按照 25% 的税率计算缴纳企业所得税;

承租人出售设备,不确认为销售收入;按照出售前资产原账面价值为计税基础计提折旧;

承租人就所支付的属于融资利息的部分,作为企业的财务费用在税前扣除。

4)免租期

(1)出租人。

按照租金金额的 25% 计税缴纳企业所得税。

租赁期限跨年度，但是租金提前一次性支付，出租人可对上述收到的款项，在租赁期内，分期均匀进入相关年度收入。

（2）承租人。

以经营租赁方式租入的固定资产发生的租赁费支出，按照租赁期限均匀扣除；

以融资租赁方式租入固定资产发生的租赁费支出，按照规定构成融资租入固定资产价值的部分应当提取折旧费用，分期扣除。

续本章第一节例3。

甲企业可以按照两种方法确认收入：

（1）按照合同或协议规定的应付租金日期确认收入：

2016年确认企业所得税租金收入0元；

2017年确认企业所得税租金收入600万元；

2018年确认企业所得税租金收入0元。

（2）租赁期内，按照权责发生制原则，分期均匀计入相关年度收入：

2016年确认企业所得税租金收入200元；

2017年确认企业所得税租金收入200万元；

2018年确认企业所得税租金收入200元。

乙企业可以按照第二种方法，在会计上分期计入费用，在计算缴纳企业所得税时分期扣除费用。

二、售后租回会计和税务差异——承租人

因为会计上确认的固定资产的入账价值和税法上固定资产的计税基础的不同，最终结果导致固定资产的折旧在会计和税法上有差异。同时会计和税法对于减值的处理有差异也会导致两者计提折旧的不同。

1. 计税基础差异

例 1

2019年1月1日，H公司和F公司签订了一个设备的融资租赁——售后租回合同（租赁开始日为2019年1月1日）。该设备原值100万元，公允

价值为 88 万元，预计使用年限为 10 年，租赁期限为 8 年，合同规定的折现率为 7.8%（无法取得出租人的租赁内含利率），资产残值率为 5%，每年年末支付的租金为 15 万元，租赁期满后设备以 5 万元的优惠价格转已给 H 公司。

H 公司在租赁谈判和签订合同过程中发生的可归属于租赁资产的费用为 6 万元，该设备采用直线法计提折旧。

分析：

初始确认：

根据会计准则的规定，在租赁开始日，承租人应当将租赁开始日租赁资产的公允价值与最低付款额的现值两者中较低者作为租入资产的入账价值，将最低租赁付款额作为长期应付款的入账价值，其差额确认为未确认融资费用。

承租人在租赁谈判和签订租赁合同过程中发生的，可归属于租赁项目的手续费、律师费、差旅费、印花税等初始直接费用，应当计入租赁资产价值。

最低租赁付款额现值：15×（P/A，7.8%，8）+5×（P/S，7.8%，8）=89.6 万元

租赁资产的公允价值 88 万元

租赁资产的入账价值 88+6=94 万元

借：固定资产——融资租入固定资产 94 万元

　　未确认融资费用 37 万元

　　贷：长期应付款——应付融资租赁款 125 万元

　　　　银行存款 6 万元

2019 年 1 月 1 日 H 公司融资租入固定资产的计税基础为 131 万元（15×8+6+5）。

后续计量：

未确认融资费用应当在租赁期内各个期间按照实际利率法进行分摊，并计入财务费用。

按照企业会计准则的规定，承租人应该计提折旧。

利用插值法确认的未确认融资费用的分摊率为 8.26%，利用实际利率法计算的未确认融资费用如表 5-1 所示：

表 5-1   利用实际利率法计算的未确认融资费用

	租金及优惠购买价款	确认融资租赁费用	应付本金减少额	应付本金期末余额
	（1）	（2）＝期初（4）× 8.26%	（3）＝（1）-（2）	（4）＝期初(4)-(3)
2019-1-1				880 000
2019-12-31	150 000	72 702	77 298	802 702
2020-12-31	150 000	66 316	83 684	719 018
2021-12-31	150 000	59 402	90 598	628 420
2022-12-31	150 000	51 917	98 083	530 338
2023-12-31	150 000	43 814	106 186	424 152
2024-12-31	150 000	35 042	114 958	309 193
2025-12-31	150 000	25 544	124 456	184 738
2026-12-31	150 000	15 262	134 738	50 000
2027-1-1	50 000			

2019 年摊销未确认融资费用：

借：财务费用　　　　　　　　　72 702

　　贷：未确认融资费用　　　　　　　72 702

2020 年摊销未确认融资费用：

借：财务费用　　　　　　　　　66 316

　　贷：未确认融资费用　　　　　　　66 316

其他年度分录类似。

会计上确认未确认融资费用、扣除折旧。

税法上将会计准则中确认的未确认融资费用直接计入固定资产原值，采用直线法分期计提折旧，不再单独确认未确认融资费用。

1）会计规定

（1）折旧年限。

承租人应当采用与自有固定资产一致的折旧政策计提折旧，能够合理确定租赁期满时取得租赁资产所有权的，应当在租赁资产使用寿命内计提折旧。

无法合理确定租赁期满时能否取得资产所有权的，在租赁期与租赁资产可使用年限两者较短的期限内计提折旧。

（2）折旧方法。

企业应当根据与固定资产有关的经济利益的预期实现方式，合理选择固定资产折旧方法。

可选用的折旧方法包括年限平均法、工作量法、双倍余额递减法和年数总和法等。

2）税法规定

（1）折旧年限。

税法并未明确规定固定资产分期扣除的年限是采用租赁期还是固定资产可使用年限。

（2）折旧方法。

固定资产按照直线法计算的折旧，准予扣除。

根据上述例 1

由于租赁期满后 H 公司将会以优惠价格购买该租赁资产，所以应以固定资产的剩余使用期间 10 年为折旧计提年限，预计残值率为 5%，各期应计提的折旧费用 8.93 万元 [94×（1-5%）/10]，会计上每年计提折旧费用 8.93 万元。

H 公司在租赁期计算每年应纳税所得额时，该租赁资产可在税前扣除的折旧额为 12.45 万元 [131×（1-5%）/10]，税法上每年的折旧费用为 12.45 万元。

税法规定的折旧额和会计折旧额相差 3.52 万元，应确认为递延所得税负债。

问题：融资租赁是否可以适用加速折旧政策？

根据《关于设备器具扣除有关企业所得税政策的通知》（财税〔2018〕54 号）、《国家税务总局关于固定资产加速折旧税收政策有关问题的公告》（国家税务总局 2014 年第 64 号）、《国家税务总局关于进一步完善固定资产加速折旧企业所得税政策有关问题的公告》（国家税务总局 2015 年第 68 号）的规定，500 万元以下的融资租赁的设备是不可以采用加速折旧法的。

2. 减值损失造成的差异

会计上，在资产减值损失确认后，减值资产的折旧或摊销费用应当在未来期间做相应调整，以使该资产在剩余使用寿命内，系统的分摊调整后的资产账面价值（扣除预计净残值）。

税务上要求在计算应纳税所得额时，未经核准的准备金不可以在税前进行扣除。根据国家税务总局公告 2011 年第 25 号的规定，准予在企业所得税税前扣除的资产损失，是指企业在实际处置、转让上述资产过程中发生的合理损失，以及企业虽未实际处置、转让上述资产，但符合通知或本办法规定条件计算确认的损失。

例 2

某企业 2019 年 1 月购入价值 600 万元的生产设备，折旧年限 10 年，第一年末该设备的可收回金额为 450 万元。

会计折旧：

2019 年该设备的折旧：$600 \times (1-5\%) \times 11/(12 \times 10)=52.25$ 万元

2019 年该设备计提减值：$(600-52.25)-450=107.75$ 万元

2020 年该设备计提折旧：$450/(10 \times 12-11) \times 12=49.54$ 万元

税法折旧：

该设备在 2019 年在会计上计提的减值不属于可以在企业所得税前扣除的资产损失，因此不予确认。

2020 年税法上的折旧：$600 \times (1-5\%) \times 12/(12 \times 10)=57$ 万元

上述会计和税法上出现了折旧差异，某企业要在当年对上述差异计提递延所得税资产。

第四节　新租赁准则对房产税的影响及应对

房产税可以按照从价计征或从租计征的方法进行缴纳。

从价计征的，其计税依据为房产原值一次减去 10% ～ 30% 后的余值，应纳税额为房产原值减去 10% ～ 30% 后的余值后乘以 1.2% 的税率。从价计征的 10% ～ 30% 的具体减除额由省、自治区、直辖市人民政府确定。

融资租赁的房产，由承租人自融资租赁合同约定的开始日的次月起按照房产余值缴纳房产税。根据财税〔2009〕128 号，合同未约定开始日的，由承租人自合同签订的次月起依照房产余值缴纳房产税。

从租计征的（即房产出租的），以房产租金收入为计税依据，应纳税额为房产租金收入乘以 12% 的房产税率。

一、房产税的纳税义务发生时点

出租、出借房产：自交付出租、出借房产之次月起。

房地产开发企业自用、出租、出借自建商品房：自房屋使用或交付之次月起。

根据财税〔2009〕128号的规定，融资租赁的房产，由承租人由融资租赁合同约定开始日的次月起依照房产余值缴纳房产税。合同未约定开始日的，由承租人自合同签订的次月起依照房产余值缴纳房产税。

二、免租期内房产税的处理

1. 出租人

按照房产原值缴纳房产税。

免收租金期间由产权所有人按照房产原值缴纳房产税。

2. 承租人

无须缴纳房产税。

续本章第一节例3。

免租期内房产税由甲企业按照房产原值缴纳。

第五节　新租赁准则对印花税的影响及应对

对于不同形式的租赁，印花税率不同。

对于经营租赁，《印花税暂行条例》及实施细则中的财产租赁合同包括租赁房屋、船舶、飞机、机动车辆、机械、器具、设备等合同，按租赁金额的千分之一贴花。

对于融资租赁，对开展融资租赁业务签订的融资租赁合同（含融资性售后租回），统一按照其载明的租金总额依照"借款合同"税目，按万分之零点五的税率计税贴花。

对于融资性售后租回，对开展融资租赁业务签订的融资租赁合同（含融资性售后租回），统一按照其载明的租金总额依照"借款合同"税目，按万分之零点五的税率计税贴花。

在融资性售后租回业务中，对承租人、出租人因出租租赁资产及购回租赁资产所签订的合同，不征收印花税。

印花税的纳税义务发生时点：应纳税凭证应当于书立或领受时贴花。

第六节　新原（旧）租赁准则下主要变化点的税收影响

▋一、租赁合同的分拆

对于存量合同，如果提供的是服务，则需要按照收入准则确认收入。如果提供的是在一段期间内转移可识别资产的使用权，以获取报酬，则需按照租赁准则确认收入。

如果合同上根据新租赁准则不包含租赁，应按照"服务"根据收入准则确认。如果合同关系是资产出租合同，同时出租人按照服务确认收入。

例1

一家互联网公司（客户）和一家提供办公场地的公司（供应商）签订了一个合同，根据合同，客户可以使用20个工位，合同期2年，每年费用为20万元。

合同规定了工位的面积标准，并且该20个工位位于同一层的某一个区域，供应商在合同期内随时变更指定给客户的工位的位置；供应商变更工位位置所消耗的成本较小，供应商有很多区域可以满足客户使用工位的要求。

处于此项交易出租人和承租人的增值税、所得税、房产税和印花税应如何缴纳？

增值税：

在会计上认为，该合同不包含租赁，因为合同的履行不包含可识别资产，因此供应商提供给客户的是一项服务。

根据财税〔2016〕36号文的规定，经营租赁，指在约定时间内将有形动产或者不动产转让他人使用且租赁物所有权不变更的业务活动。此合同属于经营租赁的定义范围，因此在税法上按照经营租赁的方式缴税出租人按照租金收入的13%缴纳增值税并开具增值税专用发票，承租人取得专用发票后进行进项抵扣。

企业所得税：

对于出租人，企业所得税法对于此项交易并未有具体规定，是否应该跟随会计的处理？按照服务收入的25%缴纳企业所得税？

答案是肯定的，出租人对于此项交易按照服务收入的25%缴纳企业所得税。

对于承租人，会计上计入服务费用，企业所得税前按照什么扣除？

（1）如果按照服务费，与会计核算一致，但是是否与发票一致？

（2）如果按照租赁费，与会计核算不一致，是否可以扣除？

承租人可以按照租赁费进行税前扣除，根据国家税务总局公告2018年第28号，内部凭证包括但不限于原始会计凭证，能够证实交易真实性的资料，均可作为税前扣除的依据。

房产税：

采用从价计征还是从租计征的方式缴纳？合同为租赁办公空间合同，是否能够可按账面"服务费收入"、12%的税率缴纳房产税？

此合同需按照从价计征的方式缴纳房产税，出租人按照税法的规定将此项交易确定为经营租赁，可以按照账面的收入金额、12%的税率缴纳房产税。

印花税：

对于经营租赁合同按照合同金额的千分之一缴纳，对于融资租赁合同按照合同金额的万分之零点五缴纳。

例2

一家融资租赁公司，根据承租人的要求，购入设备，并融资租赁给承租人。合同期为5年，每年租金100万元。

根据合同规定，出租人有权就本协议项下的融资租赁服务向承租人收取一定的手续费，该手续费需要在设备交付日前支付给出租人。

会计上，出租人需要对租赁合同进行分拆吗？

税务上该如何认定？承租方和出租方的税会处理？

分析：

增值税：

出租人按照设备融资租赁所适用的税率13%缴纳税款，收取的手续费，是属于价外费用——价外收取的各种性质的费用，按照13%的税率缴纳增值税。另一种观点指出，融资租赁过程中收取的价外费用实质上是融资租赁款项的一部分，性质和融资租赁收取的租金收入一致，需要按照租金收入一样的税率缴纳税款。在收取手续费时，按照13%的税率开具手续费的增值税专用发票；在收取租金时，按照13%的税率开具租金收入的增值税专用发票。

承租人按照收到的增值税专用发票进行进项抵扣。

企业所得税：

手续费收入并入应纳税所得额按照25%缴纳企业所得税。

▌二、承租人的会计处理

根据新租赁准则，对于低价值资产租赁和短期租赁，承租人可以进行豁免。对于其他重大租赁都要计入资产负债表内，与现行的融资租赁会计类似。

对于豁免的租赁，承租人按直线法或其他合理的方法摊销租金费用。此租赁税法和会计上没有差异。

增值税：

对于需要入表的重大租赁，对于增值税需要按照现行税法的规定，判断应税行为。

所得税：

对于所得税，可以有两种不同的处理方法：

思路一，与法律关系保持一致。

不修订目前的企业所得税法的规定，以经营租赁租入的固定资产发生的租赁费支出，按照租赁期限均匀扣除。

需明确实操口径，可以税前扣除的租赁费支出不依赖于会计处理，以取得的增值税发票和合同约定的租金金额作为凭据进行税前扣除租赁费。

优点：

经营租赁承租人可以税前扣除的费用不会产生重大变化，可以税前扣除的租赁费支出和发票、合同约定的金额一致，易于审核。

缺点：

会计准则的修改说明会计上认为承租人取得了一项资产的使用权，并在账面上计提折旧；税法和会计认定口径和理念差异较大。

经营租赁承租人账面上确认"前高后低"的费用，税法允许可以税前扣除的租赁支出承均匀态势，纳税人需进行大量的企业所得税纳税调整工作。

思路二，与会计处理保持一致。

修订目前所得税法的规定，允许经营租赁承租人税前扣除租赁费。

修订目前企业所得税法的规定，经营租赁方式租入的固定资产，构成使用权资产价值的部分应当提取折旧，分期扣除。

由于计税基础和入账价值的差异造成折旧费用的税法和会计差异，同样需要纳税调整。

优点：

税法允许扣除折旧费用与新会计准则原则理念一致，便于纳税人处理。

企业所得税处理上不再区分经营租赁和融资租赁，经营租赁相关规定可以直接参考融资租赁制定。

缺点：

企业所得税认可纳税人对拥有"所有权"的资产计提折旧并税前扣除，经营租赁承租人不拥有"所有权"，是否对原税法有所突破？

思路一：例1。

两年的租赁合同期，承租人第一年支付租金20万元，第二年支付租金20万元，租金折现的现值为36万元，签订合同中发生的初始费用3万元。

分析：

计提折旧的基础39万元，并确认4万元的财务费用，租赁期间将对财务费用进行摊销，呈现前高后低的趋势。

第一年：

会计：折旧金额39/2=19.5万元，财务费用2.4万元（假设），共21.9万元。

税法：税前扣除23万元。

纳税调减 1.1 万元，按照 25% 的所得税率将产生 0.275 万元的递延所得税负债。

第二年：

会计：折旧金额 39/2=19.5 万元，财务费用 1.6 万元（假设），共 21.1 万元。

税法：税前扣除 20 万元。

纳税调增 1.1 万元，将之前计提的递延所得税负债冲回。

思路一：例 2。

两年的租赁合同期，免两个月租期，承租人第一年支付租金 20 万元，第二年支付租金 24 万元，租金折现的现值为 40 万元，签订合同中发生的初始费用 3 万元。

分析：

会计：计提折旧的基础 43 万元，并确认 4 万元的财务费用，租赁期间将对财务费用进行摊销，呈现前高后低的趋势。

税法：以经营租赁方式租入的固定资产发生的租赁费支出，按照租赁期限均匀扣除，每年税前扣除（20+24）/2=22 万元。

第一年：税前扣除 22+3（初始费用）=25 万元。

第二年：税前扣除 22 万元。

第一年：

会计：折旧金额 43/2=21.5 万元，财务费用 2.4 万元（假设），共 23.9 万元。

税法：税前扣除 25 万元。

纳税调减 1.1 万元，按照 25% 的所得税率将产生 0.275 万元的递延所得税负债。

第二年：

会计：折旧金额 43/2=21.5 万元，财务费用 1.6 万元（假设），共 23.1 万元。

税法：税前扣除 22 万元。

纳税调增 1.1 万元，将之前计提的递延所得税负债冲回。

思路二：举例。

在初始计量时，会计和税务在新租赁准则下存在差异。会计上使用权资产由租赁负债、初始直接费用、预付租金和租赁终止时的复原义务并扣除租赁激励后构成。税务上使用权资产的价值以租赁合同约定的付款总额和承租人在签订租赁合同过程中发生的相关费用为计税基础；租赁合同中未约定付款总额的，以该资产的公允价值和承租人在签订租赁合同过程中发生的相关费用为计税基础。

后续计量：

后续计量时，会计处理上会在利润表上体现使用权资产的折旧和租赁负债的利息费用。

税务上规定以融资租赁方式租入固定资产发生的租赁费支出，按照规定构成融资租入固定资产价值的部分应当提取折旧费用，分期扣除。

思路二：例1。

两年的租赁合同期，承租人第一年支付租金20万元，第二年支付租金20万元，租金折现的现值为36万元，签订合同中发生的初始费用3万元。

分析：会计计提折旧的基础，即入账价值39万元（36+3），并确认4万元的财务费用，租赁期间将对财务费用进行摊销，呈现前高后低的趋势。税法的折旧基础为43万元（20+20+3）。

第一年：

会计：折旧金额39/2=19.5万元，财务费用2.4万元（假设），共21.9万元。

税法：确认折旧费用43/2=21.5万元，税前扣除。

纳税调增0.4万元，按照25%的所得税率将产生0.1万元的递延所得税资产。

第二年：

会计：折旧金额39/2=19.5万元，财务费用1.6万元（假设），共21.1万元。

税法：确认折旧费用43/2=21.5万元，税前扣除。

纳税调减0.4万元，将之前计提的递延所得税资产冲回。

思路二：例2。

两年的租赁合同期，免两个月租期，承租人第一年支付租金20万元，第二年支付租金24万元，租金折现的现值为40万元，签订合同中发生的初始费用3万元。

分析：

会计：计提折旧的基础43万元，并确认4万元的财务费用，租赁期间将对财务费用进行摊销，呈现前高后低的趋势。

税法：折旧基础为47万元。

第一年：

会计：折旧金额 43/2=21.5 万元，财务费用 2.4 万元（假设），共 23.9 万元。

税法：确认折旧费用 47/2=23.5 万元。

纳税调增 0.4 万元，按照 25% 的所得税率将产生 0.1 万元的递延所得税资产。

第二年：

会计：折旧金额 43/2=21.5 万元，财务费用 1.6 万元（假设），共 23.1 万元。

税法：确认折旧费用 47/2=23.5 万元。

纳税调减 0.4 万元，将之前计提的递延所得税资产冲回。

▍三、使用权资产的减值

承租人需要根据企业会计准则第 8 号——资产减值确定使用权资产是否发生了减值。在会计核算时，减值后资产账面价值降低，按减值后的账面价值和剩余年限计提折旧。税法上，根据国家税务总局公告 2011 年 25 号和国家税务总局公告 2018 年 15 号，本办法所称资产是指企业拥有或者控制的、用于经营管理活动相关的资产，包括现金、银行存款、应收及预付款项（包括应收票据、各类垫款、企业之间往来款项）等货币性资产，存货、固定资产、无形资产、在建工程、生产性生物资产等非货币性资产，以及债权性投资和股权（权益）性投资。资产强调是"所有权"使用权资产是否属于资产仍需税法进行明确。对于承租人账面确认的使用权资产的减值，税务机关将如何认定仍需明确。

第七节　过渡方案的税务影响

如果采取经修订的追溯法的过渡方案，按照本章第二件思路一的做法，税务处理和法律关系保持一致，以经营租赁方式租入固定资产发生的租赁费支出，按照租赁期限均匀扣除。假设 10 年的经营租赁合同，从第 5 年开始执行新准则，第 7 年的 1 月 1 日为首次执行日，将累计影响一次性调整至期初所有者权益。第 7 年开始继续按租金费用支出在税前扣除。

按照思路二的做法，与会计处理保持一致。假设从第 7 年 1 月 1 日为首次执行日，将累计影响一次性调整至期初未分配利润。第 5 年开始按照会计确认费用进行税前扣除，因为财务费用呈逐年降低的趋势，思路二从第 7 年开始将会比思路一的税前扣除金额小。

第八节　新准则其他租赁场景的税务影响

▌ 一、租赁的修改—承租人

合同条款和条件的变更，具体如图 5-4 所示。

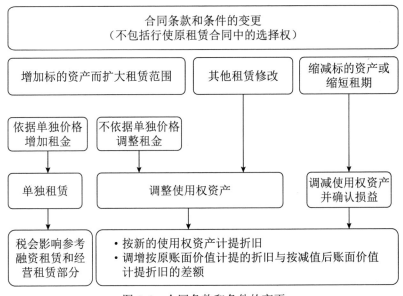

图 5-4　合同条款和条件的变更

例 1

两年的租赁合同，承租人第 1 年支付租金 20 万元，第 2 年支付租金 20 万元，租金折现的现值为 36 万元，签订合同中发生的初始费用 3 万元。

分析：会计计提折旧的基础，即入账价值 39 万元（36+3），并确认 4 万元的财务费用，租赁期间将对财务费用进行摊销，呈现前高后低的趋势。

第 1 年：

会计：折旧金额 39/2=19.5 万元（资产期末余额 19.5 万元），财务费用 2.4 万元（假设），共 21.9 万元

负债余额 18.4 万元 =43 万元（初期确认长期应付款）-4 万元（初始确认未确认融资费用）-23 万元（支付第一期租金和初始费用）+2.4 万元（财务费用摊销）

第 2 年第 1 天，承租人觉得不再继续租赁：

借：应付融资租赁款 20 万元

营业外支出 1.1 万元

贷：使用权资产 19.5 万元

未确认融资费用 1.6 万元

在新租赁准则下因租赁变更确认的损失 1.1 万元能否在企业所得税前扣除？如果因变更确认为收入是否需要缴纳企业所得税？增值税上是否会被认定为处置资产进行处理？

上述条件均需要税法上进行明确，但确定的是新租赁准则的实施将不会带来额外的税负。

▍二、转租赁

中间出租人在转租赁形成融资租赁时需要终止确认主租赁的使用权资产，同时确认在转租赁中的投资净额，并将使用权资产账面金额和转租赁投资净额之间的差额计入损益。中间出租人参照主租赁产生的使用权资产将转租赁分类为融资租赁或经营租赁。计入损益部分将如何进行税务处理？是否企业所得税纳税时点提前？使用权资产终止确认，是否涉及增值税的处理？

例 2

甲和乙签订两年的租赁合同，甲第 1 年支付租金 20 万元，第 2 年支付租金 20 万元，租金折现的现值为 36 万元，签订合同中发生的初始费用 3 万元。

分析：会计计提折旧的基础，即入账价值 39 万元（36+3），并确认 4 万

元的财务费用，租赁期间将对财务费用进行摊销，呈现前高后低的趋势。

第1年：

会计：折旧金额39/2=19.5万元（资产期末余额19.5万元），财务费用2.4万元（假设），共21.9万元。

负债余额18.4万元=43万元（初期确认长期应付款）-4万元（初始确认未确认融资费用）-23万元（支付第一期租金和初始费用）+2.4万元（财务费用摊销）。

第2年第1天，甲将房产转租给丙，形成融资租赁，未来租金为25万元，折现值为23万元。

借：应收融资租赁款　　　　25万元

　　贷：使用权资产　　　　　　19.5万元

　　　　未实现融资收益　　　　2万元

　　　　营业外收入　　　　　　3.5万元

在转租赁过程中的增值税是应该按照不动产租赁的9%的税率缴纳增值税还是按照转让无形资产的6%的税率缴纳增值税？

第九节　新租赁准则下税法规定急需明确的问题

▌一、企业所得税关键问题

按照企业所得税法对经营租赁的规定，以经营租赁租入的固定资产发生的租赁费的支出，按照租赁期间均匀扣除，但是租金没有计入费用类科目，如何税前扣除？

经营租赁账面计提的折旧和财务费用是否可以比照企业所得税法对融资租赁的规定进行税前扣除？

账面计提的折旧可以扣除，可以准予税前扣除的金额如何确定？

▊二、增值税关键问题

租赁合同适用新收入准则时，会计处理和合同关系，发票开具项目不一致，如何处理？

由于合同变更造成终止确认使用权资产时，是否应缴纳增值税？适用的增值税税率？

第六章

企业合并

第一节　企业合并中的被收购方属于承租人的处理

当集团在企业合并中收购一家新子公司后，在编制合并财务报表时无须重新评估在企业合并当日该子公司作为出租人的租赁的分类。该子公司的租赁将基于最初在合同开始时的条款在合并财务报表中进行分类（无须考虑自购买日后剩余的租赁条款）。尤其是，如果被购买方正确地将租赁作为融资租赁处理，则该租赁也将在合并财务报表中作为融资租赁处理（即使大部分租赁条款在购买日前已经失效）。

当被收购方为承租人时，收购方应按照新租赁准则对已识别的租赁确认使用权资产和租赁负债。不要求收购方对以下租赁确认使用权资产和租赁负债：

（1）对租赁期于收购日 12 个月内结束的租赁；或者

（2）标的资产为低价值资产的租赁。

收购方将被收购的租赁作为一项新的租赁，按剩余租赁付款额的现值计量租赁负债。收购方应按租赁负债的相同金额计量使用权资产，调整以反映相较市场条款的租赁有利或不利条款。

▍一、租赁的初始计量

收购方计量所收购租赁负债，视同租赁合同在收购日为一项新的合同。换而言之，收购方通过使用剩余租赁付款额在收购日的现值应用新租赁准则的初始计量条款。收购方按照规定确定租赁期、租赁付款额和折现率。

如果承租人之前应用《企业会计准则第 20 号——企业合并》，针对作为企业合并一部分取得的附带有利或不利条款的经营租赁确认了一项资产或负债，承租人应当终止确认该资产或负债，并在首次采用日按终止确认的相应金额调整使用权资产的账面金额。由于租赁的市场外性质体现在使用权资产中，因此收购方不再根据相较市场条款的租赁有利或不利条款单独确认无形资产或负债。

▌二、租赁的后续计量

对已收购租赁负债和使用权资产的后续计量规定与任何其他现有租赁安排中的规定一致。

第二节　企业合并中的被收购方属于出租人的处理

企业合并中的被收购方属于出租人，收购方按照新租赁准则将被收购方属于出租人的租赁合同分类为经营租赁或融资租赁合同。

收购方应在合同开始时基于合同条款和其他因素对被购买方作为出租人的租赁合同 [或者若合同已修改从而导致其分类发生改变，则为修改日（可能是购买日）] 的合同条款及其他因素进行分类。

当计量被收购方为出租人的经营租赁的资产（如建筑物或专利）的收购日公允价值时，收购方应考虑租赁条款。如果经营租赁存在相较市场条款的有利或不利条款，收购方并不就此确认单独资产或负债。

新租赁准则要求收购方在租赁开始时或对合同条款的修改改变了其分类的情况下在合同修改日使用合同条款和条件将收购的出租人租赁分类为融资租赁或经营租赁。因此，企业合并并未改变其分类，除非租赁被修改。

第七章

租赁准则过渡方案的选择

第一节　概　　览

根据新租赁准则的要求，境内外同时上市的企业或在境外上市并采用国际财务报告准则或企业会计准则编制财务报告的企业，自 2019 年 1 月 1 日开始执行新租赁准则。

其他执行企业会计准则的企业，自 2021 年 1 月 1 日开始执行新租赁准则。母公司或子公司在境外上市且按照国际财务报告准则或企业会计准则编制其境外财务报表的企业，可以提前执行新租赁准则。

尽管《企业会计准则第 21 号——租赁》对自 2019 年 1 月 1 日或以后日期开始的期间才强制生效，但对于许多企业而言，新租赁准则导致其面临的大量挑战意味着开始思考该准则的实施宜早不宜迟。某些企业将需要审慎考虑若干技术性会计问题，但对于许多企业而言，最主要的挑战将是搜集必要的数据、确保数据的可靠性及完成相关系统的筹备工作。

同时，因为《企业会计准则第 21 号——租赁》是全新的租赁准则，企业选择哪种过渡方案和简便实务操作方法，不仅影响准则实施项目的时间和成本，同时也会影响后续多年的财务报表。

新租赁准则对很多企业特别是租赁业务较多的企业来说，如何从原租赁准则过渡到新租赁准则是一项重要而艰巨的任务，过渡过程中涉及数据采集、系统、流程、沟通等多项挑战。为取得新租赁准则过渡实施的成功，企业必须全面、深入地了解各项过渡安排。这些安排相当灵活，但也较为复杂。

新租赁准则的特色是提供了多种过渡方案和简便实务操作方法。其中，很多方案和简便实务操作方法可独立选用，有些还可以按照逐项租赁进行选用。

大多数与过渡方案有关的决定需要企业在成本与可比性之间进行权衡。换言之，那些简化实务操作并减少成本的方案和简便做法，通常都会降低财务信息的可比性。

这一点对过渡当年及后续多年的财务报表一直会产生影响，直到过渡时存在的最后一项租赁到期结束。

承租人在过渡至新租赁准则时可选择的方法，如图 7-1 所示。

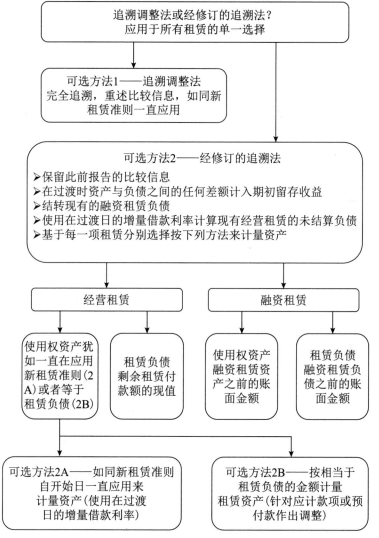

图 7-1　承租人在过渡至新租赁准则时可选择的方法

可选择的过渡方法有追溯调整法和经调整的追溯法，租赁的定义（选择针对所有合同应用该豁免或全部不应用该豁免），计量使用权资产时的初始直接成本（基于每一项租赁进行选择），以及在过渡时其他便于实务操作的方法。

一、过渡方案的重要性

企业选定的过渡方案将对以下事项具有重要影响：

（1）企业首次采用此项新租赁准则时资产和负债的账面金额，从而会影响到企业的净资产；

（2）企业在过渡后若干年内的利润和利润趋势，直至过渡时存在的最后一项租赁到期该影响才会消失；

（3）新租赁准则实施项目的成本、资源和时间表；以及

（4）执行新新租赁准则所需的信息。

二、准备过渡方案时需要考虑的主要事项

1. 需要参与的人员

在新租赁准则实施筹备过程中，优良的项目治理是至关重要的，并且来自下列各部门的人员（如适当）应当参与相关的讨论和规划：

（1）会计 / 财务部；资金管理部；

（2）物业 / 不动产管理部；

（3）运营部；

（4）采购部；

（5）信息技术部；

（6）税务部；

（7）投资者关系部。

一旦各类利益相关方确定后，即可开始对实施时间表和责任进行沟通。同时，在过渡项目的特定阶段也可适当寻求外部供应商的支持。

2. 筹备工作评估

筹备工作评估是衡量即将面临的挑战程度的有效方式，并且能够识别准则实施的哪些方面可能造成困难及须投入更多时间和精力来处理。在着手开始这一过程时，管理层可以向自己提出下列 10 个问题。

（1）是否了解企业的哪些合同是租赁或包含租赁？

（2）公司的系统和流程能否获取所有必要的信息？

（3）公司的系统和流程能否对租赁实施监控并对须执行的持续评估进行追踪？

（4）是否曾考虑有可能运用新租赁准则的确认豁免及便于实务操作的方法？

（5）是否了解可运用的过渡性豁免？是否将运用任何过渡性豁免？

（6）是否了解对于不同租赁采用何种折现率？

（7）是否曾考虑相关变更对财务成果和财务状况产生的影响？

（8）将如何向受影响的利益相关方沟通新租赁准则所带来的影响？

（9）是否已计划何时考虑所得税的影响？

（10）是否曾考虑有必要修订公司的租赁策略？

3. 数据搜集和系统筹备工作

收集根据新租赁准则进行报告所必需的所有数据并确保数据的完整性和可靠性可能需要投入大量时间和精力，特别是对于租赁信息并不一定采用电子版形式保存且分散在各个不同司法管辖区的全球性组织而言。物业管理团队可能负责不动产租赁，运营部人员负责设备租赁，财务团队负责其他租赁。

某些企业的现有记录比其他企业更为完善从而具备更有利的起点，然而，即使现时已搜集到诸如未来租金和租赁期等数据信息，之前也可能未曾针对按照原租赁准则归类为经营租赁的那些租赁确定诸如折现率等信息。估计适当的折现率是一个十分耗时的过程并且需要寻求专家的意见，无论是为了确定剩余价值（及进而确定租赁中的内含利率）还是明确企业必须支付的增量借款利率（其很可能与已发行债务工具的利率差异较大）。

对于租赁数量相对较少的较小型企业而言，数据搜集工作可由项目团队完成，而拥有大型租赁组合的企业则可能需要了解能否利用技术为其提供协助。例如，合同阅读器技术近年来取得很大发展，其往往能够处理多种语言并在极短时间内提取所需的信息。

搜集过渡所需的信息并非筹备工作的全部，系统还需要具备储存这些信息并在持续基础上作出更新的能力。会计软件供应商现正开发各类产品协助在持续基础上按照新租赁准则对租赁进行会计处理。较为全面的租赁管理工具可提供这一功能，并同时提供旨在使企业能够管理其租赁组合、提示每月付款额、提请注意到期行使的续租选择权、安排修复工作时间表及更多的其他功能。毫无疑问，系统功能越强大，成本就越高，这意味着不同的解决方案很可能适合于不同的企业。

无论企业采用哪一种技术策略，均需要实施充分测试及"试运行"以避免在最后一刻出现问题。

4. 考虑及沟通相关的影响

新租赁准则很可能为许多企业带来重大影响。对于承租人，由于确认新的负债与资产，其资产负债表将扩大，尽管负债与资产并非总是相等及相反。对于损益表，将需要在租赁期前段确认较高的租赁费用（至少对于个别租赁而言是如此），而租赁费用将作为折旧费和利息而非经营费用列示（在发生时确认为费用的可变租金除外）。这意味着多个关键业绩指标将受到影响（主要例子包括息税前利润）。同时，现金流量表也会受到影响，因为需要将租赁付款额分拆为本金和利息的支付金额。

企业将需要寻求完善的建议以考虑对下列领域的潜在影响：

（1）关键业绩指标；

（2）奖金目标及高管人员薪酬计划；

（3）企业合并中的或有对价；

（4）税项；

（5）债务契约；

（6）支付股利的能力；

（7）监管资本要求。

为避免无法预见的及潜在不利的结果，对于自目前到过渡至新租赁准则的期间正在磋商中的各项安排，可能需要重新议定合同安排并审慎考虑及预先防范新会计处理方法所产生的影响。

投资者并不希望意外地看到在过渡时报告的金额和调整与预期存在显著差异，因此越早就潜在影响进行沟通越好。企业需要对新租赁准则的潜在影响进行特定的披露，并且监管机构很可能会针对此方面详细审查有关新租赁准则的信息。若有必要采取适当的激励措施，企业将能够很好地审视其有关经营租赁承诺的现有披露，以确保能够加倍地确信已列报了适当信息。

从经济角度而言，新租赁准则要求可能促使企业重新考虑其租赁—购买策略和是否应转为订立期限更短的租赁或涉及更多可变租金的租赁，以最大限度减少在资产负债表内增加资产和负债。当然，有关是否租赁资产及租赁期长短的商务决策受到广泛一系列因素的影响，而不仅仅是会计处理。例如，某些承租人和出租人可能认为订立期限较短的租赁缺乏保障从而并不可取。从资金角度来考虑，租赁毫无疑问对许多企业而言，仍是一项具有吸引力的措施。

5. 过渡性豁免

在新租赁准则过渡时可采用多项豁免，特别是针对承租人的豁免，主要是因为承租人会计处理在新租赁准则下变动最为显著。

承租人和出租人均可获得"豁免"，无须更改之前按照原租赁准则得出的在过渡时存在的合同是否为租赁或是否包含租赁的结论。然而，必须针对所有合同应用该豁免，或者全部合同均不应用该豁免（不得"有选择性地应用"）。同时值得注意的是，该项豁免并不意味着承租人能够继续避免将此前识别为经营租赁的项目纳入资产负债表（除非此类项目符合确认豁免的条件）；该项豁免仅旨在减轻企业根据新租赁准则中对于租赁的定义重新评估在过渡日存在的合同而发生的成本和工作量。在过渡后订立的新合同毫无疑问将需要根据新租赁准则的定义进行评估，而不应依赖于过往针对类似合同得出的结论。

因为多数过渡方案都需要企业对在过渡时及之后多年执行新准则所需要的成本和由执行该项新准则而产生的财务信息可比性进行权衡。新租赁准则制定过渡指引的目的是，让企业能够基于利益相关方的意愿和准则实施成本，对过渡方案作出自己的判断和评估。

新租赁准则提供了多种过渡方法，其中很多方案和简便实务操作方法可以单独选用，有些还可以按照逐项租赁进行选用。对大型企业而言，过渡方案和简便方法可能有数量众多的组合方式。最大的变化在于承租人一方，他们将拥有更多的选择以简化过渡操作。

企业在选择过渡方案和简便方法是需要主动与利益相关方沟通，了解他们对财务报表趋势信息可比性的重视程度。同时对各项过渡方案进行建模分析，并在必要时用总体假设或样本组合，了解各项方案对财务报表的潜在影响。还要罗列当前可获取的租赁信息和资源，以便开始对各项方案的执行成本进行评估。

6. 选择过渡方案需要考虑的因素

1）需要识别所有租赁协议并提取租赁数据

承租人现在需要将大部分租赁记入资产负债表内。承租人可能需要付出很大努力，以识别所有租赁协议并提取新租赁准则所需的所有相关租赁数据。为了应用短期租赁和低价值项目租赁的简化模式，企业需要识别租赁并提取主要的租赁条款。

2）需要考虑关键财务指标的变化

关键财务指标将因为确认新资产和新负债而受到影响，同时还将受到租赁收入／费用的时间和分类差异的影响。这可能会影响企业的债务协议条款、税项余额和股利支付能力。

3）需要新的估计和判断

新租赁准则引入了新的估计和判断标准，这将影响租赁交易的识别、分类和计量。由于需要不断进行重新评估，高层员工需要在租赁期开始日以及各个报告日参与这些决策。

4）需要考虑资产负债表的波动性

由于必须在每一报告日重新评估某些重要估计和判断，因此新租赁准则给承租人的资产和负债带来了波动性。这可能会影响企业准确预测和预报业绩的能力。

5）需要合同条款和业务惯例的改变

为了尽量减少新租赁准则的影响，一些企业可能希望重新考量特定合同条款和业务惯例，例如，改变交易的结构或定价，包括租赁期和续租选择权。因此，新租赁准则可能不仅影响到财务报告部门，还包括资金、税务、法律、采购、房地产、预算、销售、内部审计和 IT 等部门。

6）需要新的系统和流程

为获取遵循新租赁准则所要求的数据，企业可能需要改变相关系统和流程，包括创建在过渡时所有租赁的详细目录。企业可能需要投入额外资源并制定控制措施来重点监控整个租赁期的租赁活动，以应对相关复杂性、需要作出的判断以及持续进行重新评估等规定。

7）需要慎重考量与利益相关方的沟通事宜

投资者和其他利益相关方都希望了解新租赁准则对业务的影响。他们关注的事项可能包括：新租赁准则对财务业绩的影响，实施的成本，以及需要对业务惯例作出哪些改变。

8）有些影响尚无法量化

在其他会计和监管机构作出回应之前，企业无法对新租赁准则有完整的认识。例如，新的会计处理方法可能导致租赁的税务处理发生变化。金融行业面临的一个主要问题是审慎监管机构出于监管资本管理目的将如何认定新的资产和负债。

7. 过渡方案与简便实务操作方法

在过渡至新租赁准则是，企业将根据所选择的方法运用适用的准则，适用的准则和相关的权益调整日期如图 7-2 所示。

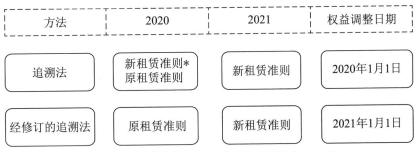

方法	2020	2021	权益调整日期
追溯法	新租赁准则* 原租赁准则	新租赁准则	2020年1月1日
经修订的追溯法	原租赁准则	新租赁准则	2021年1月1日

图 7-2　适用的准则与对应的相关的权益调整日期

* 企业将按照原租赁准则编制 2020 年财务报表，随后将按照新租赁准则编制包含在 2020 年财务报表内的可比财务信息。

企业需要作出的关键决策主要是选用哪些过渡方案和简便实务操作方法。它们面临的组合方式可能多种多样。下面将概述几种主要的可选方案和简便实务操作方法，如表 7-1 所示。

表 7-1　企业可选的几种过渡方案与简便实务操作方法

可选方案 / 简便实务 操作方法	范　围	承租人或出租人？
租赁的定义：可以选择继续使用原准则对哪些合同属于租赁所作的评估	会计政策选择	承租人和出租人
追溯法与经修订的追溯法	会计政策选择	仅承租人
经修订的追溯法：使用权资产的计量	按逐项租赁选择	仅承租人
经修订的追溯法：简便实务操作方法 初始直接费用； 剩余期限较短的租赁； 使用后见之明； 折现率；以及 减值和亏损性租赁。	按逐项租赁选择 租赁负债简便方法： 折现率 后见之明 使用权资产简便方法： 减值和亏损租赁 初始直接费用	仅承租人
确认豁免：短期租赁	按标的资产的类别	仅承租人
确认豁免：低价值项目租赁	按逐项租赁选择	仅承租人

下面将从可选过渡方案和简单实务操作方法的选择介绍如何能够顺利过渡至新租赁准则。

第二节　识别租赁的选择方案

▌一、简便实务操作方法选择——租赁定义

企业在向新租赁准则过渡时需要考虑的首要问题是要选择是否采用原租赁准则对交易是否属于租赁所做的判断。

在向新准则过渡时，企业可选择：

（1）是对所有合同应用新的租赁定义；还是

（2）采用简便实务操作方法，以使用原租赁准则对现有合同是否为租赁或包含租赁所作的评估。

决定采用该项简便实务操作方法的企业：

（1）对之前按照原租赁准则所识别的租赁，应用新租赁准则；

（2）对之前按照原租赁准则确定不包含租赁的合同，不应用新租赁准则；以及

（3）应用新租赁准则的租赁定义，以评估在新准则首次执行日后签订的合同是否为租赁或包含租赁。

首次执行日之前签订的所有合同仍使用原租赁准则的定义来判断合同中是否包含租赁，首次执行日当天或之后签订（或修改）的合同采用新租赁准则的定义来判断。

如果企业决定选用该项简便实务操作方法，则该方法将适用于首次执行日之前签订的所有合同，并且新租赁准则的要求将适用于在首次执行日当天或之后签订（或修改）的合同。"首次执行日"是指企业首次采用此项新准则的年度报告期间的开始日。如果企业就截至 12 月 31 日止的年度期间编制财务报表，同时列报一年的可比财务信息并将在 2021 年采用《企业会计准则第 21 号——租赁》，则其首次执行日为 2021 年 1 月 1 日。

此项简便实务操作方法将使企业免于在过渡时追溯应用新的租赁定义，这

在很大程度上将会减轻企业在过渡时期的负担。若无此项豁免，企业将需要重新评估之前对合同是否包含租赁所作的全部决定，费时费力。因此，此项简便实务操作方法很可能会受到企业的欢迎。

但是，并非所有企业都会采纳此项简便实务操作方法。例如，一份在机场内租赁摊位的合同在当前规定下属于经营租赁，但在新租赁准则下属于服务，企业作为该合同的买方可能更愿意应用新的租赁定义，而不是将该合同记入资产负债表内。企业将仔细评估是否应用此项新的过渡豁免，以便在以下两者之间进行权衡：

（1）采用过渡豁免可节约的成本；对比

（2）需要对在新租赁准则定义下不属于租赁会计范围内的安排，按照新的租赁会计模式进行处理所产生的潜在影响。

其他考虑事项包括该等协议的数量、规模和期限，以及企业在采用新租赁准则前后所签订的协议产生会计处理不一致的程度。

二、租赁定义选择的影响

如果企业追溯采用新租赁定义，企业企业不仅必须对之前认定为租赁的合同应用新的租赁定义，还要对所有其他购买安排应用新的租赁定义。为了降低全民追溯给企业带来的成本，企业会把相似的合同集中起来，深入细致地分析哪些合同更可能受到新租赁准则和原租赁准则下租赁定义差异的影响，并将合同进行分组。如果企业有很多的合同需要重新分组，考量新的租赁定义的影响，进行相关评估并记录相关评估的结果可能仍然需要较高的时间和人工成本。

对于很多企业来说，如果企业发现实质上相同的交易在新旧定义下均为租赁，例如，很多房地产和设备租赁，应用这一简便实务操作方法对可比性的影响可能不大。如果企业签订的合同在《企业会计准则第 21 号——租赁》下属于经营租赁但不符合新的租赁定义，则可比性将受到较大影响。

此项简便实务操作方法属于会计政策上的选择，应在过渡时一致地应用于所有合同。在过渡时，企业不能仅从是否对企业有利的角度出发选择仅对某些交易类别应用新的租赁定义，如在原租赁准则下属于经营租赁，但是在新租赁准则下属于服务的协议，采用新的租赁定义，而对于其他经营租赁合同采用旧的租赁定义。

此项简便实务操作方法仅适用于在新租赁准则首次执行日进行租赁的识别。如果合同的条款和条件在首次执行日之后作出修订，则企业不得豁免执行新租赁准则的要求，仍要重新评估该合同是否为租赁或包含租赁。

在《企业会计准则第 21 号——租赁》的执行过程中，有些企业可能会发现之前所作的合同是否为租赁或包含租赁的判断中存在错误或遗漏。这些错误或遗漏应通过常规方法予以纠正。此项简便实务操作方法并非旨在给予这些判断错误或遗漏赦免。

第三节　追溯法与经修订的追溯法

在新租赁准则的过渡过程中，很多企业作为承租人面临的主要问题是采用追溯法还是采用经修订的追溯法。

承租人可以选择：

（1）采用追溯法；

（2）采用经修订的追溯法。

承租人应对其所有租赁选用一致的方法。

有关追溯法和经修订追溯法的影响如图 7-3 所示。图中企业以日历年度作为会计年度，列报一年的可比财务信息并于 2021 年财务报表采用此项新准则。

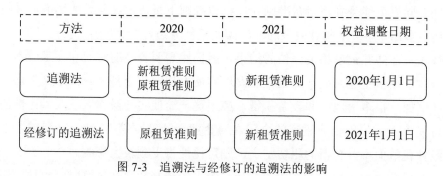

方法	2020	2021	权益调整日期
追溯法	新租赁准则 原租赁准则	新租赁准则	2020年1月1日
经修订的追溯法	原租赁准则	新租赁准则	2021年1月1日

图 7-3　追溯法与经修订的追溯法的影响

一、追溯法

追溯法，具体如图 7-4 所示。

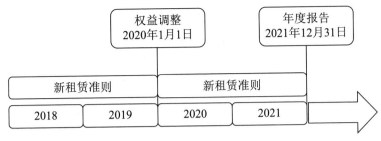

图 7-4　追溯法

在追溯法下，企业按照《企业会计准则第 28 号——会计政策、会计估计变更和差错更正》的要求追溯采用新租赁准则。换言之，企业应当：

（1）将新准则应用于所有其作为承租人的租赁；

（2）重述前期财务信息；

（3）在列报的最早期间的期初确认对权益的调整；以及

（4）按照《企业会计准则第 28 号——会计政策、会计估计变更和差错更正》第十五条的规定对会计政策变更进行披露。

企业应首先确定是否选用与租赁定义相关的简便实务操作方法，之后再对企业作为承租人的租赁选用追溯法或经修订的追溯法。严格地讲，如果企业选择沿用原租赁准则对之前交易是否为租赁所作的评估，那么企业采用的就不是《企业会计准则第 28 号——会计政策、会计估计变更和差错更正》所定义的全面"追溯"法。

此外，除转租赁外，出租人无须在过渡时作出任何调整。但是，出租人应从首次执行日开始按照新准则来核算各项租赁。

为了追溯采用新准则，企业必需就租赁交易获取广泛的信息。这些信息包括有关租赁付款额和折现率的历史信息，以及管理层为应用承租人会计模式而进行各种判断和估计时所用的历史信息。举例来说，这些信息包括：

（1）租赁期限，包括企业是否合理确定将行使续租选择权，或是不行使终止选择权；

（2）企业是否合理确定将行使购买选择权；

（3）余值担保下预计应支付的金额；以及

（4）使用权资产的折旧和减值。

这些信息应在以下时点获取：①租赁期开始日；②每一个因租赁重新评估或修改而应重新计算租赁资产和负债的日期。换言之，企业的数据库需要获取每份租赁合同的历史记录，而不仅是该租赁合同的最新记录。

除了豁免应用新租赁定义的简便实务操作方法以及确认豁免所固有的实务性便利外，新准则中包含的其他简便实务操作方法在追溯法下均不适用。例如，尽管新准则允许企业在采用经修订的追溯法时使用后见之明，但不允许在采用追溯法时使用后见之明。

因为在经修订的追溯法下，财务报表将无法真实地呈现可比趋势信息，因此一些企业会选择追溯法使用新租赁准则。但是，采用追溯法的成本和复杂性可能使很多企业望而却步，他们可能会采用经修订的追溯法，并编制其他备考财务信息，以便向利益相关方披露可比趋势信息。

▌二、经修订的追溯法

1. 经修订的追溯法概述
经修订的追溯法，如图 7-5 所示。

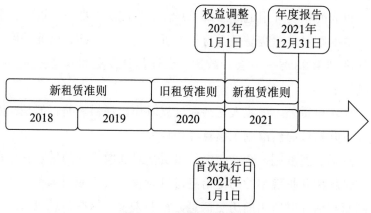

图 7-5　经修订的追溯法

在经修订的追溯法下，企业从当期期初开始执行新准则。为此，企业应当：

（1）按照新准则的专项规定，在当期期初计算租赁资产和租赁负债；

（2）不重述前期的财务信息；

（3）在当期期初确认对权益的调整；以及

（4）额外披露新准则所要求的信息。

原来在原租赁准则认定为租赁的情况下在 2021 年 1 月 1 日调整权益，并在以后期间按照新租赁准则对相关租赁进行确认。

因为经修订的追溯法无须重述比较财务信息，并且采用经修订的追溯法可使用当期信息，如承租人在当期期初的增量借款利率和承租人的剩余租赁付款额，同时经修订的追溯法具有额外可用的简便实务操作方法。因此，经修订的追溯法可以降低过渡成本。

但是经修订的追溯法也存在一定的不足之处，主要不足是降低了企业财务信息的可比性，具体表现在以下三个方面：

第一，由于不重述前期财务信息，因此财务报表中的当期和前期财务信息不具有可比性。对于经营租赁规模较大的企业，这种差异可能非常明显。

第二，由于期初的租赁资产和负债是在首次执行日根据经修订的追溯法计算的，因此当期和以后年度的财务信息可能不可比。这种缺乏可比性的情况会一直延续，直至首次执行日存在的所有租赁均已到期。

第三，采用经修订的追溯法的企业需要作出额外披露，主要是解释按照原租赁准则列报的经营租赁与按照新租赁准则列报的期初租赁负债之间的差异。

经修订的追溯法应从当期的期初开始采用，企业不可选择在最早列报期间的期初采用经修订的追溯法。例如，企业出具 2021 年的财务报表，如果采用经修订的追溯法，企业只可以从 2021 年 1 月 1 日开始采用，而不可以选择在对比财务期间 2020 年的期初采用经修订的追溯法。

在备考财务信息中显示新准则对前期的影响，可能有助于与利益相关方进行沟通。但是，该等信息属于非一般公认会计原则信息，这取决于当地或监管部门对公布非一般公认会计原则信息的指引规定。企业需要仔细考量如何更好地编制该等备考财务信息。例如，在经修订的追溯法下，首次执行日的租赁资产和负债是按照企业在该日的增量借款利率来计量。企业在编制备考财务信息时需要确定使用哪种折现率：是首次执行日的折现率，还是一个可以反映企业前期增量借款利率的折现率？不论是哪种情况，企业都要优先考虑：

（1）明确、清晰地列报备考信息，即对其加以明确标记以区别于企业会计准则下的财务报表；还有

（2）解释备考信息是如何编制的。

2. 如何实施经修订的追溯法

经修订的追溯法为承租人提供多种选择方案和简便实务操作方法，这可能对企业在过渡时的余额以及过渡后的财务信息产生重大影响。

若承租人选用经修订的追溯法来执行新租赁准则，则无须重述比较信息。但是，承租人应在首次执行日将首次采用新准则的累积影响确认为对权益的调整。

企业采用经修订的追溯法概况如本章第一节图 7-1 所示。具体实施操作介绍如下。

1）计量租赁负债

对于之前分类为经营租赁的租赁，承租人应在首次执行日以剩余租赁付款额的现值来计量租赁负债。折现率为承租人在该日的增量借款利率。

例 1

企业 B 以每年 1 000 元的固定租金租入一套房产，租金在每年末支付。租赁从 2018 年 1 月 1 日开始，当日 B 的增量借款利率为 8%。合同规定的租赁期为 5 年，可续租 5 年。在原租赁准则下，B 将此租赁归入经营租赁并按照直线法将每年的固定租金确认为费用，即每年的经营租赁费用为 1 000 元。B 在首次执行日 2021 年 1 月 1 日按照经修订的追溯法来采用新准则。在 2021 年 1 月 1 日：

（1）B 不能合理确定会行使续租选择权。因此剩余租赁期为 2 年；并且

（2）B 在 2021 年 1 月 1 日的增量借款利率为 6%。

分析：企业 B 在 2021 年 1 月 1 日计算租赁负债，将剩余租赁期内的租赁付款额（2 年，每年 1 000 元）按照当日增量借款利率 6% 进行折现，计算得出租赁负债为 1 833 元。

新租赁准则明确规定，企业在过渡时应当使用首次执行日的增量借款利率来计量租赁负债，不能够使用租赁的内含利率。之后，企业仍用该利率对租赁负债进行后续计量，除非发生租赁变更或重新评估而要求企业重新确定利率。但是，对于过渡后开始的租赁，企业可以使用租赁的内含利率（如果易于确定），或者在其他情况下使用企业的增量借款利率。

在首次执行日，承租人应按常规方式确定首次执行日的增量借款利率。"增量借款利率"的定义涉及多种因素，这些因素可能因不同的租赁而有差别，

例如：

（1）租赁安排的期限；

（2）租赁负债的价值；以及

（3）经济环境。

这可能导致对不同的租赁使用不同的折现率。但是，有一个简便实务操作方法，可以对具有合理相似特征的租赁组合采用单一折现率。

承租人在首次执行日估计剩余租赁期限，并据此计量剩余租赁付款额。如果一项租赁包含续租或者终止选择权，则承租人应按常规方式估计租赁期限并以此计量租赁付款额。例如：

（1）仅当承租人在首次执行日进行评估后认为可以合理确定将行使续租选择权时，才把可选续租期间的租赁付款额计入租赁负债；以及

（2）仅当承租人在首次执行日评估租赁期时预计将行使终止选择权时，才把终止罚金计入租赁负债。

通常，企业参照借入与租赁期"相类似期限"借款的利率，以确定增量借款利率。但是，这在过渡时会产生一个问题，即企业应考虑参照与以下哪个期间相类似的借款：

（1）整个租赁期：即从租赁期开始日至租赁期结束的期间；或者

（2）剩余租赁期：即从首次执行日至租赁期结束的期间。

例如，假设企业订立了一项固定期限为 10 年的租赁，该租赁从 2011 年 1 月 1 日开始，到 2020 年 12 月 31 日结束。该企业的首次执行日为 2019 年 1 月 1 日。该企业确定此项租赁的增量借款利率时，是应当基于：

（1）整个租赁期：即从 2011 年 1 月 1 日至 2020 年 12 月 31 日的 10 年；还是

（2）剩余租赁期：即从 2019 年 1 月 1 日至 2020 年 12 月 31 日的两年？

由于新准则未提供具体指引，因此这两种方法都是可行的。

在首次执行日后，承租人按照新准则的所有要求对负债进行后续计量。这些要求包括有关租赁变更和重新评估的指引。

2）计量使用权资产

对于之前分类为经营租赁的租赁，承租人可以通过以下两种方法之一，按逐项租赁选择如何计量使用权资产，如图 7-6 所示：

143

（1）方案 2A：犹如始终在应用此项新准则（但使用首次执行日的增量借款利率）；或者

（2）方案 2B：按照等于租赁负债的金额计量（需作某些调整）。

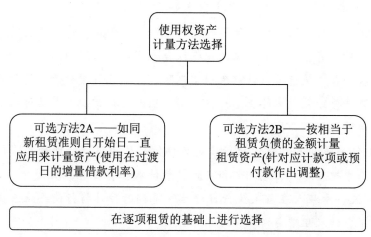

图 7-6　使用权资产计量方法选择

例 2

继例 1，企业 B 计算得出 2019 年 1 月 1 日的租赁负债为 1 833 元。企业 B 现在需要计算在该日的使用权资产的账面金额。假设没有初始直接费用。

方案 2A

——追溯计量，但使用 2021 年 1 月 1 日的增量借款利率。

企业 B 首先计算租赁期开始日（2018 年 1 月 1 日）使用权资产的账面金额。这是将 5 年期的租赁付款额（5 年，每年 1 000 元）按照 2021 年 1 月 1 日 B 的增量借款利率 6% 折现的现值，得到的金额是 4 212 元。

企业 B 的会计政策是按直线法在租赁期内对使用权资产计提折旧。因此，企业 B 计算得出使用权资产在 2021 年 1 月 1 日的账面金额为 2/5×4 212= 1 685 元。

企业 B 在 2021 年 1 月 1 日初始确认此项租赁的会计分录如下：

借：使用权资产　　　　　　1 685

　　期初未分配利润　　　　　148

　　贷：租赁负债　　　　　　　1 833

方案2B

——等于租赁负债的金额。

在此方案下，企业B按照等于租赁负债的金额1 833元来计量2021年1月1日的使用权资产。因此，企业B在2021年1月1日初始确认此项租赁的会计分录如下：

借：使用权资产　1 833

　　贷：租赁负债　　　1 833

对具有常规周期性现金流量的租赁而言，使用权资产的初始账面金额，方案2A计算的金额通常都低于方案2B。之所以出现这种情况，是因为使用权资产和租赁负债的摊销模式不同。使用权资产通常按直线法计提折旧，而租赁负债则按照实际利率法计量。方案2A反映的是使用权资产的摊销模式，而方案2B反映的是租赁负债的摊销模式。因此，相较于方案2B，方案2A在首次执行日通常导致更低的使用权资产账面金额。这可能对过渡后的会计核算产生重要影响。相较于方案2B，方案2A通常导致较低的折旧费用和较低的减值风险。在上例中，企业在2021年的折旧费用在方案2A下为 $1/2 \times 1\ 685 = 842.5$ 元，在方案2B下为 $1/2 \times 1\ 833 = 916.5$ 元。

同其他方案以及简便实务操作方法一样，企业也必须在成本和可比性之间进行权衡。方案2B应用起来通常较简单、经济，因为它依赖于首次执行日的信息，且涉及的计算也不太复杂。但是，对于首次执行新准则之后的年度，方案2B可能导致损益趋势数据出现严重扭曲。

航运公司X作为承租人租赁了100艘船舶。每项租赁的期限均为10年，年租金为200。航运公司将100艘船舶分为10组，每年有一组到期，每当租赁到期时，X即按同样条款签订一份新的租赁。也即每年有一组船舶新租赁签约，又有一组旧租赁到期，但是保证总共有10组共100艘船舶。假设X每年的增量借款利率保持不变，均为6%，租赁组合保持稳定状态。

假设：

（1）X使用方案2A计量过渡时所有使用权资产；以及

（2）X使用方案2B计量过渡时所有使用权资产。

详见图7-7对B的总租赁费用的比较：

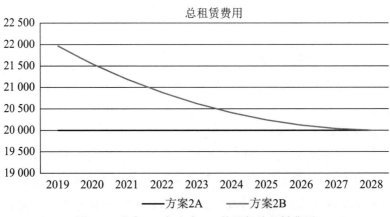

图 7-7　方案 2A 与方案 2B 的历年总租赁费用

如图 7-7 所示，如果使用方案 2B 来计量使用权资产，则趋势数据被扭曲的情况一直持续，方案 2B 会在过渡后的 10 年严重扭曲 X 的利润表。

企业可按逐项租赁在两种方案中进行选择，使得企业在设计过渡方案时可以在成本和可比性之间作出权衡。在上图中，两条线代表两个极端的案例，即航运公司 X 对全部租赁组合选用方案 2A，或者对全部租赁组合选用方案 2B。如果 X 对各个租赁选用了不同的方案，则总租赁费用会介于图中两条线之间，即两线之间的区域代表过渡之后可能的会计核算结果。X 的选择决定了过渡后租赁费用会落在区域中的哪个位置。假定除 100 艘船舶租赁外，X 还有其他 500 项租赁。这些租赁的标的资产（房地产、车辆、设备等）的价值远低于租赁的船舶。但是，这些租赁不符合短期租赁或低价值项目租赁的确认豁免条件。

在上例中，X 可能得出结论：最佳的成本和可比性权衡方案是对价值高的租赁使用方案 2A（使大型租赁的可比性达到最优），对其他租赁使用方案 2B（降低小型租赁的成本）。或者，X 可能对其船舶租赁和一些最大的房地产租赁使用方案 2A，而对其他租赁使用方案 2B。对于 X 来说，最佳权衡方案取决于多种因素，包括利益相关方的偏好、租赁组合的精确构成、租赁数据的完整性以及租赁的会计核算系统等。但是，企业可按逐项租赁来选择方案 2A 或方案 2B 的做法给予 X 相当大的灵活性来决定其方案。

在选择过渡时的折现率时，无论是上述的方法 2A 或 2B，企业将始终应用首次执行日的增量借款利率，即便其选用方案 2A 来计量使用权资产。企业在确定增量借款利率时，可以选择参照与整个租赁期相类似期限的借款，也可以选择参照与剩余租赁期相类似期限的借款。但是，企业在过渡时将始终使用相同的折现率来计量租赁负债和使用权资产。例如，如果企业参照与剩余租赁期相类似期限的借款来确定增量借款利率，那么这就是方案 2A 下用于计量使用权资产的折现率。

　　3）资产减值

　　针对首次执行日资产减值的处理，企业可以将在首次执行日之前，按照《企业会计准则第 13 号——或有事项》下就租赁是否为亏损性合同而作的评估，作为执行减值复核的替代方法。作为替代，企业应按照之前的亏损性租赁准备的账面金额，对首次执行日使用权资产的账面金额进行调整。

　　如果企业不选择应用《企业会计准则第 13 号——或有事项》这一简便实务操作方法，则企业将在首次执行日对使用权资产应用《企业会计准则第 8 号——资产减值》的要求。但是，这并不表明企业必须对每一项使用权资产分别进行减值测试。首先，企业应遵循《企业会计准则第 8 号——资产减值》的相关指引，来确定在哪个层面上执行减值测试：

　　（1）在单项资产的层面上：即单项使用权资产；或者

　　（2）在资产组的层面上：即企业可以认定的最小资产组合，其产生的现金流入应当基本上独立于其他资产或者资产组产生的现金流入，它可能包含多项使用权资产以及其他资产。

　　其次，如果企业确定应在资产组层面进行减值测试，则仅在出现可能发生减值的迹象（即触发事件）时才必须执行该测试。这意味着，在某些情况下，企业可能无须执行额外的减值测试，即可符合在首次执行日对使用权资产应用《企业会计准则第 8 号——资产减值》的要求。

第四节　简便实务操作方法

　　在对之前分类为经营租赁的租赁安排应用经修订的追溯法时，承租人可使用下列一项或多项简便实务操作方法：

　　（1）初始直接费用；

　　（2）剩余期限较短的租赁；

（3）使用后见之明；

（4）折现率；以及

（5）减值和亏损性租赁。

这些简便实务操作方法可以分别单独应用，并可在逐项租赁的基础上应用。

▌一、初始直接费用

企业可以在首次执行日将初始直接费用排除在使用权资产的计量之外。

如果企业选择按照第三节例中方案 2A 来计量使用权资产，即采用过渡时的折现率追溯计量使用权资产，则可以适用这项简便实务操作方法。尽管新准则未明确规定，但此项简便实务操作方法与方案 2B 无关。因为方案 2B 是采用首次执行日的租赁负债的金额确认使用权资产的金额，并按照预付/预提的租赁付款额进行调整。在方案 2B 下，企业并不按照例如初始直接费用或以往的租赁变更等历史金额来调整使用权资产。因此，这项简便实务操作方法与方案 2B 无关。

将初始直接费用排除在使用权资产的计量之外将减少企业的过渡成本，因为企业按照方案 2A 计量使用权资产时，无须识别之前被分类为经营租赁的租赁安排的初始直接费用。使用这项简便实务操作方法对财务报告的影响是，将会减少首次执行日使用权资产的账面金额。这将继而减少后续期间的折旧费用和减值风险。

▌二、剩余期限较短的租赁

对于首次执行日剩余租赁期在 12 个月之内的租赁，企业可以将其作为短期租赁核算。企业可在首次执行日按照逐项租赁来选择是否应用此项简便实务操作方法。

即使企业在后续期间不打算对短期租赁采用确认豁免，企业仍可以在过渡时采用该项简便实务操作方法。该项简便实务操作方法可以独立使用，与企业在过渡后持续采用的短期租赁会计政策无关。因为短期租赁确认豁免是按照标的资产类别所作的会计政策选择，和是否在过渡期采用无关，企业需要将该豁免一致地应用于各个期间同一类别的标的资产租赁即可。

例 1

企业 M 因业务需要以年租金 10 000 元租赁一台设备。租赁从 2020 年 1 月 1 日开始，不可撤销的租赁期为两年，企业可选择以同样租金续租一年。设备的使用寿命为 5 年。2020 年，企业 M 合理确定会行使续租选择权，设备的租赁期为 3 年。但是没有迹象表明该设备租赁是融资租赁，企业 M 将该租赁分类为经营租赁。企业 M 在首次执行日 2021 年 1 月 1 日采用经修订的追溯法来执行新租赁准则。在首次执行日企业 M 认为，收到市场环境的变化，其将不会行使续租选择权，即租赁的剩余期限为一年。

企业 M 可选择在 2021 年使用以下两种方法之一对该项租赁进行核算：

（1）企业 M 可选择对该项租赁应用新准则下的承租人模式，并确认使用权资产和租赁负债。根据这种方法，企业 M 将租赁负债确认为 10 000 元，并按照 2021 年 1 月 1 日的增量借款利率进行折现。之后，企业 M 可以追溯计量或按照等于租赁负债的金额来计量使用权资产。因此，企业将在 2021 年的损益表中确认折旧和利息费用。

（2）企业可使用简便实务操作方法将该项租赁作为短期租赁核算。按照这种方法，企业 M 不会对该项租赁确认使用权资产或租赁负债。但是，企业 M 将在 2021 年确认租赁费用 10 000 元，并将其包括在短期租赁费用总额的披露信息中。

▍三、使用后见之明

企业在某些情况下可以使用后见之明，例如，当合同包含延长或终止租赁的选择权时确定租赁期限。仅当企业采用经修订的追溯法时，才可以使用这项简便实务操作方法。

企业仅可以选择对以下信息使用后见之明，即假设企业始终在执行新准则而必须进行估计的信息。例如，企业可以使用当前的租赁期评估结果，而不是重新考量租赁期的原始评估结果及其后续变化。但是，我们理解，在方案 2A 下企业不能犹如一项租赁的当前条款和条件始终有效而使用后见之明来计算使用权资产。例如，如果由于重新评估或租赁变更而需要调整使用权资产的账面金额，则企业在按照方案 2A 追溯计算使用权资产时也应对此予以反映。

例 2

公司 B 因业务需要以年租金 30 000 元租赁一辆汽车。租赁从 2017 年 1 月 1 日开始。不可撤销的租赁期为 3 年，B 可选择以同样租金续租两年。车辆的使用寿命为 10 年。2017 年，B 经评估认为可以合理确定不会行使续租选择权，因此租赁期为 3 年。B 注意到，没有迹象表明该租赁是融资租赁，因此将该租赁分类为经营租赁。

在 2019 年 1 月 1 日首次执行日，B 经评估认为可以合理确定会行使续租选择权，因此剩余的租赁期为 3 年。

如果公司 B 使用完全追溯法进行调整，使用后见之明的简单操作方法，在 2017 年 1 月 1 日，公司 B 可以按照 5 年的租赁期确认使用权资产和租赁负债，并在之后期间确认折旧费用和利息支出。

四、折现率

企业可对具有合理相似特征的租赁组合采用单一折现率。

一般指引允许企业对具备相似特征的租赁组合应用此项新准则。但是，两者存在以下差别：

首先，企业在过渡时采用简便实务操作方法的限制条件较少。企业只有在能够证明对租赁组合应用新准则与对单个租赁应用新准则的影响没有重大差异时，才能应用有关租赁组合的一般指引。相反，只要租赁具备相似特征，企业即可在过渡时使用该项简便实务操作方法。

其次，该简便实务操作方法针对的是具有"相似剩余租赁期限"的租赁。这与经修订的追溯法中一般强调剩余期限的做法相一致。总体而言，企业在过渡时使用该项简便实务操作方法的限制条件，要低于后续对租赁组合应用该项新准则的限制条件。

五、减值和亏损性租赁

企业可以将在首次执行日之前，按照《企业会计准则第 13 号——或有事项》

下就租赁是否为亏损性合同而作的评估，作为执行减值复核的替代方法。作为替代，企业应按照之前的亏损性租赁准备的账面金额，对首次执行日使用权资产的账面金额进行调整。

例 3

公司 D 在 2012 年 1 月 1 日租赁了一栋写字楼的一层作为办公室，租赁期 10 年，租金 20 000 元，每年末支付，该租赁被分类为经营租赁。公司 D 于 2018 年因业务经营需要迁移至其他地方办公。该办公楼在 2018 年 12 月 31 日处于空置状态。但是，M 预计可以从 2020 年 1 月 1 日起以年租金 18 000 元将该办公楼转租出去，租期至 2021 年 12 月 31 日止。

公司 D 使用 4.5% 的无风险利率将未来的净现金流折现，确认了亏损性租赁应计提的拨备 22 723 元。

公司 D 在首次执行日 2019 年 1 月 1 日采用经修订的追溯法过渡至新准则。公司 D 估计其在该日的增量借款利率为 8%。公司 D 计划选用本章第三节提到的方案 2B 来计量所有房地产租赁的使用权资产。经过计算，公司 D 在 2019 年 1 月 1 日的期初租赁负债为 50 744 元（每年 20 000 元，按 8% 的折现率折现）。公司 D 可选用以下两种方法之一计量使用权资产：

（1）公司 D 可以按等于租赁负债的金额计量使用权资产，即 50 744 元。之后，公司 D 需要按照《企业会计准则第 8 号——资产减值》来评估使用权资产在 2019 年 1 月 1 日是否发生了减值。

（2）公司 D 可以按照租赁负债减去在《企业会计准则第 13 号——或有事项》下确认的亏损性租赁准备之后的金额来计量使用权资产，即 50 744-22 723=28 021 元。公司 D 无须考虑使用权资产在 2019 年 1 月 1 日是否发生了减值。本例中，公司 D 选用本章第三节提到的方案 2B 来计量使用权资产；如果选用本章第三节提到的方案 2A 来计量使用权资产，则亦可采用此项简便实务操作方法。

此项简便实务操作方法的应用范围较广泛。新准则规定，"承租人可以依据对租赁是否为亏损性合同所作的评估"。在首次执行日，这并不局限于之前已确认亏损性合同准备的租赁。实务中，这表明企业在首次执行日可以选择不对使用权资产应用《企业会计准则第 8 号——资产减值》，即便之前未确认过亏损性合同准备。

例如,企业 F 租赁了 10 台机器,在原租赁准则下分类为经营租赁。2018 年,计划转租其中两台机器,已就这两项租赁确认了亏损性租赁准备。其实企业 F 可将此项简便实务操作方法应用于全部 10 台设备的租赁,而不仅是那些之前已确认过准备的租赁。因此,此项简便实务操作方法为准则过渡提供了相当程度的豁免,但在某些情况下,它也会增加过渡后发生减值损失的可能性。

对于在过渡时采用该项简便实务操作方法的企业,《企业会计准则第 13 号——或有事项》的原则并不适用于使用权资产的后续计量。该项简便实务操作方法仅与过渡时的计量有关。在后续期间,企业将按照新租赁准则核算使用权资产。换言之,企业将按照《企业会计准则第 4 号——固定资产》对使用权资产进行折旧,并按照《企业会计准则第 8 号——资产减值》进行减值测试。

第五节 短期租赁和低价值资产租赁的豁免

▌一、承租人

在过渡时和后续期间,承租人可以选择不将承租人会计模式应用于短期租赁和低价值资产租赁。

如果承租人选择上述任何一个确认豁免,则要将相关的租赁付款额在整个租赁期内按直线法或另一种更能代表承租人受益模式的系统方法确认为费用。短期租赁的选择按标的资产的类别进行,而低价值资产租赁的选择可以按逐项租赁进行。在过渡时,新准则亦为剩余期限在 12 个月或以下的租赁提供了额外的简便实务操作方法,即企业可将首次执行日后 12 个月内到期的租赁作为短期租赁核算。

确认短期租赁和低价值资产租赁的豁免对于承租人来讲十分重要,因为它们会影响首次执行日需要重述的合同总量。换言之,对于应用一项或同时应用两项豁免的租赁,承租人无须在过渡时计算这些租赁的租赁资产和租赁负债。这表明,对于在《企业会计准则第 21 号——租赁》下归类为经营租赁且企业应用任一项确认豁免的租赁,在过渡时无须进行调整。

在过渡时采用确认豁免对企业后续期间的会计处理产生持续影响。为了在过渡时应用确认豁免，企业需要制定某些会计政策和惯例，并在后续期间进行一致的应用。

两种确认豁免的情况有以下区别：

1. 短期租赁

短期租赁的确认豁免是按标的资产的类别进行会计政策选择。因此，企业应在过渡时和后续期间一致地应用此项豁免。例如，如果企业在过渡时将该确认豁免应用于符合条件的办公设备租赁，但未应用于符合条件的机动车辆租赁，则企业应将这一做法应用于首次执行日后签订的类似新租赁。

但是，对于剩余期限在 12 个月或以下的租赁，在过渡时使用简便实务操作方法可提供额外的灵活性。该项简便实务操作方法可以独立使用，与企业在过渡后持续采用的短期租赁会计政策无关，即使企业在后续期间不打算对短期租赁采用确认豁免，企业仍可以在过渡时采用该项简便实务操作方法。

2. 低价值项目租赁

低价值项目租赁的确认豁免按逐项租赁进行应用。因此，企业无须在过渡时和后续期间对相同类型的标的资产租赁应用此项豁免。但是，为了应用该项豁免，企业需要制定政策来识别低价值项目租赁，并需要在过渡时和后续期间一致地应用这些政策。

在过渡时和后续期间，采用和未采用确认豁免的租赁之间，其可比性将会降低。但是，未来各期之间的可比性未必会降低。如上所述，企业将在过渡时和后续期间一致地应用与确认豁免相关的政策和惯例。

对于之前被分类为融资租赁的各项租赁，如果企业采用的是经修订的追溯法，那么企业可以选择对短期租赁和低价值项目租赁采用确认豁免。如果企业决定采用确认豁免，则在过渡时应"终止确认"按照《企业会计准则第 21 号——租赁》所确认的融资租赁资产和负债。之前的融资租赁资产和负债账面金额之间的差额应计入权益。

▌二、出租人

不论是在过渡时还是后续期间，这些确认豁免都仅适用于承租人。

第六节　之前被分类为融资租赁的租赁的过渡

根据经修订的追溯法，对于之前被分类为融资租赁的租赁，企业应确认：

（1）一项使用权资产，其金额以之前在原租赁准则下融资租赁资产的账面金额进行初始计量；以及

（2）一项租赁负债，其金额以之前在原租赁准则下租赁负债的账面金额来计量。在后续期间，企业应按照新租赁准则的一般要求来核算使用权资产和租赁负债。

公司 H 因业务需要租赁了一台设备，每年年末支付固定的年租金，租赁合同中写明了对该租赁的一项余值担保。

2018 年 12 月 31 日，H 按照原租赁准则确认了融资租赁资产 200 万元，融资租赁负债 260 万元，其中租赁付款额的现值为 200 万元，余值担保的最大付款额的现值为 60 万元。

在首次执行日 2019 年 1 月 1 日，公司 H 采用经修订的追溯法来执行新准则。

同时，因原材料涨价，二手设备市场的价格自租赁期开始后出现上涨。2019 年 1 月 1 日，公司 H 预计在余值担保下仅需支付 20 万元，按照新准则计算的租赁负债中包含的余值担保将为 20 万元。

但是，根据经修订的追溯法，公司并未在过渡时调整其在原租赁准则下的余额。因此，在 2019 年 1 月 1 日，公司 H 将融资租赁资产重分类为使用权资产，并以 200 万元计量；同时将融资租赁负债重分类为租赁负债，以 260 万元计量，包括与余值担保有关的金额 60 万元。

▍一、过渡时的核算

对于之前被分类为融资租赁的租赁，企业应按照新准则来核算相关的使用权资产与租赁负债。

但是，在某些情况下，原租赁准则下融资租赁负债所包含的租赁付款额，可能不同于新准则下租赁负债所包含的租赁付款额。例如，租赁中包含一项余

值担保（参见前例），或者包含基于指数或比率的租赁付款额。

这表明，如果企业采用经修订的追溯法，那么首次执行日确认的租赁负债所包含的租赁付款额，将不同于新准则下租赁负债所要求包含的租赁付款额。

在这种情况下，企业可以立即重新计量租赁负债，以反映新准则下租赁负债所包含的租赁付款额。尽管企业未被要求立即重新计量，但这样做可以使企业在日后对这项租赁进行重新计量时无须补调这些累积影响。

过渡后租赁负债的重新计量，通常是对使用权资产进行调整。

▌二、短期租赁和低价值资产租赁的应用

对于之前被分类为融资租赁的各项租赁，如果企业采用的是经修订的追溯法，那么企业可以选择对短期租赁和低价值项目租赁采用确认豁免。

如果企业决定采用确认豁免，则在过渡时应"终止确认"按照原租赁准则所确认的融资租赁资产和负债。之前的融资租赁资产和负债账面金额之间的差额应计入权益。

第七节　其他过渡情形

除了以上的过渡情形外，还有其他一些过渡情形。

▌一、售后租回

卖方兼承租人出卖给买方兼出租人；买方兼出租人租回卖方兼承租人的商品，如图 7-8 所示。

图 7-8　卖方兼承租人与买方兼出租人的关系

企业无须重新评估首次执行日之前签订的售后租回交易，以确定是否发生了符合《企业会计准则第 14 号——收入》的销售行为。

对于原租赁准则下作为销售和融资租赁核算的售后租回交易，卖方兼承租人应执行以下操作：

（1）按照与首次执行日存在的融资租赁相同的方式来核算租回交易；以及

（2）继续在租赁期内摊销销售利得。

对于原租赁准则下作为销售和经营租赁核算的售后租回交易，卖方兼承租人应执行以下操作：

（1）按照与首次执行日存在的经营租赁相同的方式来核算租回交易；以及

（2）就首次执行日之前在财务状况表中确认的、与市价不符条款相关的所有递延收益或损失，调整租回的使用权资产。

对于过渡时存在的售后租回交易，新租赁准则主要提供两项豁免。首先，企业在过渡时无须评估现有的售后租回交易是否符合售后租回的会计核算条件。换言之，企业无须评估销售阶段是否符合《企业会计准则第14号——收入》的销售确认标准。这项豁免非常重要，因为它使企业不必将现有的售后租回作为《企业会计准则第22号——金融工具确认和计量》下的融资交易来处理。这项豁免同时适用于卖方兼承租人和买方兼出租人。

其次，卖方兼承租人无须按照部分收益确认法来核算首次执行日前签订的售后租回交易。对于在首次执行日持有众多该等交易的企业，这项措施可以简化过渡时的操作。

这些豁免措施不具有选择性。换言之，对于新准则首次执行日之前和之后签订的售后租回交易，卖方兼承租人无法把两者之间的会计处理调节到完全一致。

在其他方面，售后租回交易在租回阶段的过渡要求与所有租赁的一般过渡要求相一致。因此，通过对租回阶段应用新的租赁会计模式，现有的售后租回交易通常会记入卖方兼承租人的资产负债表内。唯一的例外是采用确认豁免的租回交易。

例 1

2004年，公司W向公司S出售其总部办公楼，并随后租回20年。W可选择以市场价值回购该办公楼。

在按照原租赁准则评估租回交易的分类时，W注意到，回购选择权的行权价格为市场价值，因此S保留了办公楼市场价格变动的风险（报酬）。W同时注意到，没有其他迹象表明该租回交易是融资租赁。因此，W将这项交易作为销售和经营租赁核算，即W终止确认该办公楼，并在租回期内按直线法将应付S的租金确认为费用。

2019年1月1日：

（1）W租回的总部办公楼的剩余期限为五年；以及

（2）租赁付款额的现值（按2019年1月1日W的增量借款利率折现）为10 000元。W注意到，购买办公楼的选择权意味着交易未达到销售确认的标准。换言之，如果W在执行新准则后按照这些条款订立交易，则W会将该交易作为《企业会计准则第22号——金融工具确认和计量》下的融资交易核算，而不是售后租回。但是，由于该交易在新准则首次执行日已存在，因此W继续将其作为售后租回核算。

W选择采用经修订的追溯法来执行新准则，并按照方案2B来计量使用权资产，且采用不确认初始直接费用的简便实务操作方法。2019年1月1日，W确认使用权资产10 000元和租赁负债10 000元。

二、转租赁

转租赁过程，具体如图7-9所示。

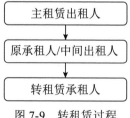

图7-9　转租赁过程

在首次执行日，中间出租人应重新评估原租赁准则下被分类为经营租赁且继续履行的转租赁，以确定新准则下应将这些转租赁分类为经营租赁还是融资租赁。

此项评估应按照主租赁和转租赁的剩余合同条款及条件来执行。

对于原租赁准则下被分类为经营租赁、但在新准则下被分类为融资租赁的转租赁，出租人应将该项转租赁作为首次执行日签订的一项新的融资租赁来核算。

例 2

公司 A 从公司 B 承租办公楼，租期为 8 年（主租赁），从 2015 年 1 月 1 日开始。主租赁的年租金为 10 000 元，于每年末支付。之后，A 将办公楼转租给公司 C，租期为 5 年（转租赁），从 2018 年 1 月 1 日开始。转租赁的年租金为 12 000 元，于每年末支付。

根据原租赁准则，A 将主租赁和转租赁分类为经营租赁。因此，A 并未确认租赁所产生的资产或负债。在利润表中，A 确认转租赁产生的年租赁收入 12 000 元，以及主租赁产生的年租赁费用 10 000 元。

A 从首次执行日 2019 年 1 月 1 日开始执行新准则。A 采用经修订的追溯法中使用租赁负债来计量使用权资产。A 当日的增量借款利率为 5.5%，这也是转租赁的内含利率。

A 注意到，如果没有转租赁，它将在 2019 年 1 月 1 日确认下列与主租赁有关的项目：

（1）一项租赁负债，金额等于剩余租金的现值：即 4×10 000（以 5.5% 折现）=35 052 元；以及

（2）一项使用权资产，并以相同的金额计量：即 35 052 元。

在评估转租赁的分类时，A 注意到，转租赁涵盖主租赁的全部剩余期限。没有其他因素表明 A 已保留与使用权资产相关的重大风险和报酬。因此，A 按照新准则将转租赁分类为融资租赁。

因此，A 终止确认主租赁产生的使用权资产，并确认在转租赁中的投资净额。2019 年 1 月 1 日，A 计算转租赁的投资净额为五项付款额 12 000 以 5.5% 折现的金额 =42 062 元。

因此，A 于 2019 年 1 月 1 日对主租赁和转租赁的会计分录如下：

借：投资——转租赁　　　42 062

　　贷：租赁负债　　　　　35 052

　　留存收益　　　　　　　7 010

过渡时重新评估转租赁的分类可能导致中间出租人将转租赁重分类为融资

租赁。

在新准则下，中间出租人参照与主租赁相关的使用权资产，而不是标的资产，来评估转租赁的分类。因此，很多在原租赁准则下被中间出租人分类为经营租赁的转租赁，在新准则下将被分类为融资租赁。

▌三、出租人

除转租赁外，出租人无须在过渡时作出任何调整。但是，出租人应从首次执行日开始按照新准则来核算各项租赁。

新租赁准则对出租人的核算要求在很多方面都与原租赁准则相同。因此，对于许多简单的租赁而言，首次执行日前按照原租赁准则所作的会计处理，将与新准则下要求的会计处理相同。对于此类租赁，出租人在首次执行日的资产负债表将与追溯法下的资产负债表相同。

但是，在某些情形下也有可能产生差异，例如，在租赁期开始日和首次执行日之间对一项租赁进行了修改。由于原租赁准则对租赁变更的会计指引较少，因此出租人核算租赁变更的方法可能与新准则要求的核算方法不同。如上所述，出租人不得在过渡时重述与此类租赁有关的余额。

▌四、企业合并

新准则对《企业会计准则第 20 号——企业合并》作出相应修订。如果承租人之前就有利的经营租赁确认了无形资产或就不利的经营租赁确认了负债，则向新租赁准则过渡时应终止确认该资产或负债。企业将按照终止确认的资产或负债金额调整使用权资产的账面金额。

如果被购买方是经营租赁中的承租人，在每项租赁过渡方案下企业均需要作出此项调整。换言之，不论承租人使用下列哪种方法来执行新准则，均需要进行此项调整：

（1）追溯法；

（2）经修订的追溯法，并按照首次执行日的增量借款利率追溯计量使用权资产；或者

（3）经修订的追溯法，并根据租赁负债计量使用权资产。

对于被购买方为出租人的租赁，通常无须进行调整。

1. 追溯法

公司之前可能通过企业合并购入了符合原租赁准则要求的经营租赁，且被购买方在租赁中为承租人。在此情况下，在过渡时，购买方应将这项租赁作为企业合并日的一项新租赁进行核算。

为此，购买方应按剩余租赁付款额的现值计量此项租赁负债，犹如被购入的租赁在该日作为一项新的租赁。相关的使用权资产的计量金额，应等于租赁负债加上或减去之前在原企业合并会计处理中确认的、与有利或不利的租赁条款有关的资产或负债。这对商誉不产生影响。之后，购买方应按照新准则的后续计量指引来计算首次执行日的使用权资产和租赁负债。

2. 经修订的追溯法

企业之前可能通过企业合并购入了符合原租赁准则要求的经营租赁，且被购买方在租赁中为承租人。在此情况下，我们理解，企业在按照首次执行日的增量借款利率追溯计量使用权资产计量使用权资产时，应犹如此项使用权资产是由企业合并日的一项新租赁所产生，但使用首次执行日的折现率进行计量。之后，企业应按照之前在原企业合并会计处理中确认的、与有利或不利的租赁条款有关的资产或负债，调整使用权资产。该等调整的累积影响应作为在首次执行日对期初权益的调整。

例 3

公司 B 是符合原租赁准则的经营租赁的承租人，租赁期开始日为 2010 年 1 月 1 日。公司 A 在 2015 年 1 月 1 日收购公司 B。在核算此项企业合并交易时，A 对有利的租赁条款确认了一项资产，金额为 1 000 元。在首次执行日：

（1）此项租赁的剩余租赁期超过 12 个月；

（2）与有利租赁条款有关的资产已摊销至 1 000 元；以及

（3）A 决定按照经修订的追溯法过渡到新租赁准则，并按照首次执行日的增量借款利率追溯计量使用权资产。

分析：

A 以 2019 年 1 月 1 日剩余租赁付款额的现值来计量租赁负债。在计量 2019 年 1 月 1 日的使用权资产时，A 应假设这项使用权资产是由企业合并日（即

2015 年 1 月 1 日）的一项新租赁所产生，但使用 2019 年 1 月 1 日的折现率进行计量。A 应终止确认与有利租赁条款有关的资产（金额为 1 000 元），并调整使用权资产。A 应将这些调整的累积影响作为在 2019 年 1 月 1 日对期初留存收益的调整。

第八节　过渡方案的披露

披露要求主要涉及企业是承租人的租赁。披露要求取决于选定的过渡方案——当企业使用经修订的追溯法时，需要额外披露重要的信息。

一、追溯法

如果企业选用追溯法，则需要在过渡时作出以下披露。

1. 新租赁准则要求披露的信息

（1）如果企业提前采用新租赁准则，应披露该事实。

（2）如果企业就租赁定义采用简便实务操作方法，应披露该事实。

2.《企业会计准则第 28 号——会计政策、会计估计变更和差错更正》要求披露的信息

（1）企业已采用新租赁准则这一事实。

（2）会计政策变更的性质。

（3）过渡性规定。

（4）说明已采用新租赁准则的过渡性规定。

（5）描述所采用的过渡性规定。

（6）可能影响未来期间的过渡性规定。

（7）对于当前期间，及列报的每个以前期间。

（8）对受影响的各个财务报表行项目的调整金额。

（9）对基本每股收益和稀释每股收益的调整金额。

（10）在切实可行的限度内，与较早期间相关的调整金额。

（11）如果追溯应用不切实可行，企业应解释不切实可行的原因以及采用

新租赁准则的方式和时间。

▌二、经修订的追溯法

如果企业选用经修订的追溯法，则需要在过渡时作出以下披露：

新租赁准则要求披露的信息：

（1）如果企业提前采用新租赁准则，应披露该事实。

（2）如果企业就租赁定义采用简便实务操作方法，应披露该事实。

如果企业选用与经营租赁相关的简便实务操作方法，应说明选用了哪些简便实务操作方法。

（3）在首次执行日用于计量租赁负债的加权平均增量借款利率。

（4）解释以下两者之间的差异：

①在上年度财务报表中披露的经营租赁承担的现值，按首次执行日用于计算租赁负债的折现率进行折现；与

②在该日期确认的租赁负债。

《企业会计准则第 28 号——会计政策、会计估计变更和差错更正》要求披露的信息：

（1）已采用新租赁准则这一事实。

（2）会计政策变更的性质。

（3）过渡性规定：说明已采用新租赁准则的过渡性规定。

（4）描述所采用的过渡性规定。

（5）可能影响未来期间的过渡性规定。

（6）在切实可行的限度内，与较早期间相关的调整金额。

如果企业选用经修订的追溯法，则需要额外作出的披露主要是解释之前在原租赁准则下披露的经营租赁承担，与采用新准则而确认的期初租赁负债之间的关系。

显然，编制和列报这项披露将产生成本。另外的风险是该披露可能凸显之前按照原租赁准则所作披露的不足。但是，很多考虑选用经修订的追溯法的企业可能认为这个代价是值得的。编制这项额外披露的成本通常远低于追溯采用新准则所产生的增量成本。新准则本身的要求是作出"解释"，而不是编制调节表——尽管很多企业可能最终认为，编制调节表是作出解释的最佳方法。即

便企业列报调节表，编制总体调节表的成本仍将低于为完全重述比较数据而进行更为详细分析所耗费的成本。而且，如果企业对现行经营租赁披露的准确性和完整性存在顾虑，则应将其作为优先事项来处理。目前，进行财务分析的人士对这些披露的依赖变得更为明显。不论企业选用哪种过渡方案，利益相关方都希望企业清楚披露采用新准则的影响，包括新的租赁余额与当前财务信息的相关性。

第九节　下一步工作

过渡方案的选择将对数据收集的范围和程度以及系统与流程变更的时间产生重大影响，企业应尽快加以考虑。

企业应同时考量各项方案的定量影响以及相关的定性因素，包括利益相关方的预期。提前规划可为应对意外的复杂情况预留时间，使企业在相对宽松的时间内完成工作，在最大化利用内部资源的同时增加灵活性。

因此，企业应付诸行动了解这项新准则，并评估过渡方案对财务报告的影响。

企业应考虑采取以下措施：

（1）确定可能需要重述的合同总量。这可能包括，识别受到新租赁定义的影响、应分别进行独立评估的单项重要合同，以及具备相似特征可合并评估的合同组合。

（2）为现行可用的租赁数据和资源编制详细的目录。

（3）评估遵循新准则所需的信息。把这些信息与当前可用的信息进行比较，以确定在更大范围内实施新准则时应考虑的潜在信息缺口。需谨记，对于某些过渡方案，企业的数据库需要获取每份租赁合同的历史记录，而不仅是该租赁合同的最新记录。

（4）模拟各个过渡方案的影响，必要时使用总体假设或样本组合，以估计在首次执行日对净资产和权益的影响，以及对过渡后各年度损益科目趋势的影响。

（5）识别可能影响过渡方案选择的定性因素。企业可能需要与主要的利益相关方进行沟通，以了解哪些因素最具相关性。

（6）确保对过渡方案的评估与更为广泛实施该项新准则的努力相结合。考虑在负责新准则实施的总体项目团队中设立一个小组，专门负责考虑过渡方案。

（7）记录企业所作的相关评估和计算。

（8）制订实施计划。过渡项目计划示例见第十节，该示例着重指出成功实施过渡方案所需要的主要步骤。

第十节　示例——不同过渡方案的异同

本节假设一家虚构的企业，展示其在执行新租赁准则时选择不同的过渡方案对财务报表的影响。

▌一、假设

Airma 是一家服装企业，生产和销售女装。Airma 按照中国会计准则的要求每年编制截至 12 月 31 日止年度的财务报表，并披露对比数据。

Airma 始创于 1998 年，经过多年的经营，经营和财务业绩均较稳定。Airma 租赁工厂生产服装，并签订长期的通信合同向电信供应商购买网络和电信业务，同时其服装物流运输通过租赁车辆进行，其租赁的商店中的服装模特模型和货架也是通过租赁的方式使用。

▌二、租赁信息

Airma 已于 2006 年在香港主板上市，根据新租赁准则的要求，其将于 2019 年 1 月 1 日开始执行新租赁准则，为了新租赁准则的过渡，Airma 汇总了其所有的租赁项目明细，并将这些租赁分为四组。Airma 没有作出租人的情形。

1. 厂房

Airma 租赁了一间 10 000 平方米的厂房生产服装，厂房的租赁期限为 10 年。当某项租赁到期时，Airma 即订立为期 10 年的新租赁。根据新租赁准则，这些合同构成租赁。

合同开始日期为 2018 年 1 月 1 日，当时的增量借款利率为 7%，于 2019 年 1 月 1 日的增量借款利率为 6%，每年的租金为 3 000 元，于每年年末支付。

2. 车辆

Airma 租赁 10 台车辆用于运输存货和交付货物。每台车辆租赁期为 5 年，Airma 在某项租赁到期时，即订立为期 5 年的新租约。这些租赁合同无论是在新租赁准则还是原租赁准则下都构成租赁。

合同开始日期为 2018 年 1 月 1 日，当时的增量借款利率为 8%，于 2019 年 1 月 1 日的增量借款利率为 5%，每年的租金为 2 000 元，于每年年末支付。

3. 电信网络协议

按照原租赁准则的要求，Airma 将此合同分类为租赁。但是，Airma 认为该合同在新准则下不属于租赁，因为 Airma 不能主导电信供应商，而是属于服务。

Airma 和电信供应商签订了一份电信网络协议，合同期限 10 年，合同开始日期为 2018 年 1 月 1 日，当时的增量借款利率为 10%，于 2019 年 1 月 1 日的增量借款利率为 8%，每年的租金为 1 000，于每年年末支付。

4. 服装模特模型和货架

Airma 拥有许多服装模特模型和货架的租赁。这些租赁下的年度租赁付款额为 500。Airma 计划对这些租赁应用低价值项目租赁确认豁免。

▌三、原租赁准则下的方法

在原租赁准则下，Airma 将所有租赁分类为经营租赁。在截至 2018 年 12 月 31 日止年度，Airma 确认经营租赁总费用为 6 500 元（厂房 3 000 元＋车辆 2 000 元＋电信网络 1 000 元＋模型和货架 500 元）。

按照原租赁准则，Airma 在 2018 年 12 月 31 日的资产负债表中没有对这些租赁确认资产或负债。（为简单起见，假设没有租赁激励措施或初始直接费用。）

四、新租赁准则：情形分析

为评估新准则对资产负债表的影响，Airma 模拟了以下方案，如表 7-2 所示：

表 7-2　Airma 模拟方案

方案	过渡方法	租赁定义	计量使用权资产
1	追溯法	新租赁准则定义	追溯法
2	追溯法	原租赁准则定义	追溯法
3	经修订的追溯法	原租赁准则定义	方案 2A
4	经修订的追溯法	原租赁准则定义	厂房和车辆租赁用方案 2A，网络用方案 2B
5	经修订的追溯法	原租赁准则定义	方案 2B

1. 新租赁准则：对资产负债表的影响

Airma 计算于 2019 年 1 月 1 日在各种方案下将会确认的新租赁资产和负债，如表 7-3 所示。

表 7-3　Airma 计算于 2019 年 1 月 1 日在各种方案下将会确认的新租赁资产与负债

方　案	1	2	3	4	5
方法	（追溯法，购电协议除外）	（追溯法，购电协议除外）	（经修订的追溯法，方案 2A）	（经修订的追溯法，方案 2A/ 方案 2B）	（经修订的追溯法，方案 2B）
使用权资产	15 110.78	2 981.82	35 956.94	36 074.90	37 932.85
租赁负债	15 663.64	5 209.34	37 932.85	37 932.85	37 932.85
权益调整	552.87	2 227.52	1 975.91	1 857.95	——

2. 新租赁准则：了解对资产负债表的影响

在新租赁准则下，权益的调整，具体如图 7-10 所示。

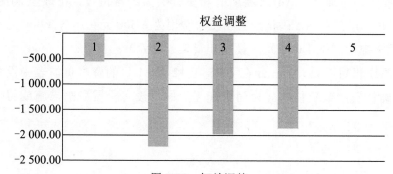

图 7-10　权益调整

1）净资产和权益减少

在所有方案下，Airma 均确认新的资产和新的负债。在方案 1 至 4 下，租赁负债的账面金额超出使用权资产的账面金额，导致 2019 年 1 月 1 日净资产和权益减少。该影响是由于使用权资产（直线法）和租赁负债（实际利率法）的摊销情况不同所致。很多企业将在实务中发现这一影响。

相反地，在方案 5 中，新准则对净资产或权益没有影响，原因是在这个方案分析中，Airma 选用方案 2B（即等于 2019 年 1 月 1 日的租赁负债）来计量全部使用权资产。

2）简便实务操作方法对租赁定义的影响

针对租赁定义的简便实务操作方法是方案 1 和方案 2 的唯一区别。对 Airma 而言，采用简便实务操作方法将导致电信网络协议被记入资产负债表内。这会在过渡时增加 Airma 的资产和负债，并减少权益。

与 Airma 相似，如果企业识别出符合原租赁准则但不符合新准则下租赁定义的交易，将发现采用该项简便实务操作方法会导致首次执行日的权益减少。

3）方案 2、3、4 和 5 之间的计量差异

在方案 2、3、4 和 5 中，记入资产负债表中的租赁合同（包括电信网络协议）总量相同。但是，这些方案存在重要的计量差异，如下所示。

（1）方案 2 与方案 3：方案 3 中新准则对权益的影响小于方案 2，原因有两个。

首先，方案 2 遵循追溯法，因此会使用租赁期开始日的折现率，而方案 3 遵循经修订的追溯法，因此会使用 2019 年 1 月 1 日的折现率（这个折现率相对较低）。使用较低的折现率会导致租赁负债增加。实务中，该影响在近年来现行利率下降的情形下比较常见。

其次，与方案 2 相比，方案 3 使用较低的折现率也导致使用权资产增加。此外，较低的折现率对使用权资产的影响更大，因为该折现率适用于较长期间，即从租赁期开始日起，而不仅是首次执行日。这意味着，使用权资产的增加额超过租赁负债的增加额。

（2）方案 3 与方案 4：随着从方案 3 向方案 4 过渡，权益受到的影响会进一步减少。租赁负债保持不变，但使用权资产减少，因为方案 4 选用方案 2 来计算某些租赁的使用权资产。换言之，在某些租赁中，使用权资产等于租赁负债。

（3）方案 4 与方案 5：在方案 5 中，权益没有受到影响。这是因为方案 5

选用方案 2 来计算 Airma 全部租赁的使用权资产。

3. 新租赁准则：过渡后的损益趋势

Airma 计算其于 2019 年 1 月 1 日在各种方案分析下将会确认的总租赁费用（即折旧加利息）如表 7-4 所示。

表 7-4　Airma 计算于 2019 年 1 月 1 日在各种方案分析下将会确认的总租赁费用

	2019 年	2020 年	2021 年	2022 年	2023 年	2024 年	2025 年	2026 年	2027 年
方案 1	6 917	6 768	6 607	6 431	6 618	6 447	6 261	6 059	5 839
方案 2	7 271	7 008	6 724	6 417	6 465	6 144	5 798	5 424	5 021
方案 3	7 139	6 909	6 665	6 406	6 469	6 194	5 901	5 588	5 254
方案 4	7 168	6 939	6 694	6 435	6 469	6 194	5 901	5 588	5 254
方案 5	7 375	7 145	6 901	6 642	6 675	6 400	6 107	5 794	5 461

4. 新租赁准则：了解过渡后的损益

方案 1 与方案 2 对比如下。

方案 1 显示的是，未使用简便实务操作方法的追溯法。该方案仅包括房地产和车辆租赁，这两个组合处于稳定状态。电信网络协议作为服务合同核算。相关费用（不包括在上述费用中）将在发生时确认为营业费用。

在方案 2 中，Airma 使用与租赁定义相关的简便实务操作方法，因此将电信网络协议作为租赁核算。这将产生以下两种影响。

首先，总租赁费用因包含了电信网络协议而出现增加（同时其他运营成本出现下降）。

其次，总租赁费用不再呈直线型。这是因为电信网络协议前高后低式的总租赁费用对分析具有重要性，而且没有其他类似租赁，因此无法平抑前高后低式的效应。

其他方案分析如下。

方案 2 与方案 3：在这两种情况下，总租赁费用看起来大体相同。但是，租赁费用的组成部分存在重大差异。

由于 2019 年 1 月 1 日确定的折现率低于租赁期开始日的折现率，方案 3 的利息费用低于方案 2。因此，方案 3 的利息保障比率较高。如果承租人所在司法管辖区的利率近年来出现下降，则经常会发生这种情况。

由于使用权资产的初始账面金额较高，方案 3 的使用权资产的折旧高于方案 2。

方案 3 与方案 4 和方案 5：在从方案 3 向方案 4 和方案 5 过渡时，Airma 更多地选用方案 2 来计量使用权资产。因此，由于第 5.3 节所述的原因，总租赁费用前高后低式的特点变得更为明显。

▌ 五、结论

这个示例说明，即使租赁组合较少的企业，在新准则下也有多种过渡方案可供选择。不同的过渡方案将对 Airma 在 2019 年 1 月 1 日的净资产和权益以及未来年度的损益科目趋势具有重要影响。这个示例还表明，过渡方案的决策过程可能十分复杂。对 Airma 而言，方案 5 是应用起来最为简单的方法，也不会导致 2019 年 1 月 1 日净资产的减少。但是，该方案将使过渡后的损益趋势发生最为严重的扭曲效果。完成方案分析后，Airma 将需要与主要利益相关方讨论相关结果，以便作出明智的决策。方案分析不足以帮助 Airma 确定后续的行动和方向。但对多数企业而言，方案分析可能是选择最佳过渡方案的一个必要步骤。

第八章

差　异

第一节　中国租赁准则与国际会计准则 中租赁准则的差异

中国新租赁准则与国际租赁准则（IFRS 16）实质趋同，但下述两项考虑了中国特色：

（1）以出让、划拨或转让方式取得的土地使用权在中国准则下适用无形资产准则，但该等土地使用权在国际准则下适用 IFRS 16；

（2）IFRS 16规定了承租人在满足一定条件时需采用投资性房地产准则，但新租赁准则没有引入该规定。因此，承租人拥有的所有使用权资产在中国租赁准则下都应采用固定资产准则的成本模式进行后续计量。

尽管新租赁准则与 IFRS 16 基本趋同，但前者更贴合我国实际的情况，主要差异如表 8-1 所示：

表 8-1　新租赁准则与 IFRS 16 的差异

主要规定	新租赁准则	IFRS 16
范围	以出让、划拨或转让方式取得的土地使用权，适用《企业会计准则第 6 号——无形资产》	土地使用权在国际财务报告准则下适用租赁准则
	不含投资性地产租赁	投资性地产租赁
	不适用范围未包含其他无形资产租赁	约定其他无形资产租赁承租人可以（但并非必需）应用
使用权资产后续计量	在租赁期开始日后，承租人应当按照本准则第二十一条、第二十二条、第二十七条及第二十九条的规定，采用成本模式对使用权资产进行后续计量	IFRS 16 允许承租人采用成本模式对使用权资产进行后续计量外，允许承租人对符合条件的使用权资产采用公允价值模式或者重估模式进行后续计量，而中国企业会计准则仅允许采用成本模式对使用权资产进行后续计量
列报	明确租赁负债通常分别非流动负债和一年内到期的非流动负债列示	IFRS 16 中未明确要求承租人对租赁负债分为非流动负债和一年内到期的非流动负债列示

续表

主要规定	新租赁准则	IFRS 16
	明确在现金流量表中，偿还租赁负债本金和利息所支付的现金应当计入筹资活动现金流出	偿还租赁负债的利息未明确必须在筹资活动现金流出
列报		如果承租人采用《国际会计准则第40号——投资性房地产》中的公允价值模式计量的投资性地产，则对符合投资性地产定义的使用权资产也应采用公允价值模式计量，并在投资性地产科目列报

第二节　中国租赁准则与美国租赁准则的差异

中国新租赁准则与美国租赁准则之间存在若干重大差异，举例如表 8-2 所示：

表 8-2　中国新租赁准则与美国租赁准则的差异

项　目	中 国 准 则	美 国 准 则
承租人	**基本会计模型** 承租人采用单一租赁会计模式，无须进行租赁分类测试。后续确认的总租赁费用（即，使用权资产的折旧费用与租赁负债的利息费用之和）是前高后低的。	**基本会计模型** 承租人采用双重租赁会计模式，即，区分融资租赁和经营租赁。融资租赁下的后续计算与中国准则相同。但在经营租赁下，一般以直线法确认总租赁费用。
	可变租赁付款额的变动 当出现以下情况，承租人需重新评估取决于指数或利率的可变租赁付款额： 因其他原因而重新计量租赁付款额（例如，因租赁期变更而进行重新评估）； 现金流量按照合同发生变更（即根据租赁条款，对取决于指数或利率的租赁付款额所做的调整生效）。	**可变租赁付款额的变动** 承租人无须因指数或比率变动而导致的租赁付款额度变动而重新计算租赁负债，仅由于其他原因而重新计量租赁付款额（例如，因租赁期变更而进行重新评估）时，承租人才重新评估取决于指数或利率的可变租赁付款额。

续表

项　　目	中 国 准 则	美 国 准 则
出租人	**租赁分类** 出租人将租赁分为融资租赁和经营租赁。	**租赁分类** 出租人将租赁分为经营租赁、销售型租赁（sales type leases）和直接融资租赁（direct financing leases）。美国准则下的销售型租赁和直接融资租赁的范围，通常相当于中国准则下的融资租赁。
	融资租赁下的资产处置利得 未就融资租赁在初始日确认销售利润作出限制。	**融资租赁下的资产处置利得** 如果满足融资租赁条件的唯一原因是第三方（除承租人以外）的参与，则不得在租赁开始日确认销售利润，即使标的资产的账面金额与公允价值是不同的。
	杠杆租赁 不存在杠杆租赁会计模式。	**杠杆租赁** 现有的杠杆租赁得以豁免，可不执行新准则。
关联方租赁	**关联方租赁** 未就关联方租赁交易提供具体的会计指引。	**关联方租赁** 基于合同条款对关联方租赁进行核算，即使这些条款与协议安排的实质存在差异。 披露关联方之间的租赁交易
售后租回	不适用。	若租回是融资租赁，则不得确认销售。
	任何实质性的回购选择权都会阻碍销售确认（不考虑行权价格）。	若行权价格是行权时的公允价值，并且标的资产是易于获取的非专业设备，则回购选择权不阻碍销售确认。
	交易利得的确认 承租人（卖方）应按原资产账面价值中与所保留使用权有关的部分，计量售后租回所形成的使用权资产，而不是按租赁付款额的现值计量。此外，承租人（卖方）应仅就转让至出租人的权利，确认相关利得或损失，而不是按照资产转让价数与账面价值的差额确认。	**交易利得的确认** 承租人（卖方）遵循与其他租赁相一致的处理原则，按租赁付款额的现值计量使用权资产。此外，承租人（卖方）按资产转让价数与账面价值的差额，确认相关利得或损失。
转租赁	**分类** 转租出租人应基于原租赁产生的使用权资产对转租赁进行分类，而不是基于租赁资产。	**分类** 转租出租人基于租赁资产对转租赁进行分类，即转租人在确定转租赁的分类时将标的资产视为被租赁资产。

续表

项　目	中　国　准　则	美　国　准　则
折现率	无"非公众经营实体"这个概念。	非公众经营实体承租人可将选择使用无风险折现率作为一项会计政策。
低价值资产租赁	**低价值资产租赁** 对低价值项目租赁，承租人可选择豁免—适用于单项资产全新时的为低价值的租赁，即使加总后金额是重大的也适用。	**低价值资产租赁** 未就低价值项目租赁提供豁免。
短期租赁	**定义** 包含购买选择权的租赁不属于短期租赁，无论承租人是否合理确定不会行使该选择权。	**定义** 若承租人合理确定不会行使购买租赁资产的选择权，则包含购买选择权的租赁也属于短期租赁。
生效日期	于 2019 年 1 月 1 日或以后日期开始的会计期间生效。 允许提前采用，但须同时采用新收入准则。	于 2018 年 12 月 15 日以后日期开始的财政年度生效。 允许提前采用，且无须同时采用美国版的收入准则。

　　企业如需分别按照这两套准则编制财务报表，则需要区分两套准则之间的差异，并在根据新租赁准则更新会计信息系统时需要兼顾两套准则的不同要求。

第九章

行业影响

第一节　新租赁准则影响分析

▌一、概述

新租赁准则的使用对于有租赁业务的公司都会产生一定的影响，无论是承租人还是出租人，但是由于不同行业的业务性质不同，租赁业务量差别很大，因此受新租赁准则影响程度也不同。四大会计师事务所之一的普华永道对 3 199 家采用国际会计准则的上市主体进行了调查研究，统计出了受新租赁准则影响最大的行业，如表 9-1 所示。

表 9-1　受新租赁准则影响最大的行业

行　业	负债增加中间值（*）	EBITDA增加中间值	杠杆变化中间值（**）		偿付能力变化中间值（***）	
			旧准则	新准则	旧准则	新准则
所有公司	22%	13%	2.03	2.14	35%	32%
零售	98%	41%	1.17	2.47	41%	28%
航空	47%	33%	3.26	3.63	25%	19%
专业服务	42%	15%	0.53	0.96	40%	37%
健康医疗	36%	24%	2.11	2.92	22%	19%
批发	28%	17%	2.04	2.31	31%	29%
运输和基建	24%	20%	2.21	2.52	36%	30%
娱乐	23%	15%	1.78	1.3	30%	25%
电信	21%	8%	1.65	2.00	23%	21%

来源：普华永道对 3 199 家采用国际会计准则的上市主体的调查研究。
（*）带息负债
（**）净负债 / EBITDA
（***）净资产扣除无形资产 / 总资产

主要影响——财务比率
新准则要求承租人将融资租赁和经营租赁记入资产负债表内，包括此前根

178

据原租赁准则分类为经营租赁的租赁。例外的是符合短期租赁和低价值资产租赁确认豁免的租赁。

执行新租赁准则将影响到众多财务比率，其中很多对所使用的折现率等输入值十分敏感。

举例来说，如果承租人存在原租赁准则所界定的经营租赁，并定期支付固定租赁付款额，则下述主要财务比率在应用新准则时将受到如表 9-2 所示的影响。

表 9-2　比率变化对经营租赁计入资产负债表的影响

比　　率		经营租赁计入资产负债表的影响
资产负债率 / 杠杆率	上升	因为首次确认租赁负债
资产周转率	下降	因为首次确认使用权资产，导致资产总额变高
流动比率	下降	因为租赁负债中的流动负债变高
营业利润 / 息税前利润	上升	因为折旧金额将低于按照旧准则所确认的租赁费用
息税折旧及摊销前利润	上升	因为消除了租赁费用－包括折旧费用和利息费用
利息保障倍数	下降	因为按比例来说，息税前利润的增加额远低于利息费用的增加额

▌二、新租赁准则的商业影响

1. 数据收集及管理

（1）现有系统可能无法提供新租赁准则所需的全部信息。

（2）企业需考虑如何保证租赁合同的完整性。

（3）对于租赁未进行集中管理的主体，新租赁准则对数据收集的要求可能带来重大影响。

（4）当企业选择对非租赁部分进行分拆处理时，此项工作将对系统及流程带来巨大挑战。

2. 信息系统、流程及控制

（1）现有的信息系统主要服务于租赁管理，其功能并不支持新租赁准则所需要的相关计算。

（2）若企业决定对现有 ERP 系统进行升级，则需要大量跨部门的协调与沟通。

（3）在企业选择完全追溯法的情况下，在比较数字年度需要同时按照原租赁准则和新租赁准则对租赁进行处理。

（4）系统无法代替企业进行新租赁准则所需的估计与判断。

3. 会计政策及会计手册

（1）在新租赁准则下企业需要使用大量的专业判断与估计。

（2）新租赁准则允许企业在某些会计政策的采用上进行选择。

（3）企业的会计手册及执行手册需要及时进行更新。

4. 租赁获取及谈判

（1）根据新租赁准则的要求，承租人将仅按照可确定的付款额现值确认租赁负债，而不包括可变付款额。

（2）承租人将在签订租赁合同时考虑是否提高可变付款额比例或缩短的初始租赁期以降低租赁负债。

（3）承租人在签订租赁合同时也应该考虑并平衡缩短租赁期带来的风险以及降低租赁负债的收益。

5. 财务报表

（1）新租赁准则将提高主体的负债比率并降低资产回报率。

（2）企业需考虑该变化对主体利益关联方带来的影响。

（3）企业应积极与利益关联方进行沟通并就新租赁准则的影响进行说明。

6. 税务考虑

新租赁准则将带来相关税务变化，这些变化包括但不限于：

（1）企业纳税情况的变化。

（2）递延税资产的调整。

（3）跟踪 / 记录时间性差异。

根据这些变化，企业需要考虑对税务相关的流程及内部控制进行调整更新。

第二节   对房地产业的影响

新准则要求承租人将房地产租赁记入资产负债表内，包括此前根据原租赁准则分类为经营租赁的房地产租赁。唯一例外的是符合短期租赁确认豁免的房地产租赁，由于房地产的价值都很高，因此不适用于新租赁准则的豁免条件。

▍一、租赁的定义

1. 对房地产应用租赁定义模型

房地产租赁中常见的不动产类型包括：

（1）土地和建筑物；

（2）办公场所：例如，建筑物的某一层；

（3）零售铺位；

（4）停车场内指定车位；以及

（5）住宅地产。

在对房地产租赁业务应用租赁定义时，该是否符合租赁的定义通常比较清楚。在应用租赁定义时，应考虑以下关键因素：

（1）已识别资产。

一般而言，房地产租赁合同会明确规定房地产的地址或特定的组成部分（例如，建筑物中的特定楼层或购物中心的特定单元）。

（2）全部产能。

承租人可独占使用已租赁的房地产或该房地产在物理上可区分的特定部分（例如，建筑物的某一层）。合同中会进行明确的规定。

（3）实质性替换权。

一般而言，在房地产租赁中不存在实质性替换权。承租人实际占用所租赁的房地产，并可能已作出不易拆除且难以在其他地方重新组装的租赁资产改良投资。

（4）承租人取得几乎所有经济利益。

如果承租人可独占使用房地产。这包括直接使用该房地产或对其进行转租赁。

（5）承租人是否有权主导资产的使用。

一般而言，承租人有权主导标的房地产的使用。例如，办公楼的承租人通常可控制进入大楼的对象、营业时间以及在该办公楼内开展的活动。尽管房地产租赁包含的条件通常会界定承租人使用房地产的权利范围（例如，要求遵循特定的经营惯例，或仅能将房地产用于约定的用途，比如不能够用于餐饮等要求），但这通常属于出租人的保护性权利，并不妨碍承租人在约定的范围内行使主导资产使用的权利。但在某些情况下，可能需要考虑房地产的性质。例如，针对房地产用作工厂或在足球场内建立厨房等"使用方式和目的"方面的决定，可能需要作进一步分析。

"使用期间"是指，某项资产被用于履行与承租人之间的合同的总时间段（包括所有非连续的时间段）。即使合同已对资产作出明确约定，若出租人在整个使用期间拥有替换该资产的实质性权利，则承租人对可识别资产的使用没有控制权。

如果承租人在间歇的期间内不具有对资产使用的控制权，一项使用可识别房地产的安排仍可能符合租赁的定义。

一项可识别房地产的安排

商户 X 在深圳的大梅沙海滩销售游泳商品，包括游泳衣、遮阳伞、沙滩毛巾等。商户 X 可在每年的 5 月到 10 月这 6 个月内独占使用某个零售铺位；合同期为 10 年。在一年中剩余的 6 个月内，该铺位被出租给另一家销售冬季运动设备的零售商。

在这种情况下，使用期间为 60 个月。这是因为商户 X 可在合同规定的 10 年内，每年使用该零售铺位 6 个月。另一租户在一年内的剩余月份使用同一零售铺位的事实，并不妨碍该份合同成为租赁（前提是满足租赁定义的其他方面）。

租赁定义的这一部分表明，企业不能通过在合同期限内加入特定期间，使得客户在该期间内无法决定资产的使用方式和目的、和／或无法从可识别资产的使用中获得几乎全部经济利益，来回避采用租赁会计处理。

2. 典型的房地产安排

以下示例用于说明，承租人在评估常见的房地产安排是否包含一项租赁时，应考虑的事项。

办公场所的租赁

某租赁公司 L 从出租人 F 处租入某办公楼中的一层，面积约 1 700 平方米。

合同规定，L 可独占使用租赁的楼层，并可对该楼层进行装修，前提是 L 不改变办公楼的结构，并在租赁结束时将相关楼层恢复原貌，交还给出租人 F。L 完全控制进入其租赁楼层的对象、营业时间以及其员工在该场地开展的业务（在法律规定的范围内）。

在这种情况下，存在一项租赁。这是因为：

（1）该楼层已在合同中明确规定，且在物理上可与其他楼层明确区分；

（2）承租人 L 获得所有经济利益，因为其具有独占使用权；

（3）出租人 F 没有实质性的替换权；以及

（4）承租人 L 主导办公场所的使用。

例3

部分产能属于可识别资产

商户 W 与仓库供应商 H 订立协议，租赁 H 的仓库的一部分存放商品。在该仓库中，特定的区域已根据合同分配给商户 W 使用，其他人不可以使用。仓库供应商 H 没有实质性替换权。租赁的仓库面积为仓库总面积的 80%。

在这种情况下，虽然不是使用仓库的全部面积，仍存在可识别资产。这是因为：

（1）仓库的具体使用面积已在合同中明确规定；

（2）在物理上可与该仓库的其他存储区域明确区分；以及

（3）仓库供应商 H 没有实质性替换权。

为评估是否存在一项租赁，商户 W 应继续考虑其是否从仓库的使用中获得几乎全部经济利益，并考虑谁有权主导该等库房的使用。

例4

部分产能不属于可识别资产

续例 2，某租赁公司 L 从出租人 F 还签订了使用办公楼的停车位的协议。作为协议的一部分，某租赁公司 L 的员工可在任何时间、在停车场的任意位置最多停放十辆汽车。该停车场共有 200 个车位。超出的车辆需额外付费。

根据租赁的定义，L 可以使用的停车场车位不属于可识别资产。这是因为某租赁公司 L 仅有权使用停车场部分车位，该部分产能既不能在物理上与停车场的其他区域明确区分，亦不满足有关"获得几乎所有经济利益"的标准。

相比之下，如果某租赁公司 L 就办公楼停车场中十个车位的使用权与出租人 F 订立协议，并且指定的车位已明确标记为仅供某租赁公司 L 使用，则该等车位将属于可识别资产。这是因为在该情况下，某租赁公司 L 有权使用停车场内在物理上可明确区分的某一部分。

为评估是否存在一项租赁，某租赁公司 L 应继续考虑其是否从这十个车位的使用中获得几乎所有经济利益，以及谁有权主导该等车位的使用。

例 5

替换权：零售铺位

商户 Q 和购物中心 S 签订了一份协议，租赁购物中心的一个零售铺位。

根据合同，购物中心 S 可要求商户 Q 搬至购物中心内的另一个零售铺位。在这种情况下，购物中心 S 将需支付搬迁费用，并向商户 Q 提供质量和规格相类似的零售铺位。仅当有大型的新租户搬入，并以足够高于现有承租人支付的租金租赁大量铺位，购物中心 S 才能因商户 Q 的搬迁获得经济利益。

在这种情况下，购物中心 S 的替换权不具有实质性。尽管现实中可能出现上述情况，但企业应在合同开始时，根据当时的状况评估供应商的替换权是否具有实质性，且不考虑不大可能发生的未来事件。

在中国，居民购买房地产的时候，所购买的土地使用权为 70 年，其实这是一种以租赁形式持有的房地产，购房者成为承租人。一旦以租赁形式持有的期间结束，整个房地产的所有权将归还国家。在遵守某些限制条件的情况下，承租人可在以租赁形式持有的期间内出售其以租赁形式持有的权益。购房人在房产 70 年到期时再一次性付款的形式再购买一定期限的使用权。此长期租赁的经济性质可能类似于土地购买，但以租赁形式持有的房地产安排通常符合新准则下的租赁定义。

作为简便实务操作方法，承租人通常可选择对短期租赁和低价值资产租赁不采用租赁会计模式，但是在房地产租赁中，不可能把房地产租赁归类为低价值资产租赁。

3. 分拆合同的组成部分

很多房地产租赁包含多个租赁组成部分和非租赁组成部分。承租人需要了解如何识别并核算各个组成部分。

1）概述

在实务中，合同可能包含：

（1）一项或多项租赁组成部分：例如，土地和 / 或建筑物的使用权；以及

（2）一项或多项非租赁组成部分：例如，维护、清洁和提供公用设施等。

新准则通常要求承租人分拆合同中的租赁组成部分和非租赁组成部分。

但是，根据简便实务操作方法，承租人可按标的资产的类别，选择不分拆租赁组成部分以及相关的非租赁组成部分。选用该方法的承租人，应将租赁组成部分和相关的非租赁组成部分作为单一的租赁组成部分进行会计处理。

在确定各非租赁组成部分与哪项租赁组成部分相关时，可能需要作出判断；同时，可能需要在多个租赁组成部分之间分配某项非租赁组成部分。

2）步骤 1 ——识别组成部分

如果符合以下条件，承租人将资产的使用权视为一项单独的租赁组成部分：

（1）承租人能够从单独使用该标的资产，或者将其与易于获得的其他资源一起使用中获益；并且

（2）该资产既不高度依赖合同中的其他资产，也不与合同中的其他资产高度关联。

向承租人转让商品或服务的活动费用或成本（例如，维护、清洁和公用设施），属于单独的非租赁组成部分。

未向承租人转让商品或服务的、与租赁相关的管理活动收费或其他成本，不会产生单独的组成部分。但是，它们属于总对价的一部分，承租人应将该总对价分摊至已识别的组成部分。

3）步骤 2——组成部分的会计处理

承租人应基于租赁组成部分的相对单独价格和非租赁组成部分的单独价格总和，将合同对价分摊至已识别的组成部分，并根据适用的会计准则对非租赁组成部分进行会计处理。

承租人应根据出租人就类似组成部分单独向企业收取的价格，确定租赁和非租赁组成部分的相对单独价格。

如果无法直接获得可观察的单独价格，承租人应尽量利用可观察的信息来估计组成部分的单独价格。对某些承租人而言，从出租人处获取这些信息可能

较为有效。

以下示例用于说明，承租人在识别、核算房地产合同的组成部分时，可能会遇到的常见情况。

非租赁组成部分：物业管理服务

在深圳，租户 X 签订了为期 5 年的公寓租赁合同。公寓所在的建筑物有多名租户，大家共同使用游泳池和会所等公共设施。

除了每月的租赁付款额外，合同还包含 3 元 / 平方米 / 月的额外费用，用于维护公共区域以及维修和保安服务等物业管理服务。如果出现了非常规和重大的维修成本，这些成本将向租户另行收取。

租户 X 认为，物业管理服务属于一项单独的非租赁组成部分，因为其在公寓的使用权之外向租户 X 转让了商品或服务。换言之，租户 X 取得了一项原本必须单独付费的服务。

为了对物业管理服务收费进行核算，租户 X 可以：

（1）将该项费用与租赁付款额进行分拆，不纳入租赁负债，同时在其发生时确认为费用；或者

（2）应用简便实务操作方法，将其计入租赁负债。

同时租户 X 每个月需要根据实际的用水量按照 3 元 / 吨的标准支付水费。

租赁付款额在每年末支付。租户 X 选择应用简便实务操作方法，将租赁组成部分和非租赁组成部分进行合并。

在租赁期开始日，承租人按固定租赁付款额的现值来计量租赁负债。尽管租户 X 选用简便实务操作方法，将非租赁组成部分（即物业管理费和水费）和租赁组成部分进行合并，但租户 X 并不将非租赁组成部分——水费，纳入租赁负债，因为它们是取决于使用量的可变付款额。换言之，该等费用的性质不会因为租户 X 选择不将其与固定租赁付款额分拆而变成固定款项。租户 X 应将水费作为可变租赁付款额，在发生时计入损益。

相反，如果租户 X 不选用简便实务操作方法来合并租赁和非租赁组成部分，则应将水费作为经营费用，在发生时计入损益。

如果承租人应用简便实务操作方法，不分拆非租赁和租赁组成部分，这在某些情况下可能会降低成本和复杂性。但是，承租人还需考虑应用简便实务操

作方法会对会计处理带来哪些影响。

　　某些承租人可能发现，资产负债表的结果不甚理想。应用此项简便实务操作方法可能导致承租人需就合同的服务组成部分确认一项负债，而该项负债在出租人履行服务前原本无须记入资产负债表。

　　同时，应用此项简便实务操作方法还将影响损益表的列报，进而影响到主要比率。例如，如果物业管理服务作为非租赁组成部分进行核算，承租人通常在物业管理服务发生时将其确认为经营费用。但是，如果物业管理服务是固定金额或者取决于指数或比率的可变金额，且承租人将其计入租赁付款额，则公共区域维护不属于经营费用；取而代之的是，租户 X 实际上将确认额外的使用资产权折旧费用和利息费用。在本例中，应用此项简便实务操作方法将增加息税折旧及摊销前利润的报告数值。

　　此项简便实务操作方法是一项会计政策选择，承租人应按照标的资产的类型一致应用。承租人必须对所有办公楼租赁均应用，或均不应用，此项简便实务操作方法。

　　4. 房产税

　　在中国房地产通常需要缴纳房产税，根据《中华人民共和国房产税暂行条例（2010 年修正本）》的规定房产税由产权所有人缴纳。产权属于全民所有的，由经营管理的单位缴纳。产权出典的，由承典人缴纳。产权所有人、承典人不在房产所在地的，或者产权未确定及租典纠纷未解决的，由房产代管人或者使用人缴纳。

　　如果房地产的所有人承担缴纳房产税的法定义务，但租赁协议要求承租人偿付或支付房产税，则承租人应将房产税作为总对价的一部分进行核算，该总对价将分摊至合同内已单独识别的组成部分。

　　在中国，房产所有人和占用人可能对房产税承担"连带责任"，即双方对缴纳全额税费负有同等义务。如果符合以下条件，则属于这种情况：

　　（1）法律明确规定了该项连带责任；或者

　　（2）纳税义务最初由所有人承担，但如果该所有人不予缴纳，存在法律机制允许税务机关向占用人要求支付。当双方承担连带责任时，承租人应如同其单独承担房产税一样，对房产税进行会计处理。这是因为财税被视为对承租人征收的税项，因而不属于租赁付款额。

例 7

房产税由承租人支付

租户 X 签订了 5 年期的公寓租赁合同。租赁付款额为每年 96 000 元。合同包含每月 400 元，全年共 4 800 元的物业管理费用。

租户 X 并未应用简便实务操作方法来合并租赁和非租赁组成部分。

根据租赁协议，租户 X 在合同上有义务向出租人支付房产税。为确定如何核算房产税，租户 X 应考虑以下事项：

（1）每年的租赁付款额为 96 000 元，属于固定款项。

（2）非租赁组成部分（即物业管理）为 4 800 元，亦属于固定款项。

（3）根据当地的地方法规规定，房产税对房地产的所有人征收，但由租户 X 偿付。

（4）房产税的支付不会导致向租户 X 转让可明确区分的商品或服务，因此不属于一项单独的组成部分。

（5）房产税属于不取决于指数或比率的可变付款额，因为税率（即 12%）和房产租金通常都不代表指数或比率。

因此，租户 X 将房产税（即 11 520 元，按 96000×12% 计算）计入对价，该对价将分摊至合同中已识别的租赁组成部分和非租赁组成部分。由于税费属于不取决于指数或比率的可变付款额，因此分摊至租赁组成部分的税费不会纳入租赁负债。

5. 折现率

房地产租赁通常是承租人需要计入其资产负债表中金额最大的租赁，而新准则的影响将对折现率等输入值非常敏感。

1）概述

承租人可使用租赁中的内含利率（如果易于确定）对租赁付款额进行折现。否则，承租人应使用其增量借款利率。

为确定租赁的内含利率，承租人需要获得有关租赁付款额的信息和下列信息：

（1）未担保余值；

（2）标的资产公允价值；以及

（3）出租人的所有初始直接费用。

由于缺乏信息，承租人通常难以确定租赁的内含利率，因此使用其增量借款利率。

承租人需要确定每项租赁的折现率。承租人需要对每项应用新的承租人会计模式的租赁确定折现率，并使用该折现率来计算未来租赁付款额的现值。仅有的若干例外情况如下所述：

（1）如果租金已全额预付，从而不存在需要折现的未来租赁付款额，则承租人不需要确定折现率。在一些房地产租赁中，承租人一次性预付租赁付款额以取得房地产的使用权，此类情况下不需要确定折现率。

（2）如果向出租人支付的款项全部可变且取决于销售或使用情况，则承租人不需要确定折现率。相反，承租人将在可变租赁付款额发生时将其确认为费用。在一些零售业的房地产租赁中，租赁付款额取决于承租人的销售，此类情况下不需要确定折现率。

（3）已应用短期租赁确认豁免的租赁不需要确定折现率。在此类情况下，承租人通常按直线法确认租赁费用，类似于当前的经营租赁会计处理。

此外，承租人可采用组合法，对具有类似特征的房地产租赁组合确定单一的折现率。允许采用此方法的前提是承租人预计，该方法与对单项租赁应用新准则的处理结果没有重大差异。

2）房地产的增量借款利率

根据标的资产的性质以及租赁的条款和条件，承租人在确定租赁的增量借款利率时，可能参照容易观察到的利率作为输入值。例如，在确定房地产租赁适用的折现率时，参照房地产收益率。承租人可根据需要调整该等可观察利率，以确定新租赁准则所要求的增量借款利率。

实务中，承租人可能会发现，相关调整的数量和复杂性导致其难以使用房地产收益率作为增量借款利率。

从性质上讲，房地产在租赁结束时通常具有重大的余值。房地产的价值通常随时间推移而增加，这使得房地产的承租人难以确定适当的折现率。

在房地产租赁中，房地产收益率可作为确定房地产租赁增量借款利率的输入值。

房地产收益率反映了房地产的预期年度回报。它们的报价可能在计入费用之前或之后作出（即总收益或净收益），并且是多种因素共同作用的结果。这些因素包括但不限于：

（1）该类房地产的市场租金率；

（2）增长预期（例如，较低的房地产收益率通常伴随较高的租金增长预期）；

（3）对装修成本的预期；以及

（4）对房地产价值相关风险的预期。

上述因素表明房地产收益率是与某项房地产特定相关的。但是，房地产收益率并未考虑特定企业的自身特征，例如，租赁期限、承租人的信用评级等，这些特征可能影响承租人的增量借款利率。因此，为确定承租人的增量借款利率，需要对房地产收益率进行调整。

作为替代方法，承租人还可使用其一般借款利率作为确定增量借款利率。一般借款利率与特定企业相关（例如，考虑了承租人的信用评级），但并未考虑已租赁房地产的具体特征（例如，租赁期）。因此，为确定承租人的增量借款利率，需要对一般借款利率作出调整。例如，针对租赁期、以标的资产抵押、余值风险的预期等作出调整。

在某些地方，如果房地产收益率高于借款利率，一些承租人可能倾向使用房地产收益率作为增量借款利率，因为这可以得出较低的租赁负债。

但是，如果房地产收益率被用作确定增量借款利率的输入值，则承租人应根据需要调整房地产收益率，以确保得出的增量借款利率符合新准则的定义。不论房地产收益率是否作为确定承租人增量借款利率的输入值，增量借款利率均不得超过新准则所要求的利率。

增量借款利率是指，承租人为获得与使用权资产价值接近的资产而借入必要资金所必须支付的利率。

这类似于企业以资产为抵押或担保借入资金。实务中，贷款机构或许仅能为大额资产（例如，飞机、船舶或建筑物）的收购提供部分资金。增量借款利率应使用"混合"或"加权"利率来计算，即承租人将按标的资产100%的成本取得融资时所用的利率。

例8

公司CL就一整栋建筑物订立租约。如果公司CL想要收购整栋大楼，其适用的贷款价值比为70%（即，贷款机构仅为建筑物价值的70%提供资金）。对于剩余30%的价值，公司CL将通过股权筹集资金。在这种情况下，公司

CL 在计算增量借款利率时会将30%的股权融资剔除在外，因为它不能反映公司 CL 为获取资产而借入必要资金时所用的利率。取而代之的是，公司 CL 应考虑通过其他债务融资渠道(例如，银行贷款、透支等)为剩余的30%价值筹资。我们认为，公司 CL 应按照以下方式确定混合或加权利率：（70%×担保借款利率）+（30%×一般借款利率）。随后，公司 CL 应根据其他因素（如适用）调整该项利率，例如，租赁期与贷款期限相比的情况、担保物的使用寿命和质量，以及承租人的信用评级。

例9

修改上文示例8，假设公司 CL 希望收购整栋建筑物，而贷款机构愿意为大楼的成本提供100%融资，但要求公司 CL 支付溢价利率。公司 CL 应考虑如何在实务中安排借款，从而确定增量借款利率。这种情况下的增量借款利率是以下两个利率中的较低者：

（1）上文示例8所述的混合或加权利率：即（70%×担保借款利率）+（30%×一般借款利率）；与

（2）贷款机构为建筑物收购提供100%融资时收取的溢价利率。

随后，公司 CL 应根据其他因素（如适用）调整该利率，例如，租赁期与贷款期限相比的情况、建筑物的位置和状况，以及承租人的信用评级。

6. 租赁期

租赁期的确定是一项关键判断，要求企业审慎考虑每项租赁所包含的选择权以及相关的事实和情况。

1）概述

（1）初始评估

租赁期是指不可撤销的租赁期间，加上：

①可选续租期间，如果承租人合理确定会续租；以及

②可选终止日期后的期间，如果承租人合理确定不会提前终止租赁。如果承租人和出租人双方均有权在未经另一方许可的情况下终止租赁，且罚款金额不大，则该项租赁不再可强制执行。

在确定租赁期时，承租人应考虑与产生行使续租选择权或者放弃提前终止选择权的经济动机有关的所有相关事实和情况。在确定租赁期时，仅出租人拥有的终止选择权不予考虑。

原租赁准则已要求承租人确定租赁期。但在新准则下，租赁期估计的重要性有所增加，因为它将确定哪些租赁付款额应纳入租赁负债的计量。新准则还要求承租人在某些情况下重新评估租赁期。

"合理确定"这一关键标准与原租赁准则下相同。但是，新租赁准则就如何应用这一关键标准提供了更多指引，例如，识别经济动机以及承租人重新评估租赁期等。

（2）重新评估

在租赁期开始日后，承租人在某些情况下需要重新评估其是否合理确定将行使续租选择权，或者不行使提前终止选择权。

仅当发生重大事件或重大情况变化且其符合以下条件时，承租人才需要重新评估：

①重大事件或重大情况变化在承租人的控制范围内；并且

②重大事件或重大情况变化影响承租人对是否合理确定将行使相关选择权的评估。

重新评估租赁期的要求将为资产负债表带来波动性。这可能要求承租人变更系统和流程，以便能够确定何时需要重新评估和重新计量租赁，以反映租赁期的变化。

2）对租赁期的初始评估

承租人应在租赁期开始日确定租赁期。租赁期在出租人将标的资产提供给承租人使用时开始。它包括出租人提供的任何免租期。以下示例用于说明，承租人在初始评估租赁期时通常考虑的事项。

例 10

连锁零售商 CM 租赁了某个商铺，为期 5 年。

该商铺可直接开业，但连锁零售商 CM 在搬入前花了 3 个月的时间进行租赁资产改良，以使商铺的设计和品牌与连锁零售商 CM 的其他店铺相符。连锁零售商 CM 认为租赁资产改良符合相关条件，可确认为固定资产改良支出。

根据租赁协议，连锁零售商 CM 在实际搬入商铺前无须支付租金。连锁零售商 CM 可从 2020 年 4 月 1 日起使用商铺，并计划从 2020 年 7 月 1 日起开业。

租赁期：

租赁期在标的资产可供使用时开始。免租期和占用日期与之无关。因此，本项租赁的开始日为 2020 年 4 月 1 日。

使用权资产的折旧：

连锁零售商 CM 从 2020 年 4 月 1 日起开始对使用权资产进行折旧。

在本例中，装修期间的使用权资产折旧费用，不是可直接归属于为使租赁资产改良达到预定使用状态而发生的成本。

因此，装修期间的折旧费用不作为租赁资产改良的一部分进行资本化，而应直接计入当期费用。

例 11

不可撤销期间较短，承租人和出租人在该期间后均可以终止租赁，且罚款金额不重大

灯具供应商 X 与出租人订立为期 5 年的办公楼租赁合同。

灯具供应商 X 设计灯具并通过线上平台进行销售，计划用租来的地点作为展厅。展厅的装修费用金额不重大。

根据租赁协议，灯具供应商 X 和出租人 Y 均有权在租赁期开始日后的每个周年日终止租赁，且按照合同无须支付罚款。

为评估是否存在可能产生罚款，灯具供应商 X 考虑了以下事项。

（1）租赁资产改良的金额较小。因此，即使合同在租赁资产改良的经济寿命结束前终止，灯具供应商 X 所损失的经济价值亦不重大。

（2）拆除租赁资产改良的费用不重大。

（3）将办公室恢复原貌的费用不重大。

（4）提前终止合同对客户关系的潜在影响较低。

灯具供应商 X 主要通过其网站与客户进行互动，预计只有少数客户会亲自前往展厅。基于相关事实和情况，灯具供应商 X 认为其可在一年后终止租赁而无须支付罚款。假设出租人 Y 亦可在一年后终止合同，且罚款金额不重大，则租赁期包含一年的不可撤销期间，因为一年后不存在可强制执行的权利和义务。

例 12

包含非连续使用期间的租赁期

在深圳宝安北路的商铺里，零售商 W 从事圣诞装饰品销售。零售商 W 订

立 4 年期协议,在每年的 10 月、11 月和 12 月租赁某个零售店铺。零售商 W 每年使用的店铺位置相同。在零售商 W 使用店铺的期间内,租赁付款额为每月 10 000 元。

租赁期:

租赁期为 12 个月,即非连续使用期间的总和。如果零售商 W 已选择对同类的标的资产应用短期租赁确认豁免,其可对该项租赁应用相同的豁免。

后续会计处理:

我们理解,如果零售商 W 并未对短期租赁应用确认豁免,其应在使用期内按直线法对使用权资产进行折旧。在未使用商铺的期间内(即 1 月至 9 月),其不应确认任何折旧费用。但是,未偿付租赁负债的利息应在合同涵盖的整个期间(即 4 年)内予以累计。

3)对租赁期的后续重估—常见的考虑事项

承租人应在下列情况修改租赁期:承租人对于是否合理确定将行使续租选择权,或者不行使提前终止租赁选择权进行重新评估。例如,承租人在后续期间发生重大的租赁资产改良,这可能会产生较强的激励影响,促使承租人行使续租选择权,而此前承租人认为并不合理确定会续租。

承租人还应在不可撤销期间发生变化时修改租赁期。例如,承租人在租赁期开始时确定租赁期的不可撤销期间为 5 年,并认为其不能合理确定会行使续租选择权以续租 5 年。但是,如果承租人在第 4 年末正式通知出租人将行使续租选择权以续租 5 年,则承租人应将租赁期改为 6 年,以反映新的不可撤销期间。

承租人应在租赁期发生变化时,使用修改后的折现率重新计量租赁负债,并通常对使用权资产作出相应调整。

例 13

租赁资产改良和租赁期

石油开发企业 HY 从出租人 L 处租入一个海工平台。租赁的不可撤销期间为 6 年,石油开发企业 HY 可续租 6 年,即租赁的最长期间可能为 12 年。

租赁期开始时的初始评估:

在租赁期开始时,石油开发企业 HY 认为其不能合理确定将行使续租选择权,因此确定租赁期为 6 年。

对行使选择权的确定性进行后续重估：

在第 4 年，石油开发企业 HY 因需要将海工平台拖到另外一个海域进行石油开采工作，因此石油开发企业 HY 对海工平台进行了重大的租赁资产改良，包括增加海工平台的附属设施等。根据其经验，石油开发企业 HY 认为，自改良后的海工平台在当地区域的使用寿命至少为 10 年，但不能重新用于其他海域进行开采工作，除非再花费大额资金进行进一步的改良，同时在拆除此次改良的设施时它们会被损坏。

石油开发企业 HY 指出，租赁资产改良表明其存在续租的经济动机。石油开发企业 HY 更新了总体评估并认为，其现在能够合理确定将会进行续租。

因此，石油开发企业 HY 将租赁期重新评估为 12 年（即剩余的租赁期为 8 年），并使用修改后的折现率重新计量租赁负债。石油开发企业 HY 根据租赁负债的重新计量结果，调整使用权资产。

例 14

租赁终止选择权：评估是否合理确定将不予行使

租赁公司 H 就某办公楼的一个楼层订立 5 年期租约。

该项租赁不存在续租选择权，但租赁公司 H 有权在 3 年后提前终止租赁，需要支付的罚款为 30 000 元，相当于 3 个月的租金。

每年的租赁付款额固定为 120 000 元。

在租赁期开始日，该栋新建大楼比周边商业区的其他办公楼配备更先进的技术，且租赁付款额与市场租金一致。

租赁期开始时的初始评估：

在租赁期开始日，租赁公司 H 认为其合理确定将不行使提前终止选择权，因此将终止租赁的罚款从租赁负债中剔除，并将租赁期确定为 5 年。

对行使选择权的确定性进行后续重估：

在第 2 年，租赁公司 H 出售其业务的一个重要组成部分，并将员工人数减少 60%。

在第 2 年末，同区域内符合租赁公司 H 削减后员工规模的类似办公楼可从第 3 年租赁，年度付款额为 50 000 元。租赁公司 H 估计搬迁员工的费用为 30 000 元。

租赁公司 H 的结论是，所发生的重大变化在其控制范围内，并影响其是否仍合理确定将不行使终止选择权的评估。

为评估是否仍合理确定将不行使提前终止选择权，租赁公司 H 比较了未来现金流出，详情如下。

维持原租赁的支出：12×3=36 万元。

搬迁的支出：罚款 3 万元 + 搬迁费用 3 万元 +5×3=21 万元。

租赁公司 H 就其现在是否存在提前终止租赁的经济动机进行全面评估，这包括考虑搬迁至较小的办公室可节省的成本。

由于搬迁至较小的办公室可节省的成本远超过提前终止租赁的罚款，租赁公司 H 在第 2 年年末认为，其不再合理确定在第 3 年年末将不行使提前终止选择权。为简便起见，本示例对货币的时间价值忽略不计，但在实际的评估中，租赁公司 H 应考虑这一点。租赁公司 H 将终止租赁的罚款（30 000 元）计入租赁付款额，并认为剩余的租赁期已缩短至 1 年。承租人使用修改后的折现率重新计量租赁负债，并调整使用权资产。

在发生承租人控制范围内的重大事件或重大情况变化时需要重新评估租赁期的要求，是与原租赁准则相比的一项重大改变。企业再也不能在租赁期开始日计算租赁摊销表，并在每个报告日沿用同一份摊销表。相反，企业需要重新评估关键判断，并在每个报告日考虑是否有必要重新计量租赁余额。

在租赁期内进行重新计量将为财务报表使用者提供更为更新的信息。但是，重新计量也会为报告的资产和负债带来新的波动性，这可能影响企业准确预测和预报未来财务业绩的能力。企业需要投入额外的资源，不仅在租赁期开始日，还要在每个报告日关注租赁的会计核算。在确定相关因素是否发生变化，以及促使承租人行使或不行使续租或终止选择权的经济动机是否出现变化时，很可能需要作出重大判断。此外，企业可能需要制定用以识别重新评估触发因素的指标，来确保一致应用。在某些情况下，承租人对关键判断的重新评估可能会对财务状况表、损益和其他综合收益表内确认的租赁金额产生重大影响。

7. 租赁付款额

确定哪些付款额应计入租赁负债是确定承租人资产负债表所受影响的关键事项。

1）概述

在租赁期开始日，承租人按照在该日尚未支付的租赁付款额的现值计量租赁负债。对于仅包含固定租赁付款额的简单租赁，计算比较简单。

房地产租赁通常包含以下部分或全部款项：

（1）固定付款额（包括实质固定付款额），减去任何应收的租赁激励；

（2）可变租赁付款额；

（3）对提前终止租赁的付款额；以及

（4）非租赁组成部分（例如物业管理费）的付款额。

承租人应在租赁期开始日确定应计入租赁负债和使用权资产的款项。

2）固定和实质固定付款额

固定和实质固定付款额应始终纳入承租人的租赁负债。"实质固定付款额"是指，形式上是可变租赁付款额，但实质上不可避免的款项。有时，某些款项初看上去似乎是可变的，但实际上是固定的。

如果租赁付款额初始是可变的，但后续变成固定款项，其应在相关可变性消除时被视作实质固定付款额。在这种情况下，承租人应从该时点起将后续款项纳入租赁负债，并使用未改变的折现率来重新计量租赁负债。

例 15

某知名百货公司 W 从房地产商 H 处租入已成熟开发的零售地产中的某个店铺。根据租赁条款，知名百货公司 W 在正常工作时间内必须营业。知名百货公司 W 不得将店铺闲置或转租。

合同规定，知名百货公司 W 每年应付的租金为：

（1）100 元，如果知名百货公司 W 的店铺未发生销售；或者

（2）160 万元，如果知名百货公司 W 在租赁期间发生了销售。

知名百货公司 W 认为，该项租赁包含每年 160 万的实质固定租赁付款额。知名百货公司 W 指出，该款项不是取决于销售的可变付款额。这是因为，知名百货公司 W 的店铺未发生销售的现实可能性为零。

例 16

矿砂经销商 U 签订了为期 5 年的矿砂船租赁合同。租赁付款额为每年 100 000 元，于每年末支付。

租金在后续每一年增加 3%。该增幅旨在就居民消费价格指数（CPI）的预期变动对出租人作出补偿，因为过去 3 年的年度平均通货膨胀率为 3%。

矿砂经销商 U 认为租金是固定的，不取决于居民消费价格指数的未来价

值。在租赁期开始日，矿砂经销商 U 将每年固定增长 3% 的年度租赁付款额（即 103 000、106 090、109 272 等）计入租赁负债。此项租赁付款额不存在需要矿砂经销商 U 重新计量租赁负债的未来变动。

例 17

矿砂经销商 U 订立为期 5 年的矿砂船租赁合同。租赁付款额于每年初提前支付。

第一笔租赁付款额为 100 000 元，之后每年的租赁付款额按以下两者中的较高者增长，即：3% 与过去 12 个月的居民消费价格指数的增幅。仅当居民消费价格指数的年度增幅超 3% 时，才需要重新计量租赁负债。

租赁期开始时的居民消费价格指数为 100，在第 1 年末上涨至 105，即第 1 年的通货膨胀率为 5%。

在租赁期开始日：

尽管租赁付款额在形式上是可变的，此项合同包含实质固定付款额，因为租赁付款额包含矿砂经销商 U 无法避免的、每年 3% 的最低固定增幅。租赁付款额的可变性仅存在于实际付款额超出最低金额的部分。

在租赁期开始时，矿砂经销商 U 支付第 1 年的租金，并确定合同包含实质固定的最低金额（且每年固定上涨 3%）。矿砂经销商 U 将剩余 4 笔的租赁付款额（假设每年上涨 3%，103 000、106 090、109 272 等）的现值计入租赁负债，并相应计量租赁负债和使用权资产。

在第 2 年年初进行后续重新计量：

在第 2 年年初，矿砂经销商 U 根据居民消费价格指数的增幅（5%）和 3% 这两者中的较高者，调整剩余的租赁付款额。因此，矿砂经销商 U 将租赁付款额增加至 105 000（100 000×105 / 100）。

第 2 年确定的付款额（105 000）成为新的付款基数。为重新计量第 2 年初的租赁负债，新的付款基数将在剩余的租赁期内每年增加 3%（最低年度增幅）。

矿砂经销商 U 使用不变的折现率来重新计量租赁负债和使用权资产。

8. 可变租赁付款额

取决于指数或比率的付款额。

取决于指数或比率的可变租赁付款额，应采用租赁期开始日的指数或比率进行初始计量并计入租赁负债。

该方法适用于：例如，与居民消费价格指数（CPI）挂钩的付款额、与基准利率（例如，上海银行同业拆借利率（SIBOR））挂钩的付款额，或者随市场租金率的变化而调整的付款额等。

在租赁期开始日后，承租人应使用不变的折现率来重新计量租赁负债，以反映因指数或比率变化而导致的租赁付款额变动。

 例 18

取决于一项指数的付款额

公司 Z 租赁了一栋写字楼的一层作为办公室，租赁期为 3 年。初始年租金为 50 万元，租赁付款额于每年年初支付。租金将于每年复核，并随着居民消费价格指数的变化而增长。折现率为 6%。

租赁负债的初始计量：

为计量租赁期开始时的租赁负债，公司 Z 假设 3 年内每年的租金均为 50 万元。在租赁期开始日，公司 Z 计量得出的租赁负债为 142 万元。

租赁负债的后续重新评估：

第 1 年内，居民消费价格指数由 100 上涨至 105（即过去 12 个月内的通货膨胀率为 3%）。鉴于用于确定租赁付款额的居民消费价格指数发生变化，未来租赁付款出现变动，公司 Z 需要重新计量租赁负债。在第 1 年末，公司 Z 计算得出第 2 年的租赁付款额为 51.5 万元 [50 万 ×（103/100）]。因此，公司 Z 假设剩余 2 年的年租金为 103 万元，以此重新计量租赁负债。公司 Z 使用不变的折现率重新计量得出的租赁负债为 100.08 万元。

公司 Z 根据租赁负债的后续重新计量结果来调整使用权资产。

房产税不属于取决于指数或比率的可变租赁付款额。对于根据新准则进行会计处理的房产税，税率通常均不属于一项指数或比率。

这是因为在许多情况下，尽管房产税按一定百分比（即"比率"）计算，它实质上是一种机制，有关部门据此收取根据预算要求所确定的税款。有关部门通常保留变更征收税额和征收安排的一般立法权。例如，评估价值可能不一定是于市场价格，有关部门可能不会及时更新评估价值；即使评估价值接近市场价值，有关部门也可改变应用于评估价值的百分比。

房产税不是一项单独的组成部分，因为该税项并未向承租人转让商品或服务，但它们被视为总对价的一部分，该总对价将分摊至合同中已识别的组成部分。因此，房产税属于不取决于比率的可变付款额，且不是合同中一项单独的组成部分。

有时，租赁付款额会在租赁期内重新协商。这可能是因为：

（1）承租人正经历财务困难并寻求减租；或者

（2）根据租赁合同的约定，需要更新租赁付款额以反映市场租金率。

在某些情况下，如果需要相当长一段时间才能协商一致，承租人可能会继续按原来的租金支付，并在商定新的租金后进行"追补调整"。

取决于销售或标的资产使用情况的可变租赁付款额不纳入租赁负债，而是应在发生时计入当期损益。

取决于销售的可变付款额

零售商 W 租赁了一个店铺。每年的租赁付款额相当于该商铺收入的 28%，不存在最低租赁付款额。由于租赁仅包含不取决于指数或比率的可变租赁付款额，同时没有不可避免的付款额，因此公司 X 在租赁期开始时将租赁负债计量为零。

与销售不成正比的可变付款额

零售商 Q 租赁了一个铺位以开设新门店。零售商 Q 的门店以往平均每月产生 500 000 元收入。新门店每月的租赁付款额将参照以下阶梯式的销售目标确定。

（1）每月收入不高于 200 000：0。

（2）每月收入为 200 001 至 600 000：30 000。

（3）每月收入为 600 001 至 1 000 000：50 000。

（4）每月收入高于 1 000 000：80 000。

零售商 Q 在评估可变租赁付款额是否为实质固定付款额时，考虑了以下事项。

（1）租赁付款额存在真实的可变性。

（2）租赁付款额可能每月不同的情况现实存在。

（3）该款项在形式上是可变付款额，且日后不会变成固定付款额。

（4）如果收入低于200 000元，则无须支付租赁付款额。

零售商Q的结论是，尽管租赁付款额不与销售成正比（即，不是按照销售的一定比例来确定），租赁付款额仍然是可变的（即不存在实质固定的最低付款额）且取决于销售情况。即便存在历史平均值或类似的基准，也不会产生固定的最低付款额。因此，零售商Q不将每月的租赁付款额纳入租赁负债的计量，并在租赁期开始时将租赁负债计量为零。

9. 使用权资产

除了租赁负债外，承租人还需要考虑是否存在应计入使用权资产的其他成本。

初始计量：

承租人在租赁期开始日按成本计量使用权资产，这包括以下项目。

承租人的"初始直接费用"是指为获取租赁而发生的增量成本，若不获取该租赁则不会发生该成本。

"租赁激励"是指出租人向承租人支付的与租赁有关的款项，或者出租人为承租人偿付或承担的租赁成本。

后续计量：

成本模式。

承租人通常按成本减累计折旧及累计减值损失来计量使用权资产，实际上，减值测试取代了现行或有负债准则中有关亏损性租赁的测试。由于承租人现在应就其支付租赁付款额的义务确认租赁负债，因此无须额外确认准备。相反，承租人应评估使用权资产是否存在减值。减值测试可能增加承租人的财务报告负担。目前评估经营租赁的目的是，确定其是否已变为亏损性的经营租赁，而非为了进行减值测试。应用减值测试的要求可能更为复杂。

10. 复原成本

承租人在发生与复原成本有关的义务时，将其作为使用权资产的一部分进行确认。该项义务可能在租赁期开始日发生或可能由于在特定期间使用标的资产而发生，这要视具体的事实和情况而定。该等成本的义务将按照或有事项的要求进行计量。租赁期内发生的常规损耗可能会增加承租人的归还义务金额，但它通常不会形成一项资产，因此会在发生时计入费用。如果承租人本期将所租赁房地产用于生产存货，则应适用存货准则。

移除租赁资产改良的估计成本

金融公司 CM 租赁了建筑物的一层作为办公室，签订了为期 3 年的租赁合同。

租赁付款额为每年 500 000 元，于每年末支付。金融公司 CM 的增量借款利率为 6%。

开始进驻前，金融公司 CM 根据自己的工作需求对办公室进行了装修，但根据租赁协议，金融公司 CM 必须在租赁结束时将办公室恢复原状（例如，移除任何租赁资产改良等）。

租赁期开始时：

金融公司 CM 在租赁期开始时对办公室进行装修，包括地板、墙壁装修等。当时，金融公司 CM 估计，在租赁结束时拆除装修、重建墙壁并恢复原状将花费 10 000 元。名义无风险利率为 5%。

因此，金融公司 CM 在租赁期开始时确认以下项目。

（1）租赁负债 1 336 506 元（按 3 笔年度租赁付款额（每年 500 000）的现值计量，采用金融公司 CM 的增量借款利率进行折现）。

（2）针对复原成本的准备 8 638 元（按第 3 年末估计复原成本 10 000 计量，并使用无风险利率进行折现）。

（3）租赁期开始时资产总计为 1 345 144 元（1 336 506+8 638）。

第 1 年年末：

由于地板受到持续磨损，金融公司 CM 估计在租赁结束时将花费 2 000 来更换地板。因此，金融公司 CM 在损坏发生时针对替换成本确认一项准备和相应的费用。鉴于该磨损的性质（即持续使用地板），金融公司 CM 估计地板的磨损程度与店铺的使用时间成正比。金融公司 CM 使用无风险利率进行折现，确认金额为 3 719 的费用和准备。

11. 租赁的修改

租赁变更的类型多样。本章讨论房地产租赁中最常见的四种修改。

租赁变更是指租赁范围或租赁对价的变更，但该项变更不属于原始租赁条款和条件的一部分。常见的例子包括：

（1）通过增加一项或多项标的资产的使用权而扩大租赁范围；

（2）通过延长合同规定的租赁期而扩大租赁范围；以及

（3）通过增加或减少租赁付款额而变更租赁对价。

重新协商原始合同而导致的变更均属于租赁变更。通过合同规定的租金调整机制来调整租赁付款额（现金流量），以及重新评估承租人是否合理确定将行使（或不行使）原始合同所包含的选择权，该等情况均不属于租赁变更。

1）增加租赁场地——新增一个楼层

如果同时存在以下两种情形，承租人应将租赁变更作为一项单独的租赁进行会计处理：

（1）该项修改通过增加一项或多项标的资产的使用权而扩大租赁范围；并且

（2）租赁对价的增加额与所扩大范围对应的单独价格按特定合同情况对该单独价格进行适当调整后的金额相当。

其中一种常见的房地产租赁变更是，修改租赁以新增额外的租赁场地。例如，已在某办公楼租赁办公场所的租户可能同意在同一办公楼租赁额外的办公场所。如果额外办公场所的租赁付款额反映了其单独价格，承租人应将该新增办公场所作为一项单独的新租赁进行会计处理。在此情况下，承租人：

（1）按照与核算新租赁相同的方法，对该项单独的租赁（即有关额外楼层的租赁）进行会计处理；并且

（2）不对初始租赁进行调整。

办公场地租赁中新增一个楼层，并相应增加对价

租赁公司 CL 就某办公楼的一个楼层与出租人 SK 签订为期 8 年的租赁合同。此后，租赁公司 CL 的业务有所扩大并需要租赁额外的办公场所。

在第 4 年年初，租赁公司 CL 与出租人 SK 修改合同，授予租赁公司 CL 使用同一办公楼内另一楼层的权利，为期 5 年。新的办公场所在面积和所有重要方面都与原来的办公场所类似。

新办公场所的租赁付款额与具备同等面积和特征的办公场所的市场租金相

当。但是，租赁公司 CL 在新的办公场所租赁中取得 8% 的折扣，因为其与出租人 SK 现有的租赁关系使得出租人 SK 能够避免如果将该额外楼层出租给新租户而原本会发生的成本，例如，营销成本、租赁代理商的佣金以及信用审核的成本等。

有关额外办公场所的租赁不属于原始合同条款和条件的一部分。因此，这属于租赁变更。

租赁公司 CL 在租赁变更生效日将该项修改作为一项单独的租赁进行会计处理，因为：

（1）该项修改通过增加一项额外标的资产（即新增办公场所楼层）的使用权，使租赁范围扩大；并且

（2）新增楼层的租赁付款额与类似办公场所的市场租金按合同情况调整后的金额相当。尽管新增办公场所的租赁付款额比市场租金低 8%，该折扣反映了出租人 SK 与租赁公司 CL 分享因无须对该物业进行营销或支付代理商佣金以及不必发生其他常见初始费用而产生的收益。承租人不应修改对原办公场所租赁的会计处理。

2）租赁期延长

另一种常见的房地产租赁变更是延长租赁期限，即承租人同意在原来约定的最长期限以外的期间继续租用同一场地。

延长租赁协议的合同期限不同于重新评估承租人是否将行使原始协议所包含的续租选择权。承租人对属于延长租赁期的修改进行以下会计处理：

（1）基于租赁组成部分的相对单独价格和非租赁组成部分的单独价格总和，将对价分摊至各个租赁组成部分；

（2）确定新的租赁期；

（3）按照修改后的折现率对修改后的租赁付款额进行折现，以此重新计量租赁负债；以及

（4）对使用权资产进行相应调整。承租人在租赁变更生效日——即租赁变更达成一致（而非原始租赁到期）时，进行上述会计处理。

在租赁期开始日，承租人按成本计量使用权资产，其成本包括对拆卸和移除标的资产、复原标的资产所在场地或将标的资产恢复至租赁条款和条件规定的状态而估计发生的成本，但是，为生产存货而发生的成本除外。

承担该等成本的义务应按照或有负债的要求进行确认和计量。

根据或有负债准则，承租人应在每个报告日复核并调整准备金额，以反映当前的最佳估计。经济利益流出的金额或时间点发生变动，或者折现率出现变动，可能使结算金额的最佳估计发生变动。修改租赁可能导致承租人在租赁结束时将标的资产恢复原状的义务发生变动。

例如，如果修改通过增加或终止一项或多项标的资产的使用权或变更租赁期限来改变租赁范围，就可能出现这种情况。

在这种情况下，承租人应将由范围或租赁期变化而导致的复原成本准备变动计入使用权资产，并在使用权资产的剩余使用寿命内，采用未来适用法对使用权资产进行折旧。

3）租金减少

另一种常见的房地产租赁变更是改变合同规定的租赁付款额。例如，正在面临营业或流动性困难的承租人可能要求出租人降低租金。

对于仅变更对价的租赁变更，承租人应采取以下会计处理：

（1）基于租赁组成部分的相对单独价格和非租赁组成部分的单独价格总和，将对价分摊至各个租赁组成部分；

（2）确定租赁期；

（3）按照修改后的折现率对修改后的租赁付款额进行折现，以重新计量租赁负债；以及

（4）对使用权资产进行相应调整。

承租人在租赁变更生效日——即租赁变更达成一致（而非支付经调整的租赁付款额）时，进行上述会计处理。

例 23

租金（对价）减少

租赁公司 CM 与出租人 SK 签订了为期 10 年的办公场地租赁合同。

租赁付款额为每年 120 000 元，于每年末支付。租赁公司 CM 在租赁期开始时的增量借款利率为 6%（假设租赁的内含利率不易于确定）。租赁公司 CM 并未提供任何余值担保。该租赁无初始直接费用、租赁激励，租赁公司 CM 与出租人 SK 之间无其他款项支付。因此，租赁公司 CM 初始确认的租赁负债和使用权资产各为 883 210 元。

在第 8 年末，租赁公司 CM 与出租人 SK 一致同意将每年末应付的租赁付

款额减少至 100 000 元。

该对价变更不属于原始租赁条款和条件的一部分，因此构成租赁变更。该项修改并未授予租赁公司 CM 额外的使用权，因此不能作为一项单独的租赁进行会计处理。

该项修改生效日在第 8 年末。当日，租赁负债为 220 007 元，租赁公司 CM 的增量借款利率为 8%（假设租赁的内含利率不易于确定）。

租赁公司 CM 基于以下信息将租赁负债重新计量为 178 326 元：

（1）每年的租赁付款额为 100 000 元，于每年末支付；

（2）剩余的租赁期为 2 年；以及

（3）修改后的增量借款利率为 8%。

租赁公司 CM 将修改前的租赁负债的账面金额（220 007 元）和修改后的租赁负债的账面金额（178 326 元）之间的差额（41 681 元），确认为对使用权资产的调整。

4）租金减少还可采取租金返还的形式

如果在租赁期间，由于市场下滑，出租人同意向承租人返还租金，这种修改并未包含在原始协议内。该租金返还体现的租赁付款额减少未包括在原始租赁协议中。因此，它属于租赁变更。

5）对不便利之处作出补偿

有时，出租人会因租赁期内对承租人造成的干扰或不便作出补偿，例如以下情况：

（1）办公楼的水管爆裂：在修复水管和周边受损区域期间，出租人对租户因需重新安置员工而造成的不便作出补偿。

（2）购物中心公共区域内的建造或翻新活动：由于施工活动影响了商铺的客流量，进而对营业额产生负面影响，出租人对承租人的收入损失作出补偿。

如果对不便利之处作出补偿是包含在原始的租赁协议内，或由于相关法律法规要求实际上属于租赁协议的一部分，则相关补偿应作为原始租赁的一部分进行会计处理。由于该等补偿不属于租赁变更，折现率应维持不变。

相反，如果就不便利之处作出补偿的条款并未包含在原始租赁协议内，而是作为新租赁合同的新增内容——这或许是因为租赁即将到期，而出租人希望激励承租人续约；在这种情况下，该项补偿应作为租赁变更（且不属于单独的租赁）进行会计处理。

12. 售后租回

新准则改变了售后租回交易的会计处理方法，它实际上消除了卖方兼承租人将售后租回交易作为资产负债表外潜在融资来源的做法。在售后租回交易中，一家企业（卖方兼承租人）将某项标的资产转让给另一家企业（买方兼出租人），并从买方兼出租人处租回该项资产。

为确定如何核算售后租回交易，企业应首先考虑：卖方兼承租人向买方兼出租人初始转让标的资产的行为是否构成一项销售。企业应采用新收入准则来确定是否发生了销售行为。该项评估确定了卖方兼承租人以及买方兼出租人的会计处理方法，具体会计处理请见第十四章。

售后租回交易的会计处理仍然是一个复杂领域。但有一点可以明确：新准则在很大程度上消除了将售后租回交易作为资产负债表外潜在融资来源的做法。根据新准则，卖方兼承租人应始终在资产负债表内确认售后租回交易，除非租回期限较短或标的资产价值较低。

新准则就"与市价不符"的条款引入新的指引，以帮助企业确定一项交易何时被视为"与市价不符"，并阐明当条款高于市价或低于市价时的适当会计处理方法。在评估条款是否与市价不符时，企业应最大限度地使用可观察价格和信息来确定最恰当的指标。这可能要求主体作出重大判断，特别是当标的资产为专门化资产时。

13. 过渡考虑事项

尽管过渡对于所有租赁而言都是一个复杂领域，但房地产租赁的某些特征可能需要企业给予额外关注。

1）数据获取方面的挑战

房地产租赁的期限通常长于其他租赁，很多达到10年或20年；而长期土地租赁可长达70年。该类长期租赁将使承租人面临数据获取方面的挑战。根据选用的过渡方法，承租人可能需要在租赁期开始日以及在租赁重估或修改日收集大量历史数据；承租人必须在租赁重估或修改日重新计量租赁资产和负债。

2）承租人需作出的关键过渡决策

新准则为承租人提供许多不同的过渡可选方案和简便实务操作方法。许多方案和简便实务操作方法都可相互独立选用，某些还可在逐项租赁的基础上进行选择。承租人面临的一些重大决策概述如下。

3）豁免应用新的租赁定义

在向新准则过渡时，承租人可选择是否应用简便实务操作方法，继续"沿用"此前对现有合同是否为租赁或包含租赁所作的评估。如果承租人选用该项简便实务操作方法，则：

（1）对于之前按照原租赁准则所识别的租赁，应用新准则；

（2）对于之前按照原租赁准则和确定的不包含租赁的合同，不应用新准则；以及

（3）应用新准则的租赁定义，评估在新准则首次执行日之后签订或修改的合同是否为租赁或包含租赁。

由于房地产的性质，一项安排是否包含租赁通常显而易见；该项评估在新准则下通常不会改变（参见第2.2节）。因此，有关是否应用该项简便实务操作方法的决定不大可能成为承租人的关注重点。如果选用此项简便实务操作方法，主体应将其一致地应用于所有合同（即作为承租人和出租人均如此）。

4）追溯法与经修订的追溯法

承租人面临的一项关键决策是：采用追溯法还是经修订的追溯法来应用新准则。一旦作出决定，承租人应将选用的方法一致地应用于所有租赁。

鉴于采用追溯法所涉及的成本和复杂性，大多数承租人可能倾向采用经修订的追溯法，并编制其他备考财务信息来向利益相关方传达可比的趋势数据。

经修订的追溯法——计量使用权资产

承租人可使用以下任一方法，在逐项租赁的基础上选择如何计量使用权资产：

方案1：如同一直在应用此项新准则（但使用首次执行日的增量借款利率）；或者

方案2：按照等于租赁负债的金额计量（需作某些调整）。

鉴于房地产租赁的性质，它们可能是承租人需要记入资产负债表内金额最大的租赁项目。如果在过渡时，承租人决定按照如同一直在应用此项新准则的方法来计量使用权资产，则对于此前被分类为经营租赁的租赁，该方法将导致净资产减少。这是因为使用权资产账面金额的折旧速度快于租赁负债的摊销速度。承租人选择哪种方法来计量使用权资产可能取决于其目标。承租人可能会

考虑以下每种方法的影响。

在对此前被分类为经营租赁的租赁采用经修订的追溯法时，承租人可对下列项目使用一项或多项简便实务操作方法：

折现率：承租人可对具有类似特征的租赁组合采用单一折现率； – 减值和亏损性租赁：参见下文；

剩余期限较短的租赁：对于在首次执行日后 12 个月或更短时间内到期的租赁，承租人可选择不确认使用权资产和租赁负债；

初始直接费用：承租人可在首次执行日将初始直接费用排除在使用权资产的计量之外；以及

使用后见之明。

14. 原租赁准则下的亏损性租赁

如果选用此项简便实务操作方法，承租人可将首次执行日之前对相关租赁是否为亏损性租赁进行的前期评估，作为执行《企业会计准则第 8 号——资产减值》下减值复核的替代方法。承租人可在逐项租赁的基础上应用该简便实务操作方法。

承租人可将该简便实务操作方法应用于所有在原租赁准则下被分类为经营租赁的租赁，而不仅是应用于承租人此前已确认准备的租赁。

 例 24

过渡时的亏损性租赁

零售商 B 租赁了 50 个店铺，该等店铺在原租赁准则下被分类为经营租赁。

2019 年，零售商 B 已搬离并打算转租 10 家店铺，其中 8 家店铺已被评估为亏损性租赁。

零售商 B 可对这 50 家店铺均采用此项简便实务操作方法。

15. 使用后见之明

承租人仅能在新准则原本要求承租人重新构建历史判断和估计的领域，使用后见之明：

例如，在确定租赁期时，对有关其是否合理确定将行使延长选择权的前期评估使用后见之明。

相反，对于以往会计处理原本以事实信息而非估计为基础的其他领域，不得使用后见之明：

例如，对由于居民消费价格指数变动而导致的可变租赁付款额变动，不得使用后见之明。

企业可能会发现这项简便实务操作方法在实务中的裨益较有限。

与其他简便实务操作方法相类似，该项方法仅在企业采用经修订的追溯法时才能使用。经修订的追溯法的一个主要裨益是：企业可使用首次执行日的信息来对经营租赁进行过渡核算。

16. 过渡时的售后租回交易

企业无须重新评估首次执行日之前签订的售后租回交易，以确定是否发生了新收入准则下定义的销售行为。对于按照原租赁准则作为销售和融资租赁进行会计处理的售后租回交易，卖方兼承租人：

（1）采用与首次执行日当天存在的融资租赁相同的方式，对租回交易进行会计处理；以及

（2）继续在租赁期内摊销有关销售利得。

对于按照原租赁准则作为销售和经营租赁进行会计处理的售后租回交易，卖方兼承租人：

（1）采用与首次执行日当天存在的其他经营租赁相同的方式，对租回交易进行会计处理；以及

（2）根据在首次执行日之前在财务状况表内确认的、与市价不符条款相关的递延收益或损失，调整租回的使用权资产。

例 25

过渡时的售后经营租回

2006年，公司X向公司D出售其厂房后租回厂房，为期20年。公司X可选择按市场价值回购该厂房。

在按照原租赁准则评估租回交易的分类时，公司X指出，回购选择权的行使价格为市场价值，因此公司D保留了厂房市场价值变动的风险（报酬）。公司R还指出，没有其他迹象表明该租回交易是一项融资租赁。因此，公司X将该项交易作为售后经营租回进行会计处理，即公司X终止确认该厂房，并在租回期内按直线法将应付公司D的租金确认为费用。

于 2021 年 1 月 1 日：

（1）公司 X 租回的厂房的剩余期限为 5 年；以及

（2）租赁付款额的现值（按公司 X 于 2021 年 1 月 1 日的增量借款利率折现）为 200 000 元。

公司 X 指出，购买厂房的选择权表明该项交易不符合《企业会计准则第 14 号——收入》下的销售确认标准。换言之，如果公司 X 在采用新准则后按照上述条款订立交易，其应将该项交易融资交易（而非售后租回）进行核算。但是，由于该项交易在新租赁准则的首次执行日当天已存在，公司 X 应继续将该项交易作为售后租回进行核算。

公司 X 选择通过经修订的追溯法来采用新准则，并采用不确认初始直接费用的简便实务操作方法。

于 2021 年 1 月 1 日，公司 X 确认使用权资产 200 000 元和租赁负债 200 000 元。

第三节　对消费品和零售业的影响

■ 一、概述

由于大量租赁店面，零售及消费品行业可能是受新租赁准则影响最大的行业之一。对于零售业的企业而言，新租赁准则对如下方面有重大影响：

1. 几乎所有的租赁都要在资产负债表上列示，资产和负债都会大幅增加

零售企业大多会对黄金地段（旗舰店）、购物中心或普通单体店进项店铺租赁。为了控制营业风险，这些店铺的租赁期都会超过 1 年（比如 3 ～ 5 年或 9 ～ 10 年）。这种租赁一般会包括续租选择权，以及可变租金。可变租金通常就通胀率进项调整，或是根据零售店销售额的一定比例确定（如，进场及店中店的安排）。此外，零售业企业还会有其他的租赁，比如针对物流运输环节租赁车辆和仓储中心，以及租赁办公设备（如电脑、打印机等）。

以上的租赁在原租赁准则下通常会被分类为经营租赁，对资产负债表没有任何影响，在租赁期间通常按照直线法计入经营费用。

在新租赁准则下，对于承租人不再区分经营租赁和融资租赁，所有的租赁都要上表，在资产负债表上确认使用权资产和租赁负债。

2. 就单个租赁而言，承租人在损益表中确认的总租赁费用（包括使用权资产的折旧和利息费用）前高后低

承租人在租赁期的前半段租赁费用（包括使用权资产的折旧和利息费用）会高于原租赁准则下直线法确认的经营租赁费用。

3. 租赁合同中的服务成分是否进行分拆亦会对财务报表产生影响

零售业的店铺租赁合同通常由业主提供维修、安保、保洁等服务。某些安排下，这些服务可能嵌入租赁合同中没有单独区分。在新租赁准则下，承租人可以有一个政策选择：将整个合同（包括租赁及服务部分）作为租赁进行会计处理（即全部上表）；或是基于相对独立价格将租赁和服务分开，仅租赁成分上表，而服务成分在发生时直接进入损益。

4. 更多的估计和判断

在新租赁准则下，主体需要进行更多的估计和判断。例如，零售业的店铺租赁合同中经常包括续租选择权或提前终止权，主体是否会行权将会影响租赁期长短的判断，进而影响计入资产负债表的使用权资产和租赁负债的金额。

5. 合同管理和数据收集的需求大增

企业目前的经营租赁信息可能没有系统性的进项收集，在新租赁准则下，特别是对于大型的连锁零售企业来说，必须建立系统和流程对租赁合同进行管理并及时获得与租赁相关的数据以进行计量。

新租赁准则对资产负债表和利润表的影响会对关键财务指标产生连带影响，包括资产负债率、流动比率、息税前利润、每股收益、净利润、净资产收益率、经营活动现金流等。公司需要和利益相关者进行充分的沟通，以说明新租赁准则的影响。

零售企业债务增加的中间值大约为98%，息税折旧前利润（EBIDA）的中间值约为41%。

▌二、零售及消费行业租赁的确认

企业需要评估租赁安排是否包括已识别资产以及企业是否控制该已识别资

产的使用并从其使用中获得经济利益。如果供应商有实质性替换权,则租赁安排中不存在已识别资产。

零售店铺的租赁合同,无论是针对普通的单体店、商业街的黄金地段或百货店里的店中店而签订的,其中大多数都可能符合租赁新定义的主要标准,即:有控制已识别资产的使用的权利和从使用该资产中获得经济利益。

而有些安排可能未对使用权资产的权利作出明确规定,企业也不享有资产使用的几乎全部经济利益。此类安排的条款需要仔细分析,特别是当供应商分配给企业的区域没有明确界定的情况,及店铺所有者对区域有实质性替换权从而对承租人的经济回报有重大影响。此类安排可能不满足租赁的定义,而应视为服务。

例如,某咖啡企业(客户)与某机场运营商(供应商)签订了使用机场某处空间销售商品的三年期合同。合同规定了空间的大小,以及空间可位于机场内的任一登机区域。在使用期内,供应商有权随时变更分配给客户的空间的位置。供应商变更客户空间位置的相关成本极小,客户使用(自有的)易于移动的售货亭销售商品,机场有很多符合合同规定空间的区域可供使用。

该合同不包含租赁。

尽管客户使用的空间大小在合同中有具体规定,但不存在已识别资产。尽管客户控制自有的售货亭,但合同针对的是机场内的空间,且供应商可随意变更该空间。供应商有替换客户所使用空间的实质性权利,因为在整个使用期内,供应商有实际能力变更客户使用的空间。机场内有许多区域符合合同规定的空间,且供应商有权随时将空间的位置变更至符合规定的其他空间,而无须客户批准。

供应商将通过替换空间获得经济利益。变更客户所使用空间的相关成本极小,因为售货亭易于移动。供应商之所以能够通过替换机场内的空间获益,是因为替换使供应商能够根据情况变化最有效地利用机场登机区域的空间。

▌三、控制资产使用的权利

在零售店铺的租赁合同中,对于界定明确的零售区域有不受限制的使用权(包括承租人对店铺设计的控制、对进入该区域的控制和对所有商品的控制等),这表明承租人有控制资产使用的权利。规定承租人有责任将不动产恢复到租赁之初的状况（还原条款）和可变租金条款不会影响关于一项安排是否包含租赁的评估，原因是这些条款没有限制对资产的使用。

就购物中心而言，一般来说，仅有极少数情况下不动产的所有者才会替换承租人的租赁区域，比如要对购物中心进行大修，或需要将零售区域整合起来以满足新的大租户的需求。当发生这种情况时，购物中心（供应商）有义务提供另一个位置和客流相似的店面，并将承担迁移费用。在这种安排下，供应商的替换权在合同开始时并没有实质性，因为这些情况在合同开始时并不是很有可能会发生。

如果供应商提供维修、保洁和安保等服务，这一般也不会影响到控制资产使用权的权利。

▌四、其他需考虑的经济利益

租赁新定义中包含一个标准是主体能够从资产使用中获取经济利益。

租赁零售区域的经济利益主要来自于承租人销售商品获得利润，对于零售商，其他较为间接的利益包括：

通过在黄金地段的店铺租赁增加品牌的影响力；对于可以通过其他渠道可以购买的新产品或现有产品，如网购，通过租用实体店进行推广和调试；其他策略性租赁行为，包括租赁的店铺靠近销售类似产品或互补产品的店铺，如奢侈品行业，或者租赁是为了防止竞争对手在附近设立店铺而采取的防卫措施。

▌五、租赁负债的影响因素

租赁负债需要按照现值确认，并考虑固定付款额及承租人合理确定会支付的其他特殊付款，如担保余值和购买权或提前终止权的行权价。

不依赖于指数或费率的可变付款额不计入租赁负债。这可能导致基于销量而确定的或有租金一般不计入租赁负债，而是在销售实际发生的期间进行相应的会计处理。

可能考虑的一个至关重要因素是依据市场定价但合理确定会被行使的续租权，或承租人有续租的重大经济动机的情况（如在商业街上开的旗舰店）。在这种情况下，在续租期间的付款额要包括在租赁负债的计算之中。

　　租赁合同中包括的那些不符合租赁定义的服务，如维修、保安和保洁等，需要进行单独的识别。这些服务如果能够可靠的估计和分配价格，则不被包括在租赁负债中。同时，对于承租人，存在一个会计政策的选择，承租人可以选择将这些服务包括在租赁负债中或者不包括在租赁负债中。但这个会计政策的选择，必须一贯的运用于每一类标的资产。

　　新租赁准则还要求确认相关还原义务时将这些义务相对应的金额纳入使用权资产的计量中，承租人将计提相关还原义务的准备。还原成本一般不作为租赁负债的一部分。

六、执行新租赁准则对会计指标有何影响

　　对于承租人，新的会计处理将对利益相关者关注的一系列主要指标产生立竿见影的影响，包括债务净额和财务杠杆率（因租赁负债如表导致债务总额上升）；净资产（因使用权资产按直线法摊销且租赁负债在前几年下降幅度较慢而导致净资产的减少）；息税折旧前利润（EBIDA，因租金费用被利息、折旧和摊销所取代而提高）；净资产收益率（上述几个因素的影响会导致公司净资产收益率发生变化）。

七、广义上其他的潜在商业影响

　　新的租赁准则可能影响众多领域。第一，影响的是商业模式和策略。尽管会计不是商业模式和策略的主要推动因素，但当新租赁准则对承租人的会计处理不再区分经营租赁和融资租赁后，承租人关于租赁的方式和主要租赁条款的业务决策可能会发生变化，例如调整租赁期限或者是可变租金，分拆嵌入的服务成分，以尽可能将对租赁负债的影响降低。相应的，出租人的策略也需要作相应的调整。

　　第二，对债务契约会产生影响。承租人可能需要和银行重新商议借款合同，对借款合同中的财务约束条款进行调整，避免因租赁准则的变动导致违约事项的发生。

　　第三，对公司的业绩指标和薪酬考核产生影响。需要考虑新租赁准则的影响，对业绩指标和薪酬考核指标进行重新商议。

第四，对公司的股利政策产生影响。应用新准则后公司的损益费用水平将会发生变化从而影响公司支付股利的能力。

第五，对投资者关系产生影响需要加强沟通。企业的各个利益相关方都需要了解新租赁准则将会如何影响企业的财务报表，企业需要考虑何时已经如何和其进行沟通。

八、信息系统的要求

目前，许多承租人使用试算平衡表或通过应付账款系统管理经营租赁。为了在每个报告日重新评估租赁条款以及以指数为基础的付款额，所需的信息需要捕捉大量的信息。承租人需要对信息系统、流程和内部控制进行调整，以符合新租赁准则的要求。

九、提前准备要求

新租赁准则将会影响到公司的很多部门。税务部将需要评估递延所得税将会受到怎样的影响。人力资源部应当考虑新租赁准则对薪酬指标和政策是否造成任何影响。资金部和法律部需要就债务合约进行重新谈判。IT 部门将需要检查哪些系统和流程需要实施变更。

新租赁准则将于 2021 年 1 月 1 日起全面生效，对比日期为 2020 年。公司应当利用准则生效前的这段时间对人力、流程、系统、数据、治理和政策进行初始评估，并模拟现有合同对财务报表的影响，为新租赁准则的实施做好准备。

消费品和零售业的客户应该提早评估新租赁准则对于关键业务指标的影响，并将这些影响和利益相关者和财务分析师进行沟通。关键业务指标可能会被会计政策的选择所影响，比如低价值资产租赁和短期租赁，租赁部分和非租赁部分的组合。也可能被客户选择的过渡方案所影响。

拥有大量经营性租赁的消费品和零售业客户，执行新租赁准则时在租赁期间相比旧准则将会导致更高的息税前利润。这是因为新租赁准则下贴现的租赁利息将会在利润表上单独列示。营业利润、财务费用和其他运营指标比如息税折旧前利润（EBITDA）受影响的幅度受到客户的经营性租赁的占比、租赁期限的长短和所使用的折现率。

执行新租赁准则对消费品和零售业客户其他关键业务指标的影响，比如净资产收益率，净资产和每股收益，将会依赖于关键业务指标的鼎业和企业的具体合同条款以及经营环境。

 例：

呷哺呷哺

呷哺呷哺餐饮管理（中国）控股有限公司（以下简称"呷哺呷哺"）是一间于香港主板上市的餐饮企业，截至 2019 年 6 月 30 日，呷哺呷哺于中国 19 个省份的 118 个城市以及三个直辖市（北京、天津及上海）拥有及经营 955 间呷哺呷哺餐厅。

在 2019 年呷哺呷哺公布的中期报告里披露了首次应用《国际财务报告准则第 16 号租赁》（即和中国《企业会计准则第 21 号——租赁》对应的国际准则）的过渡及影响。

对于租赁的定义呷哺呷哺选择了采用简便实务操作方法，以使用原租赁准则对现有合同是否为租赁或包含租赁所作的评估，就先前被识别为租赁的合约应用《国际财务报告准则第 16 号租赁》，及不就先前并无被识别为包含租赁的合约应用该准则。因此，呷哺呷哺并无对于首次应用日期之前已存在的合约进行重新评估。

作为承租人：

呷哺呷哺已追溯应用《国际财务报告准则第 16 号租赁》，而累计影响于首次应用日期（2019 年 1 月 1 日）确认。于首次应用日期的任何差额乃于期初留存收益确认，且并无重列比较数据。

于过渡期间应用《国际财务报告准则第 16 号租赁》项下的经修订追溯法时，呷哺呷哺已签订的合约与先前根据《国际会计准则第 17 号——租赁会计》（即和中国原租赁准则对应的国际准则）分类为经营租赁的租赁相关，则呷哺呷哺按个别租赁基准对相关租赁合约应用有关方法：

（1）倚赖应用《国际会计准则第 37 号拨备、或然负债及或然资产》关于租赁是否属亏损性的评估，作为另类的减值检查；

（2）选择不就租期于首次应用日期起计 12 个月内届满的租赁确认使用权资产及租赁负债；

（3）撇除初始直接成本，以计量于首次应用日期的使用权资产；

（4）对于类似经济环境下具有相若剩余租期的相似类别相关资产的租赁组合采用单一贴现率。当中，于中国大陆的若干餐厅租赁的贴现率乃按组合基准确定；及

（5）基于首次应用日期的事实及情况采用事后分析法，以确定呷哺呷哺包含续租及终止选择权的租赁的租赁年期。

于过渡时，呷哺呷哺于应用《国际财务报告准则第 16 号租赁》后作出以下调整：

于 2019 年 1 月 1 日，呷哺呷哺按相当于透过应用国际财务报告准则的过渡条文就任何预付或应计租赁付款调整的相关租赁负债的金额确认额外租赁负债及使用权资产。

就先前分类为经营租赁的租赁确认租赁负债时，呷哺呷哺应用相关集团实体于首次应用日期的增量借款利率，如表 9-3 所示。所应用承租人的增量借款利率介于 4.75% ～ 4.90%。

表 9-3　就先前分类为经营租赁的租赁，呷哺呷哺应用相关集团实体于
首次应用日期的增量借款利率确认租赁负债

	于 2019 年 1 月 1 日（人民币千元）
于 2018 年 12 月 31 日披露的经营租赁承担	2 790 211
减：增值税	130 355
经营租赁承担（不计增值税）	2 659 856
按相关增量借款利率贴现的租赁负债	2 275 293
减：确认豁免—短期租赁	26 180
租赁与非租赁组成部分之间的分配基准变动	401 317
于应用《国际财务报告准则第 16 号租赁》后确认的经营租赁相关租赁负债	1 847 796
于 2019 年 1 月 1 日的租赁负债	1 847 796
分别为	
一年内到期的租赁负债	387 712
非流动	1 460 084
	1 847 796

于 2019 年 1 月 1 日的呷哺呷哺使用权资产账面值如表 9-4 所示：

表 9-4　于 2019 年 1 月 1 日的呷哺呷哺使用权资产账面值项目

	使用权资产（人民币千元）
于应用《国际财务报告准则第 16 号租赁》后确认的经营租赁相关使用权资产	1 847 796
自预付租赁款项重新分类	101 418
于 2019 年 1 月 1 日的租金押金调整	18 783
减：于 2019 年 1 月 1 日有关免租期的应计租赁负债	1 474
	1 966 523

　　于 2018 年 12 月 31 日，呷哺呷哺于中国的租赁土地、餐厅及租赁物业的预付款分类为预付租赁款项。在应用《国际财务报告准则第 16 号——租赁》后，预付租赁款项的流动及非流动部分分别人民币 54 200 000 元及人民币 47 218 000 元重新分类为使用权资产。

　　在应用《国际财务报告准则第 16 号——租赁》之前，呷哺呷哺将已付可退回租金押金视为《国际会计准则第 17 号——租赁会计》所适用租赁项下的权利及责任。根据《国际财务报告准则第 16 号租赁》项下的租赁付款定义，有关押金并非相关资产使用权相关的付款，并予以调整以反映过渡时的贴现影响。因此，人民币 18 783 000 元已调整至已付可退回租金押金及使用权资产。此金额与出租人提供免租期的物业租赁的应计租赁负债有关。于 2019 年 1 月 1 日租赁优惠负债的账面值于过渡时调整至使用权资产。

　　下列为对于 2019 年 1 月 1 日的财务报表所确认金额作出的调整，如表 9-5 所示。

表 9-5　对于 2019 年 1 月 1 日的财务报表所确认金额作出调整

	先前于 2018 年 12 月 31 日呈报的账面值（人民币千元）	调　　整	根据国际财务报告准则 16 号于 2019 年 1 月 1 日的账面值（人民币千元）
非流动资产			
土地使用权的租赁预付款	47 218	（47 218）	
使用权资产		1 966 523	1 966 523
租金押金	120 353	（18 783）	101 570
流动资产			
贸易应收账款及其他应收款项以及预付款项	307 751	（54 200）	253 551

续表

	先前于 2018 年 12 月 31 日呈报的账面值（人民币千元）	调 整	根据国际财务报告准则 16 号于 2019 年 1 月 1 日的账面值（人民币千元）
流动负债			
应计费用及其他应付款项	551 281	（1 474）	549 807
租赁负债	—	387 712	387 712
非流动负债			
租赁负债	—	1 460 084	1 460 084

呷哺呷哺应用增量借款利率作为租赁负债的贴现率，当中要求基于相关市场利率作出融资利差调整及租赁特定调整。相关调整的评估及估计会影响贴现率，从而将对租赁负债及使用权资产金额造成重大影响。

第四节　对金融服务业的影响

由于新租赁准则的颁布，金融服务业需要改变其租赁会计处理方法。新租赁准则将会对承租人的会计处理有重大影响，并且对金融服务业的资产负债表有深远影响，进而影响到金融服务业的资本监管要求。

新租赁准则要求承租人对于所有的租赁均在资产负债表上确认租赁负债并相应的确认使用权资产。承租人必须采用单一模式确认所有的租赁，但有选择权的不包括短期租赁和低价值资产租赁。总的来说，新租赁准则下的租赁对于损益表的影响模式和之前的融资租赁模式类似，将以利息费用和折旧费用的形式在损益表上确认。因此，新租赁准则下的会计处理方式将会对金融服务业的净息差产生影响，同时将减少承租人租赁早期的盈利水平。

对于金融服务行业的承租人，确认租赁相关的资产和负债将会对其财务报告和商业上产生重大影响，比如金融服务实体在做资产的租赁条款谈判和付款条件时将会重新评估一下他们的需求。同时，金融服务行业的承租人也将会监控使用权资产的确认对于资本充足率监管要求的影响。

例 1

情形 A：

客户与一家信息技术公司（供应商）签订了使用一台被识别的服务器的三年期合同。供应商根据客户的指示在客户处交付和安装服务器，并在整个使用期内根据需要提供服务器维修服务。供应商仅在服务期发生故障时替换服务器。客户决定在服务器中存储哪些数据以及如何整合服务器及其运营。在整个使用期内，客户可以改变这些决定。

分析： 该合同包含租赁。客户拥有服务器三年的使用权。

该示例中存在已识别资产。合同明确指定了该服务器。供应商仅在服务器发生故障时方可替换。

客户在整个三年使用期内拥有控制服务器使用的权利，因为：

（1）客户有权获得在三年使用期内使用服务器所产生的几乎全部经济利益。在整个使用期内，客户拥有服务器的专属使用权。

（2）客户有权主导服务器的使用。客户可就服务器的使用方式和使用目的作出相关决定，因为客户有权决定使用该服务器支持其运营的哪一方面以及存储哪些数据。客户是使用期内唯一可就服务器的使用作出决定的一方。

情形 B：

同情形 A，不过供应商在同一地点有许多同样的服务器，并且在合同中规定供应商在租赁期间可以不经过客户的同意就可以更换其他服务器，只要不影响客户的使用。并且供应商可以从这种更换的过程获取经济利益，因为这种操作将使供应商能够以最小的成本优化其整个服务器系统。在初始谈判过程中，供应商已经和客户进行了沟通，其要拥有这种替换服务器的权利，并且这种权利的拥有与否将会影响租赁合同的价格。

分析： 该合同不包含租赁。因为合同中不包括已识别资产，供应商有能力以最小的成本替换服务器，并且能够通过替换获取经济利益，供应商拥有实质替换权。

在金融机构需要存储服务的时候需要判断供应商是否拥有实质的替换权。举例来说，金融机构一般会限制存储服务的供应商拥有实质替换权，特别是服务器中存储的是客户的敏感信息的时候，比如客户的个人信息、财产信息等。

金融机构在历史上一般为了满足资本充足率的要求会签订一些售后租回的

合同。在新租赁准则下，承租方的使用权资产的确认会影响到售后租回交易的好处。

在新租赁准则下，关于售后租回交易是否构成销售和之前准则对售后租回的定义有了很大的差异。整体希望在新租赁准则下更少的交易被确定为售后租回交易。

一、对金融服务业资本充足率的影响

许多金融服务业被监管要求保持一定的资本充足率，在某些情况下并不包括一些承诺，比如经营性租赁。在新租赁准则下，对于经营性租赁也要求金融服务机构拥有一定的关联资本，因为经营租赁也会在资产负债表上体现。

在新租赁准则下，使用权资产在资产负债表上或单独列示或与固定资产一同列示，随着使用权资产的摊销而逐渐减少。使用权资产的确认和摊销会影响到监管层对资本充足率的要求。同时对负债的影响也会影响到其他的监管指标，比如债务率等。

二、对金融服务业客户的影响

拥有大量经营性租赁的公司资产负债表的资产和负债将会大幅增加。金融服务行业的一些客户将会受到影响，比如电信业、交通运输业、零售行业等。

金融服务业需评估新租赁准则对其资本充足率要求的影响，并且明白新租赁准则将会如何影响其投资决策。银行业拥有大量的营业网点，因此将会被影响到。然而，使用权资产和固定资产合并列示将会影响到监管层对金融服务业资本充足率的确定，而不是像无形资产一样在计算资本充足率时可以 100% 从资产总额中扣除。

金融服务业的客户或许希望能够和他们的金融机构沟通，希望金融机构能够降低对其财务指标要求，或者在计算财务指标时可以按照目前使用的租赁准则。金融机构需要考虑这些要求对其业务操作的影响。因为会计政策的变更会让客户意识到租赁的好处会变少，客户将会考虑采取其他的经营模式。

三、金融机构的下一步工作

金融机构需要尽快做一个新租赁准则的影响分析，评估过程中需要考虑如下两个重要因素：

（1）获得其租赁项目的基础数据；

（2）采用有利于实施新准则的方式对数据进行归纳汇总。

对于有很多营业网点的金融机构，考虑到不同的经营、经济和法律环境，这个将会是一个复杂的过程。金融机构还要保证对这个过程进行控制，比如有完善的内部控制和强大的 IT 系统能够支持其收集数据并实施新租赁准则。

金融服务机构需要密切关注审慎的监管者对于新租赁准则实施的反映，以满足监管要求。

金融机构或许需要修订指标体系和相关流程去监控客户的信用风险。一些金融机构或许会选择采用其自身的标准去计算受新租赁准则影响的指标，而不是完全依据新租赁准则的要求。

金融机构需要评估新租赁准则对其客户的影响，同样的，金融机构也需要评估新租赁准则对其业务的影响。

招商银行

招商银行股份有限公司（以下简称"招商银行"）成立于1987年，总部位于中国深圳，是一家在中国具有一定规模和实力的全国性商业银行。招商银行业务以中国市场为主，分销网络主要分布在长江三角洲地区、珠江三角洲地区、环渤海经济区等中国重要经济中心区域，以及其他地区的一些大中城市。2002年4月，招商银行在上海证券交易所上市。2006年9月，招商银行在香港联交所上市。

招商银行于首次采用日 2019 年 1 月 1 日追溯就采用新租赁准则的累计影响，首次采用日的任何差异计入期初留存收益，且比较信息尚未重述。

作为承租人：

招商银行于转换时采用新租赁准则经修订的追溯法，对根据修订前的《企业会计准则第 21 号——租赁》归类为经营租赁的合同于首次采用日以每一项租赁为基础并在各自租赁合同相关的范围内选用以下简便实务操作的过渡方案：

（1）选择不确认租赁期在首次采用日起 12 个月内结束的租赁的使用权资产和租赁负债。

（2）对具备合理相似特征的租赁组合采用单一折现率；

（3）在首次采用日将初始直接费用排除在使用权资产的计量外；

（4）使用事后观察，如当合同包含续租或终止租赁的选择权时确定租赁期。

于首次采用日，招商银行根据新租赁准则进行了以下调整：

招商银行于 2019 年 1 月 1 日确认租赁负债为人民币 12 807 百万元，使用权资产为人民币 13 700 百万元。

在确认以前归类为经营租赁的租赁负债时，招商银行在首次采用日应用了集团实体的增量借款利率。采用的加权平均承租人增量借款利率为 4.01%，如表 9-6 所示。

表 9-6　招行在首次采用日应用了集团实体的增量借款利率

确认以前归类为经营租赁的租赁负债

	2019 年 1 月 1 日（人民币百万元）
2018 年 12 月 31 日不可撤销经营租赁承诺（含增值税）	14 548
减：增值税	（609）
2018 年 12 月 31 日不可撤销经营租赁承诺（不含增值税）	13 939
按增量借款利率折现的租赁负债	12 730
加：可合理确定行使的延期期权	98
减：短期租赁	（18）
低价值资产租赁	（3）
经营租赁的租赁负债	12 807
加：融资租赁租赁负债	—
2019 年 1 月 1 日租赁负债	12 807

于 2019 年 1 月 1 日的使用权资产账面价值如表 9-7 所示：

表 9-7　于 2019 年 1 月 1 日的使用权资产账面价值

	2019 年 1 月 1 日（人民币百万元）
新租赁准则确认的经营租赁使用权资产	12 807

续表

	2019 年 1 月 1 日 （人民币百万元）
加：预付租赁款重分类	988
减：预提租赁费	（95）
2019 年 1 月 1 日使用权资产账面净额	13 700
使用权资产按类型分类如下	
- 房屋及建筑物	13 690
- 电子设备	5
- 运输设备及其他	5

表 9-8 列示采用新租赁准则对 2019 年 1 月 1 日合并资产负债表中受影响的报表项目。

表 9-8　采用新租赁准则对 2019 年 1 月 1 日合并资产负债表中受影响的报表项目

	账面价值 2018 年 12 月 31 日 （人民币百万元）	新租赁准则的影响	新租赁准则列示的 账面价值 2019 年 1 月 1 日 （人民币百万元）
资产			
使用权资产	不适用	13 700	13 700
其他资产	33 330	（988）	32 342
负债			
租赁负债	不适用	12 807	12 807
其他负债	69 318	（95）	69 223

作为出租人：

根据新租赁准则的过渡性规定，于首次采用日，招商银行无须对本集团作为出租人的租赁于过渡时进行调整且比较信息也无须重述。

售后租回交易：

招商银行作为买方兼出租人。

根据新租赁准则的过渡条款，招商银行在首次采用日之前达成的售后租回交易没有重新评估。采用新租赁准则后，如果该转让不满足新收入准则的要求，则招商银行作为买方兼出租人不确认被转让的资产。

第五节　对物流业的影响

现时运输及物流业常见的租赁形式，其分类大致可以分拆如下：

（1）光租/干租，此种形式承租人可控制已识别资产的使用，如自行决定船舶/飞机航行路线及停泊地点，此种形式应被分类为租赁。

（2）期租/湿租，此种形式承租人既可控制已识别资产的使用，出租人同时亦提供了服务（例如船员/机组人员、维修等）予承租人，此种形式包含了租赁和服务两项内容。

（3）程租，承租人不能控制已识别资产的使用（如船舶/飞机的运行及航行路线均由出租人的船员/机组人员控制和决定），此种形式被分类为服务。

新租赁准则的颁布承租人将使用一个模式。

租赁现时在会计上分为融资租赁和经营租赁作两种不同的处理。融资租赁需要上表，即在资产负债表上同时确认资产和对应的负债；经营租赁不需要上表，只在租赁期内按直线法确认租赁费用。新租赁准则下除了小额资产的租赁或期限短于 12 个月的短期租赁可以获得豁免外，其他所有租赁都要上表。这意味着承租人的资产负债表将随着现时经营租赁的租金承诺而相应的大幅度膨胀。

此外，经营租赁承租人的费用分摊将由现时的直线法（每月一样的租金）变成和融资租赁一样的前大后小模式，即在租赁期的前半段时间内的租赁费用（即资产折旧加利息）要高于原租赁准则下直线法确认的经营租赁费用。

▌一、分拆期/租湿租中的租赁和服务

如果一项合同中同时包含租赁和非租赁部分，新租赁准则要求把两者按各自相对公允价值分拆，并独立核算。虽然新准则提供了实务上的豁免，即可以将整个合同全部作为租赁进行处理，但这样可能会大大增加租赁负债的金额。如果要分拆，考虑到航运及航空业的租金波动比较大，则如何确定租赁和服务各自的公允价值并分拆，亦存在挑战。

▍二、使用权资产减值测试

承租人需要按照资产减值的要求确认使用权资产是否减值及确认有关减值亏损，航运和航空业的租金波动的情况也同时增加了减值的风险。

▍三、转租合同

航运及航空业常见的转租，即企业从其他企业租入资产后再转租予另一家企业运营及售后租回安排。按照新准则的规定，承租人（即亦是转租合同中的出租人）需同时考虑租入和租出的合同条款，若租入合同中承租人所拥有的可控制使用权资产的权利已通过转租的安排几乎全部转移到转承租人（即融资租赁），承租人将确认租赁应收款以替代使用权资产。这对后续费用确认的时间、金额及计入的科目均存在影响。

此外，浮动租金及租赁负债的重新计量、售后租回安排的新规定亦会带来会计计量的复杂性。

南 方 航 空

南方航空是获得 Brand Finance 2019 年全球最有价值 50 强航空公司品牌榜第六名的航空公司。2019 年上半年，南方航空引进飞机 28 架（包括经营租赁飞机 13 架、融资租赁飞机 11 架、自购飞机 4 架），退出飞机 19 架（包括经营租赁飞机 15 架、自购飞机 4 架），融资租赁自购飞机 1 架。截至 2019 年 6 月 30 日，南方航空集团机队规模达到 849 架。自 2019 年 1 月 1 日南方航空首次适用新租赁准则对租赁飞机进行统一核算，租赁飞机的资产账面净值增加人民币 438.77 亿元。2019 年上半年新增引进的租赁飞机及自购飞机导致固定资产和使用权资产原值合计增加人民币 159.73 亿元。

作为承租人：

南方航空租赁了众多资产，包括飞机、飞行设备、建筑物、机械、设备和车辆。南方航空还有权在不同类型的租赁安排下，占用机场内及机场周边空间，包括机场航站楼、货物/餐饮设施和休息室等。一般租约期为一至十八年的固定期限，但可能有续租和提前终止的选择权。租赁条款乃在个别基础上商订，并包含各种不同的条款及条件。

作为承租人，南方航空过往根据对与资产所有权有关的所有风险和报酬是否实质上转移的评估将租赁分类为经营租赁和融资租赁。根据新租赁准则，南方航空已对大多数租赁确认为，并使用权资产和租赁负债于合并资产负债表中列报。

但是，南方航空选择不确认某些短期租赁及低价值资产（如 IT 设备）租赁的使用权资产和租赁负债。南方航空在这些租赁资产的租赁期内直线摊销与这些租赁相关的租赁付款。

主要会计政策：

随着租赁被确认在资产负债表内，相关租赁负债按照租赁期内租赁付款额的现值进行初始计量，承租人应使用租赁中的内含利率计算租赁付款额的现值，如果承租人不能较容易地确定租赁中的内含利率，那么承租人应使用其增量借款利率。初始确认后，租赁负债采用实际利率法以摊余成本进行计量。不取决于指数或比率的可变租赁付款额不包含于租赁负债中核算，因此于实际发生时计入当期损益。

使用权资产按照成本进行初始计量，包括租赁负债的初始计量金额、在租赁期开始日成立前支付的租赁付款额以及初始直接费用。如涉及复原义务的，使用权资产还包括估计的拆卸、搬移或复原成本；并扣除已享有的租赁激励金额。

使用权资产后续计量按成本减去累计折旧和减值损失后的净值列示。

如上述会计政策所述，租赁负债初始计量按租赁期内应付租赁款的现值计量。在租赁开始日确定租赁期时，南方航空对于包含续租选择权的租赁考虑了产生行使或放弃续租的经济动机的所有相关事实和情况，包括优惠条款、已完成的装修工作以及该租赁目标物对集团运营的重要性。当发生南方航空可控范围内的重大事件或变化，南方航空重新评估租赁期限。租赁期的任何变化将影响未来期间确认的租赁负债和使用权资产的金额。

当用于确定租赁付款额的指数或比率发生变化，或余值担保下预计南方航空应支付的金额的估计发生变化，或对购买选择权、续租选择权或终止选择权的评估结果发生变化时，需重新计量租赁负债。当租赁负债因此而重新计量时，使用权资产的账面价值将进行相应调整，当使用权资产的账面价值减记为零的，该差额计入当期损益。

过渡：

在过渡期，对于根据原租赁准则分类为经营租赁的租赁，租赁负债以剩余租赁付款额的现值计量，折现率为南方航空于2019年1月1日的增量借款利率。用于确定剩余租赁付款额现值的加权平均增量借款利率为4.9%。使用权资产按以下其中一种方法计量：

在过渡期，对于根据旧租赁准则分类为经营租赁的租赁，租赁负债以剩余租赁付款额的现值计量，折现率为南方航空于2019年1月1日的增量借款利率。用于确定剩余租赁付款额现值的加权平均增量借款利率为4.9%。使用权资产按以下其中一种方法计量：

（1）犹如在租赁开始日起一直应用新租赁准则的账面金额，折现率为承租人于首次执行日的增量借款利率—南方航空将此方法应用于其飞机和发动机租赁；或

（2）等于租赁负债，并根据须付租金或应付租金调整的金额—南方航空将此方法应用于所有其他租赁。

对于以前年度根据原租赁准则分类为经营租赁的租赁，在应用新租赁准则时，南方航空采取了以下简便实务操作方法：

（1）对于首次执行日起剩余租赁期少于12个月的租赁应用豁免，不确认使用权资产和租赁负债。

（2）在首次执行日将初始直接费用排除在使用权资产的计量外。

就采用新租赁准则对以前归类为融资租赁的租赁的影响而言，除了需要更改呈列科目外，南方航空无须于采用新租赁准则的首次执行日作出任何调整。由此，原在融资租赁负债下余额在租赁负债中计量，相应租赁资产的账面金额确认为使用权资产。对期初权益没有影响。

作为出租人：

南方航空租出飞行设备和物业，包括使用权资产。在新租赁准则下，当南方航空在转租安排中作为中间出租人时，南方航空需要参照主租赁产生的使用权资产将转租分类为融资租赁或经营租赁，而不是参照该目标资产。南方航空已将这些租赁分类为经营租赁。对于作为出租人的租赁，在过渡为新租赁准则时，南方航空无须进行任何调整。

就这方面而言，采用新租赁准则对南方航空的财务报表没有重大影响。

财务报表影响：

过渡影响：

南方航空将于 2018 年 12 月 31 日所披露的经营租赁承诺调整至于 2019 年 1 月 1 日确认的租赁负债期初余额，如表 9-9 所示。

表 9-9　南航将于 2018 年 12 月 31 日所披露的经营租赁承诺调整至于
2019 年 1 月 1 日确认的租赁负债初期余额

	2019 年 1 月 1 日（人民币百万元）
于 2018 年 12 月 31 日经营租赁承诺	75 729
减：无须资本化的租赁承诺	
—短期租赁，剩余租约期限于 2019 年 12 月 31 日或之前结束的其他租赁及低价值资产的租赁	（924）
—在 2018 年 12 月 31 日前签订，但租赁期在 2019 年 1 月 1 日以后开始的租赁合同	（16 612）
减：未来利息支出合计	（10 037）
使用 2019 年 1 月 1 日的增量借款利率折现的剩余租赁付款额的现值	48 156
加：于 2018 年 12 月 31 日确认的融资租赁负债	72 221
于 2019 年 1 月 1 日确认的租赁负债合计	120 377

南方航空的使用权资产包括飞机、飞行设备、建筑物、机械、设备和车辆，南方航空在合并财务报表中列示使用权资产。

表 9-10 汇总了应用新租赁准则对南方航空合并财务状况的影响：

表 9-10　应用新租赁准则对南航合并财务的影响

	于 2018 年 12 月 31 日的账面价值（人民币百万元）	新租赁准则		于 2019 年 1 月 1 日的账面价值（人民币百万元）
		重新计量（人民币百万元）	重分类（人民币百万元）	
受应用新租赁准则影响的合并财务状况表项目：				
资产				
物业、厂房及设备，净额	170 692	—	（88 880）	81 812
使用权资产	—	45 437	91 914	137 351
预付租赁款	2 970	—	（2 970）	—
于联营公司权益	3 181	（527）	—	2 654
递延所得税资产	1 566	717	—	2 283

	新租赁准则			
	于 2018 年 12 月 31 日的账面价值（人民币百万元）	重新计量（人民币百万元）	重分类（人民币百万元）	于 2019 年 1 月 1 日的账面价值（人民币百万元）
其他资产	1 776	—	（210）	1 566
预付费用及其他流动资产	3 659	（811）	—	2 848
负债				
租赁负债的流动部分	—	6 969	9 952	16 921
融资租赁负债的流动部分	9 555	—	（9 555）	—
预提费用	15 682	（83）	（397）	15 202
租赁负债	—	40 790	62 666	103 456
融资租赁负债	62 666	—	（62 666）	—
大修理准备	2 831	780	—	3 611
递延收益	906	—	（146）	760
递延所得税负债	676	（178）	—	498
权益				
储备	52 990	（3 124）	—	49 866

对 2019 年 1—6 月的影响：

在 2019 年 1 月 1 日对使用权资产和租赁负债进行初始计量后，南方航空作为承租人，在租赁期内需要确认租赁负债余额的利息支出和使用权资产的折旧，而不是按以往的方式在租赁期内以直线法确认经营租赁产生的租金费用。与假设本期仍采用原租赁准则的结果相比，采用新租赁准则为南方航空合并利润表中报告的经营利润带来有利影响。

在合并现金流量表中，南方航空作为承租人需要将资本化的租赁所支付的租金分拆为本金部分和利息部分。类似于过往根据原租赁准则分类为融资租赁的处理方式，本金部分被分类为筹资活动现金流出，而非如根据旧租赁准则分类为经营租赁的处理方式将其分类为经营活动现金流出。所有租赁的利息部分依然列示为经营活动现金流出。尽管总现金流量不受影响，但采用新租赁准则会导致合并现金流量表中现金流量的列报发生重大变化。

下列表格通过调整以下根据新租赁准则在中期财务报表列示的金额，以计算出假设 2019 年继续采用已被替代的原租赁准则而非新租赁准则所确认的假设金额，并将该等 2019 年假设金额与 2018 年根据原租赁准则实际确认的相关金额进行对比，或者可以大致说明采用新租赁准则对南方航空截至 2019 年 6 月 30 日的 6 个月的财务结果和现金流量的估计影响，如表 9-11、表 9-12 所示。

表 9-11　采用新租赁准则对南航截至 2019 年 6 月 30 日的 6 个月财务结果的估计影响

	截至 2019 年 6 月 30 日止（6 个月）					
	根据新租赁准则列报的金额（人民币百万元）	加回：新租赁准则折旧，维修及利息支出，净额（人民币百万元）	加回：新租赁准则与原租赁准则间于联营公司权益的净影响（人民币百万元）	减：假设根据原租赁准则的估计经营租赁金额（人民币百万元）	加回：新租赁准则与原租赁准则间差异的税务影响（人民币百万元）	假设 2019 年采用原租赁准则的金额（人民币百万元）
	（A）	（B）	（C）	（D）	（E）	（F=A+B+C-D+E）
采用新租赁准则所影响的截至 2019 年 6 月 30 日止 6 个月期间合并利润表项目：						
经营利润	5 226	3 568	—	4 628	—	4 166
利息支出	(2 876)	1 161	—	—	—	(1 715)
汇兑亏损，净额	(317)	97	—	—	—	(220)
应占联营公司业绩	7	—	59	—	—	66
税前利润	2 389	4 826	59	4 628	—	2 646
所得税费用	(685)	—	—	—	(33)	(718)
本期净利润	1 704	4 826	59	4 628	(33)	1 928

表 9-12　采用新租赁准则对南航截至 2019 年 6 月 30 日的 6 个月现金流量的估计影响

	截至 2019 年 6 月 30 日止（6 个月）		
	根据新租赁准则列报的金额（人民币百万元）	假设根据原租赁准则的估计经营租赁金额（人民币百万元）	假设 2019 年采用原租赁准则的金额（人民币百万元）
	（A）	（B）	（C=A+B）
采用新租赁准则所影响的截至 2019 年 6 月 30 日止 6 个月期间合并现金流量表项目：			

续表

	截至 2019 年 6 月 30 日止（6 个月）		
	根据新租赁准则列报的金额（人民币百万元）	假设根据原租赁准则的估计经营租赁金额（人民币百万元）	假设 2019 年采用原租赁准则的金额（人民币百万元）
	（A）	（B）	（C=A+B）
经营活动现金流			
经营活动现金流入	14 880	（4 628）	10 252
已付利息	（3 471）	1 161	（2 310）
经营活动的现金流入净额	9 994	（3 467）	6 527
筹资活动现金流			
已付租赁款的本金部分	（8 366）	3 467	（4 899）
筹资活动的现金流出净额	（5 368）	3 467	（1 901）

　　估计经营租赁金额是对假设原租赁准则于 2019 年依然适用时将被归类为经营租赁的合同于截至 2019 年 6 月 30 日止六个月期间的现金流量金额的估计。该估计假设，如果原租赁准则于 2019 年依然适用，2019 年新签的且被归类为经营租赁的合同的租金和现金流量不会有变化，任何潜在的税务净影响均予以忽略。

　　在该影响表中，为假设原租赁准则在本期间仍然适用下的经营活动现金净流入和筹资活动现金净流出，这些现金流出从融资活动重新分类为经营活动。

　　根据原租赁准则，融资租赁的本金部分在 2018 年同期合并现金流量表中列示为偿还融资租赁负债本金。

第六节　对电信业的影响

　　在执行新租赁准则时，电信业也是受影响较大的行业之一，因电信业很多的线路、土地使用权都是经过租赁获得的资产，在原租赁准则下均是按照经营租赁的方式进行处理，在新租赁准则下将计入资产负债表，因此受新租赁准则的影响较大。下面将从电信业不同的资产类型进行分析，分析不同的资产类型受新租赁准则的影响情况。同时以上市公司中国电信股份有限公司为例进行说明。

▌一、专用线路

如果电信企业持有专用线路协议，则供应商可能具有实质性替换权利。电信供应商需要复核合同条款以确定租赁期间内是否存在供应商的替换权利。

评估替换权利是否具有实质性需要运用高度判断。如果客户不能确定权利是否具有实质性，则必须将其视为非实质性权利。这意味着，如果合同还符合租赁定义的其他标准，则合同将构成租赁。评估供应商的替换权利是否具有实质性，以确定是否存在租赁。如果供应商在资产的整个使用期间内拥有替换资产的实际能力，并且预计替换的经济利益将超过成本，则供应商的替换权利是实质性权利。这一评估将根据每项特定安排单独进行，因此电信企业无法采用"通用"方法。

识别企业相关安排中的关键判断要点。评估企业是否有可以在整个业务中运用共同的判断。

线路安排有很多不同的表现形式。每种类型的安排都有独特的"使用方式和目的"的决策。考虑现有的线路协议的性质，对每项安排确定"使用方式和目的"的关键决策。

如果每一项线路协议架构均是由客户定制的，则可能难以确定由谁主导资产的使用，也就因此难以确定是否存在租赁。复核合同条款以确定是供应商还是客户有权作出这些决策，因而确定谁持有对标的传输资产的控制权。

▌二、其他传输资产

如果电缆管道或输电线杆的部分产能具备可区分的物理形态，则可以构成租赁。但是，传输资产的部分产能如果不具备可区分的物理形态也可能构成租赁，前提是客户有权获得该资产的"几乎所有"产能。实施"几乎所有"测试，并确保它得到一致应用。

为确定协议是否赋予客户获得资产"几乎所有"产能的权利而搜集信息对企业而言可能颇具挑战，尤其是在部分产能不具有可区分的物理形态时。在传输资产的一个组成部分不具备可区分的物理形态，且客户没有获得几乎所有产能时，相关安排不构成租赁。考虑该资产的其他组成部分是否可能符合租赁的定义。

如果移动铁塔的一部分指定空间与其他服务供应商共用，则一个组成部分（例如，移动铁塔上的空间）可能符合租赁的定义，但是另一个组成部分可能不符合（例如，共用的机柜）。识别哪些合同可能同时包含租赁组成部分和非租赁组成部分。

如何分拆租赁组成部分将直接影响到企业的关键绩效指标和契约指标。对承租人而言，选择采用简便实务操作方法，即将每个租赁组成部分和相关的非租赁组成部分作为一项单一的租赁组成部分进行确认，可能会提高息税折旧及摊销前利润，但也可能会导致计入资产负债表内的资产和负债金额增加。出租人不得采用该简便实务操作方法。量化并评估分拆组成部分的影响，包括是否作为承租人使用可选的简便实务操作方法。

在移动铁塔共享协议或线路协议中，当协议期限超过了业务一般的计划范围时，需要运用判断来确定是否在租赁期内纳入续约和终止选择权——即是否可"合理确定"将行使这些权利。租赁期将影响折现率的计算，并最终影响租赁负债。识别条款中含有续约或终止选择权的租赁协议。确定如何应用"合理确定"测试。

▌三、用户驻地设备

用户驻地设备安排可能因为功能增加而需要进行较高层面的持续性决策。如果"使用方式和目的"的决策由客户作出，则客户有权主导资产的使用，此时如果还符合其他标准，则存在租赁。识别每项资产"使用方式和目的"的决策。复核合同条款，确定是供应商还是客户有权作出上述决策，因此由谁控制标的资产的使用权。

相反，对供应商而言，不含有租赁的安排（包括部分客户驻地设备安排）可能全部落入收入准则的适用范围。识别在此类商业惯例下作出的安排：尽管供应商持有资产的法定所有权，但是否已将对该资产的控制权全部转移给客户。

如果客户（或者电信企业）有重大的经济动机退还（或回购）设备，则一份移动电话合同可能包含租赁。考虑不包含租赁的协议是否属于收入的适用范围。

四、与其他商品和服务捆绑的资产

将合同中的每个租赁组成部分与非租赁组成部分进行分拆，作为一项租赁核算。识别哪些合同同时包含租赁组成部分和非租赁组成部分。

承租人可以按标的资产的类别选择不将租赁组成部分和相关的非租赁组成部分进行分拆，而是将租赁组成部分和非租赁组成部分作为一项单一的租赁组成部分进行会计处理。如何分拆租赁组成部分将直接影响到企业的关键绩效指标和契约指标。量化并评估分拆组成部分的影响，包括是否作为承租人使用可选的简便实务操作方法。

即使在租赁组成部分和相关的非租赁组成部分被合并作为一项单一的租赁组成部分时，可变付款额（例如基于用量收取的公用事业费）也被排除在租赁负债之外。

尽管符合租赁的定义，但相对于固定付款额的合同，只含有可变租金的合同产生的使用权资产和相应负债的金额将更低。但是，这也会导致息税折旧及摊销前利润降低和损益的波动性加剧。与供应商讨论可能的合同变化。为从固定付款额改为可变付款额，或是从可变付款额改为固定付款额可能带来的影响进行建模分析。

五、合营安排下的资产

在确定是否存在租赁时，判断客户是合营安排本身，还是参与合营安排的一方非常重要。这可能会影响到：

（1）在所识别的客户的报表中负债和资产的确认；

（2）根据所识别的客户的风险状况对折现率的评估；

（3）合营安排和参与合营安排中的其他方之间是否存在转租赁；以及

（4）合营安排和参与合营安排中的其他方之间的交易的会计处理。

（5）识别合营安排或战略合作中签署的，或采用的协议。

（6）评估协议条款，以识别每项安排中的客户。

（7）考虑其他合营安排利益相关方的租赁政策及报告要求，以及这些是否会影响企业的报告。

▌六、转租赁

中间出租人将主租赁和转租赁视为两份合同，分别进行核算。因此，对二者采用的会计模式可能不同。考虑转租赁协议的合同条款将对主租赁的租赁期限产生何种影响。例如，主租赁有延期选择权，而转租赁的期限反映的是将行使该主租赁延期选择权的期间。

中间出租人根据主租赁产生的使用权资产将转租赁分类为融资租赁或经营租赁。这可能导致在未来有更多的转租赁被归类为融资租赁。例如，电信企业将从业主手中租来的零售店铺在主租赁的整个租期内都转租给其特许经营商。识别在采用新租赁准则时，被归为经营租赁还是融资租赁的分类可能变化的转租赁合同。

中间出租人不能对转租赁的资产使用低价值资产租赁豁免，因此需将这些租赁纳入资产负债表。确保作为中间出租人的企业没有使用低价值资产租赁项目的豁免。

▌七、关联公司间租赁

对于之前被承租人和出租人均分类为经营租赁的关联公司间租赁，在采用新准则后，租赁双方的报表内可能不再进行金额相等方向相反的会计处理。这是指，出租人将继续采用经营租赁会计处理，而承租人将确认一项使用权资产和一项租赁负债。评估合并系统是否能够处理复杂或大量的抵销。

这可能会显著增加内部报告、合并系统和流程的复杂程度。考虑任何法定会计核算的影响，即，因报告和税务要求而不能简化集团报表所用方法的影响。

▌八、以外币计价的资产

由于租赁负债是按每个报告日汇率折算的货币性项目，而使用权资产不是，因此以外币计价的资产租赁可能加大损益的波动性。识别外币风险套期的机遇，以降低因以外币计价的货币性租赁负债的折算而导致的损益波动性。

以外币租赁资产还可能增加对租赁折现率的确定、对租赁的修改的会计处理以及编制合并报表的复杂性。在确定折现率（即作为承租人的增量借款利率）

时考虑租赁的经济环境。

九、过渡方案

执行新租赁准则时，企业可采用追溯法，即重述可比数据，调整最早比较期间期初的留存收益；或是采用经修订的追溯法，在首次执行新准则的第一个报告年度的期初将初次采用该项新准则的累积影响作为对留存收益的调整。

（1）按每种过渡方法对期初资产负债表以及未来的利润表和资产负债表进行详细的建模分析，包括在采用经修订的追溯法时应用简便实务操作方法。

（2）评估遵循每种方法所需的信息。

在采用经修订的追溯法时，有多个选择方案以及简便实务操作方法供企业选择，提供部分准则执行时的豁免。

如采用简便实务操作方法，考虑为进行趋势分析而维持多套记录的要求。

企业所选的过渡方案将对净资产的账面金额，以及过渡后的损益趋势产生重大影响。与利益相关方沟通合作，确定对税务、资金、IT 系统、战略、法务、雇员福利、可分配利润、投资者关系、监管合规以及财务规划的影响。

（1）在过渡时，企业可选择以下会计政策中的一项：

（2）对所有合同采用新的租赁定义；或者

（3）采用简便实务操作方法，继续沿用之前对现有合同是否为租赁或包含租赁所做的评估。

（4）在新的租赁定义下可能不构成租赁的安排，评估比较对它们采用新租赁准则的潜在需要和可能实现的成本节省。

十、确认豁免

在过渡时及过渡后，承租人可以选择不对以下项目采用租赁会计模式：

（1）租期短于 12 个月的租赁；以及

（2）低价值项目的租赁。

评估资产的合同条款（包括取消条款，提前终止或续约的选择权）以确定符合短期租赁确认豁免条件的租赁资产。

对身为承租人且持有大量低价值资产（例如，办公设备、移动电话、低价值线缆）的电信企业而言，这可以节省大量成本。

执行成本效益分析，确定将低价值项目从过渡分析中排除可能节省的成本。

是否选择应用相关确认豁免，对短期租赁而言按照标的资产的类别进行，而对低价值资产租赁而言则按照各项租赁逐一进行。在确定是否对整个资产类别采用短期租赁确认豁免时，考虑对企业整体业务的影响。

例

中 国 电 信

中国电信股份有限公司是中国的三大电信运营商之一，2019年上半年经营收入达到人民币1 905亿元，服务收入达到人民币1 826亿元，在行业中保持领先。中国电信在2019年上半年移动用户达到3.23亿户，总体市场份额为20.4%。

中国电信于2019年中期期间首次采用《国际财务报告准则第16号》。《国际财务报告准则第16号》取代了《国际会计准则第17号——租赁会计》以及相关诠释。

1.采用《国际财务报告准则第16号》导致的会计政策变更

中国电信根据《国际财务报告准则第16号》的过渡规定应用以下会计政策：

租赁定义：

如果合同让渡在一定期间内控制被识别资产使用的权利以换取对价，则合同为租赁合同或包含租赁。

中国电信根据《国际财务报告准则第16号》下的定义，于租赁开始日或租赁修改日评估合同是否为租赁合同或包含租赁。除非合同的条款和条件发生后续变化，否则不会重新评估合同是否为租赁合同或包含租赁。

作为承租人：

分摊合同对价：对于包含一项或多项租赁组成部分及非租赁组成部分的合同，中国电信基于各租赁组成部分的相对单独价格与非租赁组成部分的单独价格总和对合同对价进行分摊。

作为实务变通，当中国电信合理预期对于具有类似特征的租赁以组合为基准或以单项租赁为基准进行会计处理对财务报表的影响不存在重大差异，则按组合基准进行会计处理。

短期租赁和低价值资产租赁：

对于自租赁期开始日起租赁期为十二个月或更短时间，且不包含购买选择权的房屋、设备和其他资产的租赁，中国电信应用短期租赁确认豁免。中国电信同时对低价值资产租赁采用确认豁免。短期租赁和低价值资产租赁的租赁付款额在租赁期内按照直线法确认为费用。

使用权资产：

除短期租赁和低价值资产租赁外，中国电信于租赁期开始日（即目标资产可供使用的日期）确认使用权资产。使用权资产采用成本模式计量，并减去累计折旧和累计减值损失，并在对租赁负债重新计量时进行调整。

使用权资产的成本包括：

①租赁负债的初始计量金额；

②在租赁期开始日或之前支付的租赁付款额，扣除收到的租赁激励；

③承租人发生的初始直接费用；及

④承租人在拆卸及移除目标资产、复原目标资产所在场地或将目标资产恢复至租赁条款和条件规定的状态时估计将发生的成本。

中国电信合理确定在租赁期结束时将取得相关租赁目标资产所有权的使用权资产，在租赁期开始日至目标资产使用寿命结束的期间对使用权资产计提折旧。否则，在租赁期开始日至使用权资产使用寿命结束与租赁期孰短的期间对使用权资产按直线法计提折旧。

中国电信在合并财务状况表上将使用权资产作为单独项目列报。

租赁负债：

在租赁期开始日，中国电信以该日尚未支付的租赁付款额的现值确认并计量租赁负债。在对租赁付款额进行折现时，如果无法直接确定租赁内含利率，则采用中国电信于租赁期开始日的增量借款利率。

租赁付款额包括：

①固定付款额（包括实质固定付款额），扣除应收的租赁激励；

②取决于指数或比率的可变租赁付款额；

③中国电信合理确定将行使购买选择权时，该选择权的行权价；及

④租赁期反映出中国电信将行使终止租赁选择权的，行使该选择权需支付的罚款金额。

取决于指数或比率的可变租赁付款额采用租赁期开始日的指数或比率进行初始计量。不依赖于指数或比率的可变租赁付款不包括在租赁负债和使用权资产的计量中，并且在触发支付的事件或情况发生的期间内确认为费用。

在租赁期开始日之后，租赁负债通过利息增加和租赁付款额减少进行调整。

在下列情况下，中国电信重新计量租赁负债（并对相关的使用权资产作出相应调整）：

①租赁期发生变化或者对购买选择权的评估发生变化的，于评估日采用修改后的折现率对修改后的租赁付款额进行折现，以重新计量租赁负债。

②租赁付款额随市场租金率变动而变化时，按照变动后的租赁付款额和原折现率进行折现，以重新计量租赁负债。

租赁修改：

如果同时符合以下条件，中国电信将租赁修改作为一项单独的租赁进行会计处理：

①该修改通过增加使用一项或多项目标资产的权利扩大了租赁范围；且

②租赁对价的增加额与所扩大范围部分的单独价格按特定合同情况进行适当调整后的金额相当。

如果租赁修改未作为一项单独的租赁进行会计处理，中国电信于修改日根据租赁修改后的租赁期采用修改后的折现率对修改后的租赁付款额进行折现，以重新计量租赁负债。

税务：

就中国电信确认使用权资产及相关租赁负债的租赁交易的递延税项计量，中国电信首先确定税务抵减项目应归属于使用权资产或归属于租赁负债。

中国电信租赁交易的税务抵减项目归属于租赁负债。中国电信将《国际会计准则第12号——所得税会计》的要求整体应用于租赁交易。与使用权资产和租赁负债相关的暂时性差异按净额进行评估。使用权资产折旧超过租赁负债本金付款额，导致净可抵扣暂时性差异。

在组成部分中分摊合同对价：

自2019年1月1日起，中国电信采用《国际财务报告准则第15号——与客户之间的合同产生的收入》将合同中的对价分摊至租赁及非租赁组成部分。非租赁组成部分根据其相对单独销售价格与租赁组成部分进行拆分。

可退还的租赁押金：

收到的可退还的租赁押金根据《国际财务报告准则第9号——金融工具》进行会计处理，并按公允价值进行初始计量。初始确认时对公允价值的调整被视为承租人的额外租赁付款。

转租赁：

当中国电信为中间出租人时，将原租赁和转租赁作为两项单独的合同进行会计处理。转租赁根据原租赁产生的使用权资产而非目标资产，分类为融资租赁或经营租赁。

租赁修改：

中国电信自修改生效日开始将经营租赁的修改作为一项新的租赁进行会计处理，将与原租赁有关的预付或预提租赁付款额视为新的租赁的租赁付款额的一部分。

2. 首次采用《国际财务报告准则第16号》的过渡和影响汇总

租赁定义：

中国电信根据《国际财务报告准则第16号》关于租赁的定义评估合同是否包含租赁。在应用新租赁定义后，某些《国际会计准则第17号》下的经营租赁由于其合同项下的资产的组成部分不属于被识别资产而不满足《国际财务报告准则第16号》对租赁的定义。

作为承租人：

中国电信已追溯采用《国际财务报告准则第16号》，并于首次采用日（即2019年1月1日）确认累积影响。首次采用日的累积影响调整期初储备，比较信息未予重列。

在采用《国际财务报告准则第16号》下的有限追溯调整法进行过渡时，中国电信对于所有租赁进行逐项分析，对于相关租赁合同分别采用以下实务变通：

①对于租赁期将于首次采用日起十二个月内结束的租赁不确认使用权资产及租赁负债；

②对于类似经济环境下具有类似剩余期限的类似类别的目标资产的租赁进行组合，应用单一折现率。具体而言，中国大陆某些通信铁塔、房屋、设备和其他资产租赁的折现率是以组合为基础确定的；及

③在确定中国电信包含续租或终止租赁选择权的合同的租赁期时，基于首次采用日的事实和情况，使用了后见之明。

中国电信采用《国际财务报告准则第16号》作出的过渡期调整如下：

于 2019 年 1 月 1 日，中国电信采用《国际财务报告准则第 16 号》的过渡方法确认租赁负债，视同自租赁期开始日已采用《国际财务报告准则第 16 号》，并按首次采用日相关承租人的增量借款利率进行折现的账面金额计量使用权资产。

在确认租赁负债时，对于经营租赁，中国电信已于首次采用日应用相关承租人的增量借款利率。加权平均的承租人增量借款利率为3.6%，如表9-13 所示。

表 9-13　中国电信首次采用日应用相关承租人的增量借款利率确认租赁负债

	2019年1月1日（人民币百万元）
截至 2018 年 12 月 31 日的经营租赁承担	65 805
减：确认豁免—短期租赁	（684）
确认豁免—低价值资产租赁	（85）
可变租赁付款额	（12 265）
对租赁定义的重新评估及租赁及非租赁成分的分配基准变化	（2 852）
	49 919
减：未来利息费用合计	（4 271）
采用《国际财务报告准则第 16 号》确认的与经营租赁有关的租赁负债	45 648
加：截至 2018 年 12 月 31 日的融资租赁应付款	216
截至 2019 年 1 月 1 日的租赁负债	45 864
分类为	
一年内到期部分	10 260
一年以上到期部分	35 604

截至 2019 年 1 月 1 日的使用权资产账面金额组成如表9-14 所示：

表 9-14　截至 2019 年 1 月 1 日的使用权资产账面金额组成

	使用权资产（人民币百万元）
采用《国际财务报告准则第 16 号》确认的与经营租赁有关的使用权资产	43 956
重分类自预付土地租赁费注 *	21 568
	65 524
按类别：	
通信铁塔及相关资产	27 354
土地	21 568
房屋	7 079

续表

	使用权资产（人民币百万元）
设备	9 311
其他	212
	65 524

* 因采用《国际财务报告准则第 16 号》，于首次采用日，预付土地租赁费人民币 215.68 亿元已重分类为使用权资产。

根据《国际财务报告准则第 16 号》的过渡规定，中国电信无须就中国电信作为出租人的租赁的过渡作出任何调整，但需要自首次采用日起按照《国际财务报告准则第 16 号》对该等租赁进行会计处理，比较信息未予重列。

于 2019 年 1 月 1 日的合并财务状况表金额已作出以下调整，如表 9-15 所示。未受影响的项目未予列示。

表 9-15　于 2019 年 1 月 1 日的合并财务状况表作出调整的项目

	已报告的 2018 年 12 月 31 日账面价值（人民币百万元）	调整（人民币百万元）	《国际财务报告准则第 16 号》下的 2019 年 1 月 1 日账面价值（人民币百万元）
非流动资产			
使用权资产	—	65 524	65 524
预付土地租赁费	21 568	(21 568)	—
所拥有联营公司的权益	38 051	(263)	37 788
递延税项资产	6 544	676	7 220
其他资产	4 840	(746)	4 094
流动资产			
预付款和其他流动资产	23 619	(518)	23 101
流动负债			
应付账款	107 887	(100)	107 787
一年内到期的租赁负债	—	10 260	10 260
一年内到期的融资租赁应付款	101	(101)	—
非流动负债			
租赁负债	—	35 604	35 604
融资租赁应付款	115	(115)	—
权益			
本公司股东应占权益合计	343 069	(2 440)	340 629
非控制性权益	1 030	(3)	1 027

附录：新租赁准则与原租赁准则之间的对比分析

《企业会计准则第21号——租赁》2006版与2018修订版对比如下：

2006《CAS 21—租赁》	2018《CAS 21—租赁》	新旧差异
第一章 总则	**第一章 总则**	**第一章 总则**
第一条 为了规范租赁的确认、计量和相关信息的列报，根据《企业会计准则——基本准则》，制定本准则。	**第一条** 为了规范租赁的确认、计量和相关信息的列报，根据《企业会计准则——基本准则》，制定本准则。	新旧一致
第二条 租赁，是指在约定的期间内，出租人将资产使用权让与承租人，以获取租金的协议。	**第二条** 租赁，是指在一定期间内，出租人将资产的使用权让与承租人以换取对价的合同。	定义基本一致；修改部分措辞
第三条 下列各项适用其他相关会计准则：（一）出租人以经营租赁方式租出的土地使用权和建筑物，适用《企业会计准则第3号——投资性房地产》。（二）电影、录像、剧本、文稿、专利和版权等项目的许可使用协议，适用《企业会计准则第6号——无形资产》。（三）出租人因融资租赁形成的长期债权的减值，适用《企业会计准则第22号——金融工具确认和计量》。	**第三条** 本准则适用于所有租赁，但下列各项除外：（一）承租人通过许可使用协议取得的电影、录像、剧本、文稿版权，以出让、划拨或转让方式取得的土地使用权，适用《企业会计准则第6号——无形资产》。（二）出租人授予的知识产权许可，适用《企业会计准则第14号——收入》。勘探或使用矿产、石油、天然气及类似不可再生资源的租赁，采用建设经营交接方式参与公共基础设施建设、运营的特许经营合同，不适用本准则。	适用的范围包括经营租出的土地使用权和建筑物；适用范围不包括出租人授予的知识产权许可、不可再生资源的租赁、承租生物资产以及BOT；明确土地使用权不适用租赁。
	第二章 租赁的识别、分拆和合并	
	第一节 租赁的识别	新增

续表

2006《CAS 21—租赁》	2018《CAS 21—租赁》	新旧差异
	第四条 在合同开始日，企业应当评估合同是否为租赁合同或者包含租赁。如果合同中一方让渡了在一定期间内控制一项或多项已识别资产使用的权利以换取对价，则该合同为租赁合同或者包含租赁。 除非合同条款和条件发生变化，企业无须重新评估合同是否为租赁或者包含租赁。	明确租赁的识别特征：让渡了在一定期间内控制已识别资产使用的权利以换取对价
	第五条 为确定合同是否让渡了在一定期间内控制资产使用的权利，企业应当评估客户是否有权获得在使用期间内因使用该已识别资产而产生的几乎全部经济利益，并有权在该使用期间主导该已识别资产的使用。	明确识别租赁应由租赁客户是否有权获得经济利益并主导已识别资产的使用
	第六条 已识别资产通常由合同明确指定，也可以在资产可供客户使用时隐性指定。但是，即使合同已对该资产进行指定，如果资产的供应方在整个使用期间内拥有对该资产的实质性替换权，则该资产不属于已识别资产。 供应方拥有对该资产的实质性替换权时，表明供应方拥有资产的实质性替换权： （一）资产供应方拥有在整个使用期间替换替代资产的实际能力； （二）资产供应方通过行使替换资产的权利将获得经济利益。 企业难以确定供应方是否拥有对该资产的实质性替换权的，应当视为供应方没有对该资产的实质性替换权。如果资产的某部分能为客户识别资产，则该资产部分不属于已识别资产，除非其实质上代表该资产的全部或几乎全部产能，从而使客户获得因使用该资产所产生的几乎全部经济利益。	如果资产的供应方拥有对已识别资产的实质性替换权，则该资产不属于已识别资产；明确实质性替换权已主导资产不属于的认定条件

续表

2006《CAS 21—租赁》	2018《CAS 21—租赁》	新 旧 差 异
	第七条 在评估是否有权因获得使用已识别资产所产生的几乎全部经济利益时，企业应当在约定的客户可使用资产的权利范围内考虑其所产生的经济利益。	明确经济利益的考虑范围
	第八条 存在下列情况之一的，可视为客户有权主导已识别资产在整个使用期间内的使用： （一）客户有权在整个使用期间主导已识别资产的使用目的和使用方式； （二）已识别资产的使用目的和使用方式在使用期开始前已预先确定，并且客户有权在整个使用期间主导该资产的运营，或者客户设计了该资产并在设计时已预先确定了该资产在整个使用期间的使用目的和使用方式。	明确客户有权主导已识别资产的使用目的的情形：有权主导使用方式和使用方式的；由客户设计或确定运营方式
	第二节 租赁的分拆和合并	新增
	第九条 合同中同时包含多项单独租赁的，承租人和出租人应当将合同予以分拆，并分别各项单独租赁进行会计处理。 合同中同时包含租赁和非租赁部分的，承租人企业应当将租赁和非租赁部分进行分拆，除非适用本准则第十二条的规定按应当分拆其他准则处理。非租赁部分则按应当进行会计处理。	明确应当分拆合同包含的各租赁部分和非租赁部分
	第十条 同时符合下列条件的，使用已识别资产的权利构成合同中的一项单独租赁： （一）承租人可从单独使用该资产或将其与易于获取的其他资源一起使用中获利； （二）该资产与合同中的其他资产不存在高度依赖或高度关联关系。	明确构成单独租赁的条件：单独获利及不存在高度依赖或高度关联关系

续表

2006《CAS 21—租赁》	2018《CAS 21—租赁》	新旧差异
	第十一条 在分拆合同的租赁部分和租赁非租赁部分时，承租人应当按照各租赁部分和租赁非租赁各部分的单独价格之和的相对比例分摊合同对价，出租人应当根据《企业会计准则第14号——收入》关于交易价格分摊的规定分摊合同对价。	合同对价应当按单独单价格的相对比例分摊
	第十二条 为简化处理，承租人可以按照租赁资产的类别选择是否分拆合同的租赁部分和租赁非租赁部分。承租人选择不分拆的，应当将各租赁部分及与其相关的非租赁部分分别作为租赁，按照本准则进行会计处理。但是，对于按照《企业会计准则第22号——金融工具确认和计量》应分拆的嵌入衍生工具，承租人不应将其与租赁部分合并进行会计处理。	承租人可以按照租赁资产的类别选择是否分拆合同（除了满足分拆条件的嵌入衍生工具）
	第十三条 企业与同一交易方或其关联方在同一时间或相近时间订立的两份或多份包含租赁的合同，在符合下列条件之一时，应当合并为一份合同进行会计处理： （一）该两份或多份合同基于总体商业目的而订立并作为一揽子交易，若不作为整体考虑无法理解其总体商业目的。 （二）该两份或多份合同中的某份合同的对价金额取决于其他合同的定价或履行情况。 （三）该两份或多份合同让渡的资产使用权合起来构成一项单项租赁。	明确合同合并的情形：一揽子交易；支付对价受制；合起来构成单项租赁
第三章 融资租赁中承租人的会计处理	**第三章 承租人的会计处理**	划分章节
	第一节 确认和初始计量	

248

续表

2006《CAS 21—租赁》	2018《CAS 21—租赁》	新旧差异
第十八条 在租赁期开始日，出租人应当将租赁开始日最低租赁收款额与融资租赁款的入账价值，同时记录未担保余值；将最低租赁收款额、初始直接费用及未担保余值之和与其现值之和的差额确认为未实现融资收益。 **第十九条** 未实现融资收益应当在租赁期各个期间进行分配。出租人应当采用实际利率法计算确认当期的融资收入。 **第二十二条** 对于经营租赁的租金，承租人应当在租赁期内各个期间按照直线法计入相关资产成本或当期损益；其他方法更为系统合理的，也可以采用其他方法。 **第二十三条** 承租人发生的初始直接费用，应当计入当期损益。 **第二十四条** 或有租金应当在实际发生时计入当期损益。 **第十一条** 租赁期开始日，是指承租人有权行使其使用租赁资产权利的开始日。	**第十四条** 在租赁期开始日，承租人应当对租赁确认使用权资产和租赁负债，应用本准则第三章第三节进行简化处理的短期租赁和低价值租赁资产除外。 使用权资产，是指承租人可在租赁期内使用租赁资产的权利。 租赁期开始日，是指出租人提供租赁资产使其可供承租人使用的起始日期。	取消承租人关于融资租赁与经营租赁的分类，要求承租人对所有租赁确认使用权资产和租赁负债和低价值租赁资产的短期租赁（选择简化处理的短期租赁和低价值租赁资产除外）； 定义"使用权资产"，重新定义"租赁期开始日"

续表

2006《CAS 21—租赁》	2018《CAS 21—租赁》	新旧差异
第七条 租赁期，是指租赁合同规定的不可撤销的租赁期间。租赁合同签订后一般不可撤销，但下列情况除外： （一）经出租人同意。 （二）承租人与原出租人就同一资产或同类资产签订了新的租赁合同。 （三）承租人支付一笔足够大的额外款项。 （四）发生某些很少会出现的或有事项，并且在租赁开始日就可以合理确定承租人将会行使这种选择权，续租期也将包括在租赁期之内。	第十五条 租赁期，是指承租人有权使用租赁资产且不可撤销的期间。 承租人有续租选择权，即有权选择继续租赁该资产，且合理确定将行使该选择权的，租赁期还应当包含续租选择权涵盖的期间。 承租人有终止租赁选择权，即有权选择终止租赁该资产，但合理确定不会行使该选择权的，租赁期应当包含终止租赁选择权涵盖的期间。 发生某些在承租人可控范围内的重大事件或变化，且影响承租人是否合理确定将行使相应选择权的，承租人应当对其是否合理确定将行使续租选择权、购买选择权或终止租赁选择权进行重新评估。	租赁期的定义基本一致； 明确情况发生重大变化时，需要重新评估租赁期； 不再列举可撤销合同的情形
第十一条 承租人在租赁谈判和签订租赁合同过程中发生的，可归属于租赁项目的手续费、律师费、差旅费、印花税等初始直接费用，应当计入租入资产价值。	第十六条 使用权资产应当按照成本进行初始计量。该成本包括： （一）租赁负债的初始计量金额； （二）在租赁期开始日或之前支付的租赁付款额，存在租赁激励的，扣除已享受的租赁激励相关金额； （三）承租人发生的初始直接费用； （四）承租人为拆卸及移除租赁资产、复原租赁资产所在场地或将租赁资产恢复至租赁条款约定状态预计将发生的成本。前述成本属于为生产存货而发生的，适用《企业会计准则第 1 号——存货》。 承租人应当按照《企业会计准则第 13 号——或有事项》对本条第（四）项所述成本进行确认和计量。	明确使用权资产初始入账成本的构成： 租赁负债＋租赁预付款－租赁激励＋初始直接费用＋预计拆卸／移除／复原／恢复费用； 定义"租赁激励"； 重新定义"初始直接费用"； 定义"增量费用"；

续表

2006《CAS 21—租赁》	2018《CAS 21—租赁》	新旧差异
	租赁激励，是指出租人为达成租赁向承租人提供的优惠，包括出租人向承租人偿付或承担的与租赁有关的款项，出租人为承担直接费用，是指为达成租赁所发生的增量成本。	
第十二条 承租人在计算最低租赁付款额的现值时，能够取得出租人租赁内含利率的，应当采用租赁内含利率作为折现率；否则，应当采用租赁合同规定的利率作为折现率。承租人无法取得出租人的租赁内含利率且租赁合同没有规定利率的，应当采用同期银行贷款利率作为折现率。	第十七条 租赁负债应当按照租赁期开始日尚未支付的租赁付款额的现值进行初始计量。在计算租赁付款额的现值时，承租人应当采用租赁内含利率作为折现率；无法确定租赁内含利率的，应当采用承租人增量借款利率作为折现率。租赁内含利率，是指使出租人的租赁收款额的现值与未担保余值之和等于租赁资产公允价值与出租人的租赁初始直接费用之和的利率。	明确租赁负债的折现率为租赁内含利率或承租人增量借款利率；不再使用租赁合同规定的利率；租赁内含利率的含义基本一致；定义"增量借款利率"，明确需考虑抵押条件
第十三条 租赁内含利率，是指在租赁开始日，使最低租赁收款额的现值与等于租赁资产公允价值之和等于租赁资产的初始直接费用之和与出租人的初始直接费用之和等于租赁资产公允价值与出租人的初始直接费用之和的折现率。	承租人增量借款利率，是指承租人在类似经济环境下为获得与使用权资产价值接近的资产，在类似期间以类似抵押条件借入资金须支付的利率。	

2006 《CAS 21—租赁》	2018 《CAS 21—租赁》	新 旧 差 异
第八条 最低租赁付款额，是指在租赁期内，承租人应支付或可能被要求支付的款项（不包括或有租金和履约成本），加上由承租人或与其有关的第三方担保的资产余值。承租人有购买租赁资产选择权，所订立的购买选择权价款预计将远低于行使选择权时租赁资产的公允价值，因而在租赁开始日就可以合理确定承租人将会行使这种选择权的，购买选择权价款也应当计入最低租赁付款额。或有租金，是指金额不固定、以时间长短以外的其他因素（如销售量、使用量、物价指数等）为依据计算的租金。履约成本，是指租赁期内为租赁资产支付的各种使用费，如技术咨询和服务费、人员培训费、维修费、保险费等。 第二十一条 或有租金应当在实际发生时计入当期损益。	第十八条 租赁付款额，是指承租人向出租人支付的与在租赁期内使用租赁资产的权利相关的款项，包括： （一）固定付款额及实质固定付款额，存在租赁激励的，扣除租赁激励相关金额； （二）取决于指数或比率的可变租赁付款额，该款项在初始计量时根据租赁期开始日的指数或比率确定； （三）购买选择权的行权价格，前提是承租人合理确定将行使该选择权； （四）行使终止租赁选择权需支付的款项，前提是租赁期反映出承租人将行使终止租赁选择权； （五）根据承租人提供的担保余值预计应支付的款项。 实质固定付款额，是指在形式上可能包含变量但实质上无法避免的付款额。 可变租赁付款额，是指承租人为取得在租赁期内使用租赁资产的权利，向出租人支付的因租赁期开始日后的事实或情况发生变化（而非时间推移）而变动的款项。取决于指数或比率的可变租赁付款额包括与消费者价格指数挂钩的款项、与基准利率挂钩的款项和为反映市场租金费率变化而变动的款项等。	"租赁付款额"替代"最低租赁付款额"，"可变租赁付款额"替代"或有租金"； 明确租赁付款额的构成：固定及实质固定付款额－租赁激励＋取决于指数或比率的可变租赁付款额＋合理确定将行使的购买选择权的行权价格＋合理确定将行使的就终止租赁选择权的支付＋承租人担保余值预计支付款项； 定义"实质固定付款额"

2006《CAS 21—租赁》	2018《CAS 21—租赁》	新旧差异
第十四条 担保余值，就承租人而言，是指由承租人或与承租人有关的第三方担保的资产余值；就出租人而言，是指承租人加上独立于承租人和出租人的第三方担保的资产余值。资产余值，是指在租赁开始日估计的租赁期届满时租赁资产的公允价值。未担保余值，是指租赁资产余值中扣除担保余值以后的资产余值。	**第十九条** 担保余值，是指与出租人无关的一方向出租人提供担保，保证在租赁结束时租赁资产的价值至少为某固定的金额。未担保余值，是指租赁资产余值中，出租人无法保证能够实现或仅由与出租人有关的一方予以担保的部分。	包含在租赁付款额中的是"根据承租人提供的担保余值预计应支付的款项"，不再是"担保余值"本身
	第二节 后续计量	划分章节
	第二十条 在租赁期开始日后，承租人应当按照本准则第二十一条、第二十二条及第二十九条的规定，采用成本模式对使用权资产进行后续计量。	使用权资产后续计量通常采用成本模式；未规范符合投资性房地产定义的使用权资产的计量要求
第十六条 承租人应当采用与自有固定资产相一致的折旧政策计提租赁资产折旧。能够合理确定租赁期届满时取得租赁资产所有权的，应当在租赁资产使用寿命内计提折旧。无法合理确定租赁期届满时能够取得租赁资产所有权的，应当在租赁期与租赁资产使用寿命两者中较短的期间内计提折旧。	**第二十一条** 承租人应当参照《企业会计准则第4号——固定资产》有关折旧规定，对使用权资产计提折旧。承租人能够合理确定租赁期届满时取得租赁资产所有权的，应当在租赁资产剩余使用寿命内计提折旧。无法合理确定租赁期届满时能够取得租赁资产所有权的，应当在租赁期与租赁资产剩余使用寿命两者孰短的期间内计提折旧。	使用权资产参照固定资产计提折旧（类似原融资租入）；折旧方式新旧一致
	第二十二条 承租人应当按照《企业会计准则第8号——资产减值》的规定，确定使用权资产是否发生减值，并对已识别的减值损失进行会计处理。	使用权资产减值适用 CAS 8

续表

2006《CAS 21—租赁》	2018《CAS 21—租赁》	新旧差异
第十五条 未确认融资费用应当在租赁期各个期间进行分摊。承租人应当采用实际利率计算法计算确认当期的融资费用。	**第二十三条** 承租人应当按照固定的周期性利率计算租赁负债在租赁期内各期间的利息费用，并计入当期损益。按照《企业会计准则第17号——借款费用》等其他准则规定应当计入相关资产成本的，从其规定。该周期性利率，是按照本准则第十七条规定所采用的折现率，或者按照本准则第二十五条、二十六条和二十九条规定所采用的修订后的折现率。	租赁负债的利息费用按照"固定的周期性利率计算"，不再使用实际利率法的提法
第十七条 或有租金应当在实际发生时计入当期损益。	**第二十四条** 未纳入租赁负债计量时计入当期损益的可变租赁付款额，按照《企业会计准则第1号——存货》等其他准则规定应当计入相关资产成本的，从其规定。	未纳入租赁负债计量时的可变租赁付款额应当在实际发生时计入当期损益
	第二十五条 在租赁期开始日后，发生下列情形的，承租人应当重新确定租赁付款额，并按变动后租赁付款额的现值计算重新计量租赁负债： （一）因担保余值预计的应付金额发生变化，或终止租赁选择权、续租选择权或者购买选择权的实际行使情况与原评估结果不一致导致租赁期变化的，应当根据新的租赁期重新确定租赁付款额； （二）因结果发生变化导致购买选择权评估结果发生变化的，应当根据第十五条确定购买选择权评估结果重新确定租赁付款额。 在计算变动后租赁付款额的现值时，承租人应当采用修订后的折现率。无法确定租赁内含利率的，应当采用重估日的承租人增量借款利率作为修订后的折现率。	明确需重新确定租赁付款额的情形（重新确定折现率）：因行权判断或实际行使权一致导致的评估结果发生变化；购买选择权的评估期发生变化

续表

2006 《CAS 21—租赁》	2018 《CAS 21—租赁》	新旧差异
	第二十六条 在租赁期开始日后，根据担保余值预计的应付金额发生变动，或者因用于确定租赁付款额的指数或比率变动而导致未来租赁付款额发生变动的，承租人应当按照变动后租赁付款额的现值重新计量租赁负债。在这些情形下，承租人采用的折现率不变，使用修订后的折现率。但是，租赁付款额的变动源自浮动利率变动的，使用修订后的折现率。	明确需重新确定租赁付款额的情形（折现率不变）：担保余值预计支付变动；用于确定租赁付款额的指数或比率变动
	第二十七条 承租人在根据本准则第二十五条、第二十六条或实质因固定租赁付款额变动重新计量租赁负债时，应当相应调整使用权资产的账面价值。使用权资产的账面价值已调减至零，但租赁负债仍需进一步调减的，承租人应当将剩余金额计入当期损益。	重新计量租赁负债时，应当相应调整使用权资产的账面价值
	第二十八条 租赁发生变更且同时符合下列条件的，承租人应当将该租赁变更作为一项单独租赁进行会计处理： （一）该租赁变更通过增加一项或多项租赁资产的使用权而扩大了租赁范围； （二）增加的对价与租赁范围扩大部分的单独价格按该合同情况调整后的金额相当。 租赁变更，是指原合同条款之外的租赁范围、租赁对价、租赁期限的变更，包括增加或终止一项或多项租赁资产的使用权，延长或缩短合同规定的租赁期等。	明确租赁变更的会计处理——作为一项单独的租赁变更； 定义"租赁变更"

续表

2006《CAS 21—租赁》	2018《CAS 21—租赁》	新旧差异
	第二十九条 租赁变更未作为一项单独租赁进行会计处理的，在租赁变更生效日，承租人应当按照本准则第九条至第十二条的规定分摊变更后合同的对价，按照本准则第十五条的规定重新确定变更后租赁期，并按照变更后租赁付款额和修订后折现率计算的现值重新计量租赁负债。 在计算变更后租赁付款额的现值时，承租人应当采用剩余租赁期间的租赁内含利率作为折现率；无法确定剩余租赁期间的租赁内含利率的，应当采用修订后的承租人增量借款利率作为修订后的折现率。 租赁变更生效日的承租人增量借款利率重新计量的，是指双方就租赁变更达成一致的日期。 租赁变更导致租赁范围缩小或租赁期缩短的，承租人应当相应调减使用权资产的账面价值，并将部分终止或完全终止租赁的相关利得或损失计入当期损益。其他租赁变更导致租赁负债重新计量的，承租人应当相应调整使用权资产的账面价值。	明确租赁变更的会计处理：不满足作为一项单独租赁的，调减使用权资产；租赁范围缩小的，调减使用权资产
第三节 短期租赁和低价值资产租赁		新增
	第三十条 短期租赁，是指在租赁期开始日，租赁期不超过12个月的租赁。包含购买选择权的租赁不属于短期租赁。	定义"短期租赁"

256

续表

2006《CAS 21—租赁》	2018《CAS 21—租赁》	新旧差异
	第三十一条 低价值资产租赁，是指单项租赁资产为全新资产时价值较低的租赁。 低价值资产租赁的判定仅与资产的绝对价值有关，不受承租人规模、性质或其他情况影响。低价值资产租赁还应当符合本准则第十条的规定。 承租人转租或预期转租租赁资产的，原租赁不属于低价值资产租赁。	定义"低价值资产租赁"，低价值资产租赁仅与资产的绝对价值有关
	第三十二条 对于短期租赁和低价值资产租赁，承租人可以选择不确认使用权资产和租赁负债。 作出该选择的，承租人应当将短期租赁和低价值资产租赁的租赁付款额，在短期租赁和低价值资产租赁期内各个期间按照直线法或其他系统合理的方法计入相关资产成本或当期损益。其他系统合理的方法能够更好地反映承租人的受益模式的，承租人应当采用该方法。	短期租赁和低价值资产租赁可以简化处理；不确认使用权资产和租赁负债
	第三十三条 对于短期租赁，承租人应当按照租赁资产的类别作出本准则第三十二条所述的会计处理选择。对于低价值资产租赁，承租人可根据每项租赁的具体情况作出本准则第三十二条所述的会计处理选择。	短期租赁按照租赁资产的类别选择简化处理，低价值资产租赁可单项选择简化处理
	第三十四条 按照本准则第三十二条进行简化处理的短期租赁发生租赁变更或者因租赁变更之外的原因导致租赁期发生变化的，承租人应当将其视为一项新租赁进行会计处理。	简化处理的短期租赁发生租赁变更或租赁期变化的，作为新租赁
第二章 租赁的分类	**第四章** 出租人的会计处理	
	第一节 出租人的租赁分类	

257

2006《CAS 21—租赁》	2018《CAS 21—租赁》	新旧差异
第四条 承租人和出租人应当在租赁开始日将租赁分为融资租赁和经营租赁。租赁开始日，是指租赁协议日与租赁各方就主要租赁条款作出承诺日中的较早者。 **第五条** 融资租赁，是指实质上转移了与资产所有权有关的全部风险和报酬的租赁。其所有权最终可能转移，也可能不转移。 **第十条** 经营租赁是指除融资租赁以外的其他租赁。	**第三十五条** 出租人应当在租赁开始日将租赁分为融资租赁和经营租赁。租赁开始日，是指租赁合同签署日与租赁各方就主要租赁条款诸诺日中的较早者。 融资租赁，是指实质上转移了与租赁资产所有权有关的几乎全部风险和报酬的租赁。其所有权最终可能转移，也可能不转移。 经营租赁，是指除融资租赁以外的其他租赁。 在租赁开始日后，出租人无须对租赁的分类进行重新评估，除非发生租赁变更。租赁资产预计使用寿命、预计余值等会计估计变更或发生情况变化的，出租人不对租赁的分类进行重新评估。	出租人的租赁开始日与融资租赁的定义基本一致； 明确后续不对租赁的分类进行重新评估
第六条 符合下列一项或数项标准的，应当认定为融资租赁： （一）在租赁期届满时，租赁资产的所有权转移给承租人。 （二）承租人有购买租赁资产的选择权，所订立的购买该项资产的价款预计将远低于行使选择权时租赁资产的公允价值，因而在租赁开始日就可以合理确定承租人将行使这种选择权。 （三）即使资产的所有权不转移，但租赁期占租赁资产使用寿命的大部分。	**第三十六条** 一项租赁属于融资租赁还是经营租赁取决于交易的实质，而不是合同的形式。如果一项租赁实质上转移了与租赁资产所有权有关的几乎全部风险和报酬，出租人应当将该项租赁分类为融资租赁。 一项租赁存在下列一种或多种情形的，通常分类为融资租赁： （一）在租赁期届满时，租赁资产的所有权转移给承租人。 （二）承租人有购买租赁资产的选择权，所订立的购买该项资产的公允价值的价款预计将远低于行使选择权时租赁资产的公允价值，因而在租赁开始日就可以合理确定承租人将行使该选择权。	明确分类取决于交易的实质，增加了部分措辞，修改了部分判断迹象（承租人承担撤销融资租赁损失、资产余值波动归承租人、承租人可以超低价续租）

续表

2006《CAS 21—租赁》	2018《CAS 21—租赁》	新旧差异
（四）承租人在租赁开始日的最低租赁付款额的现值，几乎相当于租赁开始日租赁资产公允价值；出租人在租赁开始日租赁资产的最低租赁收款额现值，几乎相当于租赁开始日租赁资产公允价值。 （五）租赁资产性质特殊，如果不作较大改造，只有承租人才能使用。	（三）资产的所有权虽然不转移，但租赁期占租赁资产使用寿命的大部分。 （四）在租赁开始日，租赁收款额的现值，如果不作较大改造，只有承租租赁资产的公允价值。 （五）租赁资产性质特殊，如果不作较大改造，只有承租人才能使用。 一项租赁存在下列一项或多项迹象的，也可能分类为融资租赁： （一）若承租人撤销租赁，撤销租赁对出租人造成的损失由承租人承担。 （二）资产余值的公允价值波动所产生的利得或损失归属于承租人。 （三）承租人有能力以远低于市场水平的租金继续租赁至下一期间。	
	第三十七条 转租出租人应当基于原租赁产生的使用权资产，而不是基于原租赁的标的资产，对转租赁进行分类。但是，原租赁为短期租赁，且转租出租人应用本准则第三十二条对原租赁进行简化处理的，转租出租人应当将该转租赁分类为经营租赁。	明确转租出租人的分类原则：基于原租赁产生的使用权资产，而不是原租赁的标的资产。
	第二节 出租人对融资租赁的会计处理	

续表

2006《CAS 21—租赁》	2018《CAS 21—租赁》	新旧差异
第九条 最低租赁收款额，是指最低租赁付款额加上独立于承租人和出租人的第三方对出租人担保的资产余值。	**第三十八条** 在租赁期开始日，出租人应当对融资租赁确认应收融资租赁款，并终止确认融资租赁资产。 出租人对应收融资租赁款进行初始计量时，应当以租赁投资净额作为应收融资租赁款的入账价值。 租赁投资净额为未担保余值和租赁期开始日尚未收到的租赁收款额按照租赁内含利率折现的现值之和。 租赁收款额，是指出租人因出让资产使用权而应向承租人收取的款项，包括： （一）承租人需支付的固定付款额及实质固定付款额，扣除租赁激励的； （二）取决于指数或比率的可变租赁付款额，该款项在初始计量时根据租赁期开始日的指数或比率确定； （三）购买选择权的行权价格，前提是承租人将合理确定行使该选择权； （四）承租人行使终止租赁选择权将需支付的款项，前提是租赁期反映出承租人将行使终止租赁选择权； （五）由承租人、与承租人有关的一方以及有关的担保余值。履行担保义务的独立第三方向出租人提供的担保余值。转在转租赁的情况下，若转租赁的租赁的折现率无法确定，转租出租人可采用原租赁的折现率（根据有关的初始直接费用进行调整）计量转租投资净额。	"租赁收款额"替代"最低租赁款额"； 定义"租赁投资净额"：租赁投资净值； 明确租赁收款额的构成：承租人固定付款额＋租赁激励－租赁激励＋取决于指数或比率的可变租赁付款额＋合理确定将行使的购买选择权的行权价格＋承租人将支付＋担保余值
第十九条 未实现融资收益应当在租赁期内各个期间进行分配。出租人应当采用实际利率法计算确认当期的融资收益。	**第三十九条** 出租人应当按照固定的周期性利率计算并确认租赁期内各个期间的利息收入。该周期性利率，是按照本准则第三十八条规定所采用的折现率，或者按照本准则第四十四条规定所采用的修订后的折现率。	以"固定的周期性利率"替代"实际利率"的提法。

续表

2006《CAS 21—租赁》	2018《CAS 21—租赁》	新 旧 差 异
	第四十条 出租人应当按照《企业会计准则第 22 号——金融工具确认和计量》和《企业会计准则第 23 号——金融资产转移》的规定，对应收融资租赁款的终止确认和减值进行会计处理。 出租人将应收融资租赁款或其所在的处置组划分为持有待售类别的，应当按照《企业会计准则第 42 号——持有待售的非流动资产、处置组和终止经营》进行会计处理。	应收融资租赁款的终止确认和减值适用金融工具准则
第二十一条 或有租金应当在实际发生时计入当期损益。	**第四十一条** 出租人取得的未纳入租赁投资净额计量的可变租赁付款额应当在实际发生时计入当期损益。	未纳入租赁投资净额计量的可变租赁付款额实际发生时计入当期损益
	第四十二条 生产商或经销商作为出租人的融资租赁，在租赁期开始日，该出租人应当按照现租赁资产公允价值与租赁收款额按现行利率折现的现值两者孰低确认收入，并按照租赁资产账面价值扣除未担保余值的现值后的余额结转销售成本。 生产商或经销商出租人为取得融资租赁发生的成本，应当在租赁期开始日计入当期损益。	生产商或经销商作为出租人的融资租赁，应确认销售收入（无论是否符合 CAS 14 有关资产转让的规定）
	第四十三条 融资租赁发生变更且同时符合下列条件的，出租人应当将该变更作为一项单独租赁进行会计处理： （一）该变更通过增加一项或多项租赁资产的使用权而扩大了租赁范围； （二）增加的对价与租赁范围扩大部分的单独价格按该合同情况调整后的金额相当。	明确租赁变更的会计处理：作为一项单独的租赁的变更

261

续表

2006《CAS 21—租赁》	2018《CAS 21—租赁》	新旧差异
	第四十四条 融资租赁的变更未作为一项单独租赁进行会计处理的，出租人应当分别下列情形对变更后的租赁进行会计处理： （一）假如变更在租赁开始日生效，该租赁会被分类为经营租赁的，出租人应当自租赁变更生效日开始将其作为一项新租赁进行会计处理，并以租赁变更生效日前的租赁投资净额作为租赁资产的账面价值； （二）假如变更在租赁开始日生效，该租赁会被分类为融资租赁的，出租人应当按照《企业会计准则第22号——金融工具确认和计量》关于修改或重新议定合同的规定进行会计处理。	明确租赁变更的会计处理：不满足作为一项单独的租赁的变更
第六章 经营租赁中出租人的会计处理	**第三节 出租人对经营租赁的会计处理**	
第二十六条 对于经营租赁的租金，出租人应当在租赁期内各个期间按照直线法确认为当期损益；其他方法更为系统合理的，也可以采用其他方法。	**第四十五条** 在租赁期内各个期间，出租人应当采用直线法或其他系统合理的方法，将经营租赁的租金收款额确认为租金收入。其他系统合理的方法能够更好地反映因使用租赁资产所产生经济利益的消耗模式的，出租人应当采用该方法。	确认经营租赁租金收入方法增加"其他系统合理的方法"
第二十七条 出租人发生的初始直接费用应当资本化，在租赁期内按照与确认相同的基础进行分摊，分期计入当期损益。	**第四十六条** 出租人发生的与经营租赁有关的初始直接费用应当资本化，在租赁期内按照与确认相同的基础进行分摊，分期计入当期损益。	初始直接费用应当资本化（无论金额大小）

续表

2006《CAS 21—租赁》	2018《CAS 21—租赁》	新 旧 差 异
第二十八条 对于经营租赁资产中的固定资产，出租人应当采用类似采用资产的折旧政策计提折旧；对于其他经营租赁资产，应当采用系统合理的方法进行摊销。	**第四十七条** 对于经营租赁资产中的固定资产，出租人应当采用类似资产的折旧政策计提折旧；对于其他经营租赁资产，应当根据该资产适用的企业会计准则，采用系统合理的方法进行摊销。出租人应当按照《企业会计准则第 8 号——资产减值》的规定，确定经营租赁资产是否发生减值，并进行相应会计处理。	经营租出资产的核算基本一致；明确经营租出资产的减值适用 CAS 8
第二十九条 或有租金应当在实际发生时计入当期损益。	**第四十八条** 出租人取得的与经营租赁有关的未计入租赁收款额的可变租赁付款额，应当在实际发生时计入当期损益。	原则基本一致
	第四十九条 经营租赁发生变更的，出租人应当自变更生效日起将其作为一项新租赁进行会计处理，与变更前租赁有关的预收款或应收租赁收款额应当视为新租赁收款额。	经营变更作为新租赁
	第五章 售后租回交易	
第三十条 承租人和出租人应当根据本准则第二章的规定，将售后租回交易认定为融资租赁或经营租赁。	**第五十条** 承租人和出租人应当按照《企业会计准则第 14 号——收入》的规定，评估确定售后租回交易中的资产转让是否属于销售。	售后租回交易与新收入准则衔接
	第五十一条 售后租回交易中的资产转让属于销售的，承租人应当按原资产账面价值中与租回取得的使用权有关的部分，计量售后租回所形成的使用权资产，并仅就转让至出租人的权利确认相关利得或损失；出租人应当适用其他企业会计准则对资产进行会计处理，并根据本准则对资产出租进行会计处理。	

2006《CAS 21—租赁》	2018《CAS 21—租赁》	新旧差异
第三十一条 售后租回交易认定为融资租赁的，售价与资产账面价值之间的差额应当予以递延，并按照该项租赁资产的折旧进度进行分摊，作为折旧费用的调整。 **第三十二条** 售后租回交易认定为经营租赁的，售价与资产账面价值之间的差额应当予以递延，并在租赁期内按照与确认租金费用相一致的方法进行分摊，作为租金费用的调整。但是，有确凿证据表明售后租回交易是按照公允价值达成的，售价与资产账面价值之间的差额应当计入当期损益。	如果销售对价的公允价值与资产的公允价值不同，或者出租人未按市场价格收取租金，则企业应当将高于市场价格的款项作为会计处理，将高于市场价格的款项作为出租人向承租人提供的额外融资相关资产进行会计处理；同时，承租人按市场价格相关销售利得或损失，出租人按市场价格调整租金收入。 在进行上述调整时，企业应当基于以下两者中更易于确定的项目：租赁合同的公允价值的现值之间的差额，租赁市价与按租赁市价计算的付款额现值之间的差额。	售后租回交易中的资产转让属于销售的，仅就转让至出租人的权利确认相关利得或损失；出售对价不公允的，作为预付租金或额外融资处理
	第五十二条 售后租回交易中的资产转让不属于销售的，承租人应当继续确认被转让资产，同时确认一项与转让收入等额的金融负债，并按照《企业会计准则第22号——金融工具确认和计量》对该金融负债进行会计处理；出租人不确认被转让资产，但应当确认一项与转让收入等额的金融资产，并按照《企业会计准则第22号——金融工具确认和计量》对该金融资产进行会计处理。	售后租回不属于销售的，转让收入确认为金融工具
	第六章 列报	

续表

2006《CAS 21—租赁》	2018《CAS 21—租赁》	新旧差异
	第一节　承租人的列报	
第三十三条　承租人应当在资产负债表中，将与融资租赁相关的长期应付款项减去未确认融资费用的差额，分别长期负债和一年内到期的长期负债列示。	**第五十三条**　承租人应当在资产负债表中单独列示使用权资产和租赁负债。其中，租赁负债通常分别非流动负债和一年内到期的折现负债。 在利润表中，承租人应当分别列示租赁负债的利息费用与使用权资产的折旧费用。租赁负债的利息费用在财务费用项目列示。 在现金流量表中，偿还租赁负债本金和利息所支付的现金流出，应当计入筹资活动现金流出，支付的按本准则第三十二条简化处理及未纳入租赁负债计量的可变租赁付款额应当计入经营活动现金流出。	使用权资产和租赁负债单独列示； 利息费用与折旧费用分别列示； 偿还租赁负债本金和利息的现金计入筹资活动现金流出（不包括简化处理及未纳入租赁负债计量的可变租赁付款额）
第三十四条　承租人应当在附注中披露与融资租赁有关的下列信息： （一）各类租入固定资产的期初和期末原价、累计折旧额； （二）资产负债表日后连续三个会计年度每年将支付的最低租赁付款额，以及以后年度将支付的最低租赁付款额总额； （三）未确认融资费用所采用的方法。	**第五十四条**　承租人应当在附注中披露与租赁有关的下列信息： （一）各类使用权资产的期初和期末余额以及累计折旧额和减值费用； （二）租赁负债的利息费用； （三）计入当期损益的按本准则第三十二条简化处理的短期租赁费用和低价值资产租赁费用； （四）未纳入租赁负债计量的可变租赁付款额； （五）转租赁使用权资产取得的收入；	承租人根据会计处理模型的变化披露与租赁有关的信息：使用权资产；简化处理计入当期损益的事实，及简化处理的短期租赁费用和低价值资产租赁费用；未纳入租赁负债计量的可变租赁付款额；转租赁收入；售后租回损益；租赁总现金流出；租赁负债

续表

2006《CAS 21—租赁》	2018《CAS 21—租赁》	新旧差异
第三十七条 承租人对于重大的经营租赁，应当在附注中披露下列信息： （一）资产负债表日后连续三个会计年度每年将支付的不可撤销经营租赁的最低租赁付款额。 （二）以后年度将支付的不可撤销经营租赁的最低租赁付款额总额。	（六）与租赁相关的总现金流出； （七）售后租回交易产生的相关损益； （八）其他按照《企业会计准则第37号——金融工具列报》应当披露的有关租赁负债的信息。 承租人应用本准则第三十二条对短期租赁和低价值资产租赁进行简化处理的，应当披露这一事实。	承租人披露的信息还包括：租赁活动的性质；未纳入租赁负债的潜在现金流出；租赁导致的限制或承诺；售后租回除损益外的其他信息等
第三十九条 承租人和出租人应当披露各售后租回交易以及售后租回合同中的重要条款。	第五十五条 承租人应当根据理解财务报表的需要，披露有关租赁活动的其他定性和定量信息。此类信息包括： （一）租赁活动的性质，如对租赁活动基本情况的描述； （二）未纳入租赁负债计量的未来潜在现金流出； （三）租赁导致的限制或承诺； （四）售后租回交易除第五十四条第（七）项之外的其他信息； （五）其他相关信息。	
第二十五条 出租人应当按资产的性质，将用作经营租赁的资产包括在资产负债表中的相关项目内。 第三十五条 出租人应当在资产负债表中，将应收融资租赁款减去未实现融资收益的差额，作为长期债权列示。	第二节 出租人的列报 第五十六条 出租人应当根据资产的性质，在资产负债表中列示经营租赁资产。	经营租出资产的列示基本一致

续表

2006《CAS 21—租赁》	2018《CAS 21—租赁》	新旧差异
第三十六条 出租人应当在附注中披露与融资租赁有关的下列信息： （一）资产负债表日后连续三个会计年度每年将收到的最低租赁收款额，以及以后年度将收到的最低租赁收款额总额。 （二）未实现融资收益的余额，以及分配未实现融资收益所采用的方法。	**第五十七条** 出租人应当在附注中披露与融资租赁有关的下列信息： （一）销售损益、租赁投资净额的融资收益以及与未纳入租赁收款额的可变租赁付款额相关的收入； （二）资产负债表日后连续五个会计年度每年将收到的未折现租赁收款额，以及剩余年度将收到的未折现租赁收款额总额； （三）未折现租赁收款额与租赁投资净额的调节表。	融资租赁出租的披露增加销售损益、融资收益与可变租赁付款额相关的收入； 未折现租赁投资净额的调节表； 未来租赁收款额要求披露报表日后连续五个会计年度
第三十八条 出租人对经营租赁，应当披露各类出租资产的账面价值。	**第五十八条** 出租人应当在附注中披露与经营租赁有关的下列信息： （一）租赁收入，并单独披露与未计入租赁收款额的可变租赁付款额相关的收入； （二）将经营租赁资产与出租人持有自用的固定资产分开，并按经营租赁固定资产的类别提供《企业会计准则第 4 号——固定资产》要求披露的信息； （三）资产负债表日后连续五个会计年度每年将收到的未折现租赁收款额，以及剩余年度将收到的未折现租赁收款额总额。	经营租出的披露增加与未计入租赁付款额相关的收入； 经营租赁固定资产的信息； 款项的可变租赁收款额要求披露报表日后连续五个会计年度
	第五十九条 出租人 出租人应当根据理解财务报表的需要，披露有关租赁活动的其他定性和定量信息。此类信息包括： （一）租赁活动的性质，如对租赁活动基本情况的描述； （二）对其在租赁资产中保留的权利进行风险管理的情况； （三）其他相关信息。	出租人披露的信息还包括：租赁活动的性质；租赁中保留的权利的风险管理的情况等

续表

2006《CAS 21—租赁》	2018《CAS 21—租赁》	新旧差异
	第七章　衔接规定	
	第六十条　对于首次执行日前已存在的合同，企业在首次执行日可以选择不重新评估其是否为租赁或者包含租赁。选择不重新评估的，企业应当在财务报表附注中披露这一事实，并一致应用于前述所有合同。	可以不重新评估已存在的合同
	第六十一条　承租人应当选择下列方法之一对租赁进行衔接会计处理，并一致应用于其作为承租人的所有租赁： （一）按照《企业会计准则第28号——会计政策、会计估计变更和差错更正》的规定采用追溯调整法处理。 （二）根据本准则首次执行的累积影响数，调整首次执行日留存收益及财务报表其他相关项目金额，不调整可比期间信息。采用该方法时，应当按照下列规定进行衔接处理： 1. 对于首次执行日前的融资租赁，承租人在首次执行日应当按照融资租赁资产和应付融资租赁款的原账面价值，分别计量使用权资产和租赁负债。 2. 对于首次执行日前的经营租赁，承租人在首次执行日应当根据剩余租赁付款额按首次执行日承租人增量借款利率折现的现值计量租赁负债，并根据每项租赁选择按照下列两者之一计量使用权资产： （1）假设自租赁开始日即采用本准则的账面价值（采用首次执行日的承租人增量借款利率作为折现率）； （2）与租赁负债相等的金额，并根据预付租金进行必要调整。	

续表

2006《CAS 21—租赁》	2018《CAS 21—租赁》	新 旧 差 异
	3. 在首次执行日，承租人应当按照《企业会计准则第 8 号——资产减值》的规定，对使用权资产进行减值测试并进行相应会计处理。	首次执行可以不调整可比期间信息
	第六十二条 首次执行日前的经营租赁中，租赁资产属于低价值资产且根据本准则第三十二条的规定选择不确认使用权资产和租赁负债的，承租人无须对该经营租赁按照衔接规定进行调整，应当自首次执行日起按照本准则进行会计处理。	选择简化处理低价值资产无须调整年初
	第六十三条 承租人采用本准则第六十一条第（二）项进行衔接会计处理时，对于首次执行日前的经营租赁，可根据每项租赁选择采用下列一项或多项简化处理： 1. 将于首次执行日后 12 个月内完成的租赁，可作为短期租赁处理。 2. 计量租赁负债时，具有相似特征的租赁可采用同一折现率；使用权资产可不包含初始直接费用。 3. 存在续租选择权或终止租赁选择权的，承租人可根据首次执行日前的实际行使及其他最新情况确定使用租赁期，无须对首次执行日前各期间是否合理使用续租选择权或终止租赁选择权进行估计。 4. 作为使用权资产减值测试的替代，承租人可根据《企业会计准则第 13 号——或有事项》评估包含租赁的合同在首次执行日前是否为亏损合同，并根据首次执行日前计入资产负债表的亏损准备金额调整使用权资产。 5. 首次执行无须按照本准则第二十八条、第二十九条的规定对租赁变更进行追溯调整，承租人应当根据当年年初发生变更的，承租人无须按照本准则第二十八条、第二十九条的规定对租赁变更进行追溯调整，而是根据租赁变更事实发生变更时的最终安排，按照本准则进行会计处理。	首次执行日前的经营租赁可以简化处理

269

续表

2006《CAS 21—租赁》	2018《CAS 21—租赁》	新旧差异
	第六十四条 承租人采用本准则第六十三条规定的简化处理方法的，应当在财务报表附注中披露所采用的简化处理方法以及对合理可能的范围内对采用每项简化处理方法的估计影响所作的定性分析。	采用简化处理方法的，应当在披露所采用的方法以及对估计影响的定性分析
	第六十五条 对于首次执行日前仍存续的转租赁，转租出租人在首次执行日应当基于原租赁的剩余合同期限和条款进行重新评估，并按照本准则的规定进行分类。按照本准则重新分类为融资租赁的，应当将其作为一项新的融资租赁进行会计处理。 除前款所述情形外，出租人无须对其作为出租人的租赁按照衔接规定进行调整，而应当自首次执行日起按照本准则衔接规定进行会计处理。	转租赁应重新评估
	第六十六条 企业在首次执行日前已存在的售后租回交易，应当评估售后资产转让是否符合《企业会计准则第14号——收入》作为收入的规定。 对于首次执行日前应当作为销售后租回处理的售后租回交易，卖方（承租人）应当按照销售对租回的方法相关递延收益或损失。 对于首次执行日前应当作为销售后租回处理的售后租回交易，卖方（承租人）应当按照经营租赁进行会计处理，并继续存在的其他融资租赁期内按销与经营租赁进行会计处理。 对于首次执行日前应当作为销售后租回处理的售后租回交易，卖方（承租人）应当按照经营租赁进行会计处理，并根据首次执行日存在的其他经营租赁期相关的方法对计入资产负债表的相关递延收益或损失进行会计处理，并根据损失调整首次执行日计入资产的权益使用权资产。	已存在的售后租回交易不重新评估是否符合收入准则的销售

续表

2006《CAS 21—租赁》	2018《CAS 21—租赁》	新旧差异
	第六十七条 承租人选择对租赁按照本准则第六十一条第（二）项规定进行衔接会计处理的，还应当在首次执行日披露以下信息： （一）首次执行日计入资产负债表的租赁负债所采用的承租人增量借款利率的加权平均值； （二）首次执行日前一年度报告期末披露的重大经营租赁的最低租赁付款额按首次执行日资产负债的尚未支付的最低租赁付款的现值，与计入首次执行日资产负债表的租赁负债金额的差额。	不追溯调整时在首次执行日应披露的信息：增量借款利率的加权平均值；上末期租赁付款额现值与本期初租赁负债的差额
	第八章 附则	
	第六十八条 本准则自 2019 年 1 月 1 日起施行。	明确实施日期；分类分批实施

索引目录